LE

CONGO FRANÇAIS

DU GABON A BRAZZAVILLE

PARIS. — TYPOGRAPHIE DE E. PLON, NOURRIT ET Cie, RUE GARANCIÈRE, 8.

GUERRIERS BATÉKÉS.

Dessin de MOLLEYRE, d'après un croquis de L. GUIRAL.

LE

CONGO FRANÇAIS

DU GABON A BRAZZAVILLE

PAR

LÉON GUIRAL

ANCIEN ATTACHÉ A LA MISSION SCIENTIFIQUE
DE L'OGOOUÉ ET DU CONGO

PRÉFACE PAR M. J KÜNCKEL D'HERCULAIS

PARIS
LIBRAIRIE PLON
E. PLON, NOURRIT ET Cie, IMPRIMEURS-ÉDITEURS
RUE GARANCIÈRE, 10

1889

PRÉFACE

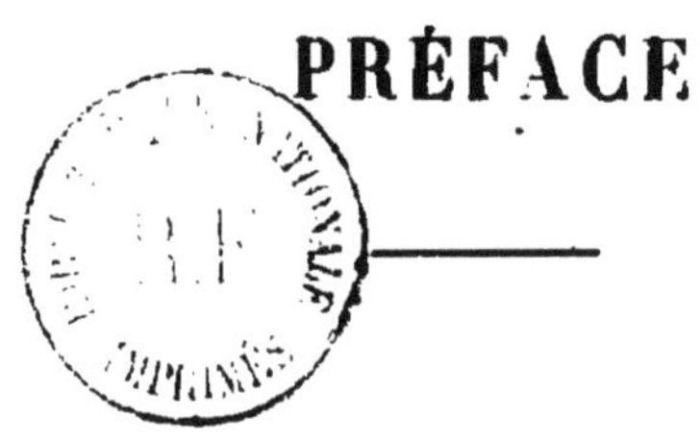

En lisant le titre de ces récits de voyage, on sera peut-être tenté de se demander pourquoi ils sont présentés par un naturaliste ; je pourrais répondre que c'est à titre d'ami des voyageurs et surtout de ceux qui manifestent un goût inné pour les sciences naturelles ; mais je dois avouer que c'est surtout par sympathie et affection que j'ai consenti à remplir deux fois le rôle d'exécuteur testamentaire, car le *Congo français* est une œuvre doublement posthume.

Le voyageur Léon Guiral, celui qui, compagnon de M. de Brazza, avait su résister aux fatigues d'une première expédition dans l'Afrique centrale, a succombé lorsqu'il a voulu une seconde fois pénétrer les mystères d'un monde inconnu. Par une étrange fatalité, Louis Moleyre, celui qui, savant modeste, s'était dévoué pour colliger les notes de l'explorateur, a succombé, laissant l'œuvre inachevée. Il semble que la mort ait voulu à jamais ensevelir l'œuvre commune de ces jeunes gens qui, unis d'amitié, avaient rêvé pour tous deux le plus brillant avenir. Laissez-moi vous dire ce qu'était le voyageur, ce qu'était le savant : l'un était un vigoureux Méridional, plein d'une sève exubérante, pour qui les luttes de la vie ne semblaient qu'un jeu; l'autre était une nature délicate, un caractère froid et posé, une intelligence d'élite logée dans un corps débile; ces deux êtres si dissemblables s'étaient sentis attirés l'un vers l'autre par leur amour profond des sciences naturelles. Le naturaliste de cabinet, contemplateur des formes inanimées, s'était laissé entraîner aux récits du naturaliste voyageur, observateur des êtres dans toutes les manifestations de la vie.

C'était, on le voit, une association toute de contraste.

Léon Guiral était né à Espalion (Aveyron) en 1858; son tempérament ardent s'accommoda fort mal de l'assiduité des études scolaires; il préférait aux bancs de bois de l'école de la petite ville les bancs de mousse de l'école buissonnière; mais, à l'encontre des Robinsons en herbe, il ne se contentait pas de courir la campagne pour le plaisir de vagabonder et de commettre des espiègleries; entraîné par une vocation irrésistible, il se livrait à la recherche des reptiles et des oiseaux, et transformait la maison paternelle en musée. Poursuivant les uns dans les buissons, grimpant aux arbres et aux rochers pour saisir les autres, il rentrait souvent à la maison les vêtements en loques; peu lui importaient les remontrances et les corrections paternelles, ses trouvailles remplissaient son cœur de joie. D'ailleurs, son goût pour l'histoire naturelle devait avoir sur sa vie une influence extraordinaire. Mis au lycée à Rodez, il n'y resta pas longtemps, son penchant favori lui faisant commettre de graves incartades; un jour, n'eut-il pas l'idée d'apporter en classe une nichée de chouettes? Dans de telles dispositions d'esprit, le séjour du lycée ne pouvait lui être profitable. On crut que le commerce conviendrait mieux à ses aptitudes; envoyé à Paris, il entra aux *Magasins du Louvre;* mais un jour, on découvrit parmi les chantilly et les malines, une petite tortue que, depuis des mois, il avait habilement dissimulée; le commis naturaliste fut renvoyé à ses chères études.

Guiral pense alors que la marine, en lui faisant parcourir le monde, lui offrirait l'occasion d'observer la nature; il s'engagea (1879) dans les équipages de la flotte. Il était tout heureux; ses rêves se réalisaient; son voyage aux Antilles, sur la frégate-école *la Favorite,* allait lui permettre de faire connaissance avec le monde marin; là encore, il sut bientôt trouver une cachette pour loger ses nouveaux amis; mais la cachette découverte, il eut souvent à la défendre de la rapacité de ses compagnons; une fois, ayant livré bataille pour sauver ses oursins favoris, la mise aux fers fut la récompense de sa sollicitude.

Rentré en France et attaché au port de Toulon, une occasion inespérée se présenta à lui de dépenser son activité et de satisfaire sa soif d'observation; il fut choisi pour faire partie de l'expédition destinée à ravitailler les postes que M. de Brazza avait établis dans la région de l'Ogooué, expédition que préparait l'Association internationale africaine et qu'elle avait mise sous le commandement de M. Mizon, alors enseigne de vaisseau. Embarqué le 15 octobre 1880, à bord du *Loiret*, à destination du Gabon, il fut, peu après son arrivée à Libreville, dirigé vers l'intérieur du Congo; mais je n'emprunterai rien à ses récits de voyage, qui feront connaître le rôle qu'il joua dans la mission de Brazza et permettront de se faire une idée très exacte des pays où il a séjourné deux années. Les privations, les fièvres et la fatigue eurent raison de sa robuste constitution; le docteur Ballay, voyant le triste état de sa santé, prescrivit de le rapatrier au plus vite; un navire de commerce anglais le ramena à Liverpool (avril 1883). Dans cette ville, où les habitants sont cependant habitués à voir des gens de tous les pays, costumés de mille façons, ce fut un étonnement de voir l'accoutrement de notre pauvre matelot, qui semblait une épave humaine recueillie sur quelque îlot désert; sa tête, aux longs cheveux bouclés tombant jusqu'aux épaules, était coiffée d'un feutre à larges bords, garni d'un ruban de couleur indécise, dont les bouts retombaient dans le dos; sa figure have, aux joues creuses, était à peine animée par ses yeux encavés assombris par l'anémie; il était sans chemise; un mauvais tricot, une vareuse trouée, un pantalon effiloché, rappelant de loin le costume marin, couvraient ses membres amaigris; il marchait nu-pieds, ses souliers étant restés au fond du Congo. Quel cri de surprise, quelle impression de tristesse, lorsque parents et amis le virent arriver à Paris dans un pareil état de délabrement de costume et de misère physiologique ! Il n'avait que vingt-cinq ans; il en paraissait plus de trente; le Méridional, au langage rapide et imagé, parlait à peine, et ses paroles étaient lentes et mesurées.

L'air natal et la jeunesse eurent bientôt rendu à la vie le courageux voyageur; mais au fur et à mesure que sa santé se raffermissait, son esprit, subissant comme une sorte de fascination, se reportait toujours vers cette terre d'Afrique, qui pourtant s'était montrée bien dure pour lui; il n'eut bientôt plus qu'une idée, celle de retourner aux régions tropicales.

Au cours de ses voyages, malgré les difficultés sans nombre qui s'étaient dressées sur sa route, Guiral n'avait pu résister à sa passion irrésistible pour les sciences naturelles; il avait fait quelques collections; ne pouvant recueillir que des objets peu encombrants, il s'était attaché à ramasser particulièrement des insectes; il résolut de les offrir au Muséum; c'est ainsi qu'il vint frapper à la porte du Laboratoire d'Entomologie. Bien accueilli, encouragé, il eut la satisfaction de voir primer ses récoltes; M. le professeur Em. Blanchard, membre de l'Institut, adressa au Ministre de l'Instruction publique un rapport qui appela sur lui l'attention.

Dans les longues et fréquentes visites qu'il fit au Laboratoire, il eut l'occasion de se lier avec un jeune préparateur, L. Moleyre, et entre ces deux jeunes gens, il s'établit rapidement un courant de sympathie; le voyageur et le savant, rapprochés par leur goût pour l'histoire naturelle, s'encouragèrent mutuellement. Guiral avait déserté le lycée, Moleyre avait fait d'excellentes études; élève du lycée Charlemagne, il se préparait à l'École polytechnique, mais il avait vu anéantir ses espérances; au conseil de revision, il avait été réformé pour cause de santé. Une vie paisible, exempte de luttes, lui était imposée; il accepta une modeste situation au Muséum. Ayant pu apprécier, dans un contact continuel, ses grandes qualités et la valeur de son intelligence, je ne fus pas surpris de voir ce jeune homme calme et réfléchi se prendre d'enthousiasme pour le voyageur vif et passionné. Un accord fut bientôt conclu; le savant devait être l'apôtre de l'explorateur, en révélant au monde les prouesses qu'il accomplirait aux quatre coins du globe, en faisant connaître aux gens de science les découvertes d'animaux inconnus qu'il devait rencontrer dans les régions inexplorées.

A vingt-cinq ans, les résolutions sont bientôt prises. Léon Guiral sollicita une mission en Afrique; grâce aux recommandations de MM. Blanchard et Milne Edwards, la Commission des Missions scientifiques accéda au désir du voyageur.

Dans son premier voyage, il avait entendu les indigènes parler d'un fleuve considérable et de grands lacs situés au nord et à une grande distance de l'Ogooué, il était d'un haut intérêt de vérifier leurs assertions; d'importantes découvertes géographiques, une riche moisson d'êtres nouveaux ne devaient-elles pas être la récompense d'explorations en ces pays inconnus? Abandonnant la voie trop connue de l'Ogooué, il avait résolu de tâcher de pénétrer dans l'intérieur en suivant le cours d'un autre fleuve, le San Benito ou Eyo, qui coule à deux cents kilomètres plus au nord.

Parti de France le 20 novembre 1884, L. Guiral débarquait à Libreville le 7 janvier et s'installait le 20 du même mois sur la côte du Benito, en un point situé à proximité d'un village nègre du nom d'Ivava. La station organisée, les préparatifs terminés, il entreprit de remonter le San Benito. Le fleuve, large de dix-huit cents mètres à son embouchure, n'avait été reconnu que jusqu'à une cataracte située à une distance d'environ trente kilomètres de la côte; franchissant cette cataracte, notre hardi pionnier, tout en explorant la région, s'enfonçait à cent cinquante kilomètres dans l'intérieur et atteignait le lac N'jela. Là, sa marche fut arrêtée. Les peuplades de la côte et les Pahouins étaient en guerre; ceux-ci avaient fait trois prisonniers de la tribu des Balanguys et les avaient mangés; en présence d'une telle surexcitation des esprits, la prudence commandait de ne pas pousser plus avant. Après avoir remis au chef des Balanguys un pavillon français pour le protéger contre le danger d'une nouvelle agression, l'expédition reprit le chemin des cantonnements d'Ivava.

Mettant à profit ce contretemps, Guiral donne alors tous ses soins à la réalisation de ses projets. Créant un poste intermédiaire entre la côte et le lac N'jela, recrutant des porteurs dans les tribus amies, il se livre au travail sans merci et dépense ses forces sans calcul; sa santé devient tout à coup chancelante; ses compagnons lui conseillent de prendre un peu de repos; mais ne tenant aucun compte des avis qu'on lui donne, il pense que les courses dans les montagnes, en l'éloignant de la côte, lui rendront toute sa vigueur; il part pour la chasse aux gorilles, fort nombreux dans la région. En rentrant au campement, il trouve des lettres de France lui annonçant la prolongation de sa mission; il reçoit des caisses remplies de vieilles armes, de munitions et d'instruments que le Ministère et le Muséum lui adressent. Fou de joie, il veut mettre en ordre ses richesses; prières et supplications ne peuvent réussir à le décider à se ménager. La fatigue et la fièvre l'ont bientôt terrassé; à bout de forces, il est obligé de s'aliter. Des missionnaires français de la station voisine viennent en toute hâte lui prodiguer leurs soins, mais les frissons, tristes avant-coureurs de la mort, font déjà tressauter le moribond; le vaillant marin s'éteint ayant une dernière pensée pour son pays natal et pour sa mère (25 novembre 1885). Voyageur inconnu, qui que tu sois, si tu t'engages sur la route que Léon Guiral a tenté d'ouvrir à la France, n'oublie pas de visiter le petit cimetière de la mission et de jeter quelques fleurs sur la tombe du pauvre matelot, mort pour la patrie et pour la science; en pensant à celui qui jouait avec sa vie, tu seras sage et prudent, alors l'avenir s'ouvrira grand devant toi[1].

Pendant que Guiral mourait sur la terre d'Afrique, victime de la fièvre dévorante, son collaborateur Moleyre, né en Algérie, se débattait lui aussi contre la fièvre qui le minait sourdement; tous deux, singulier hasard, étaient sous le coup d'une intoxication paludéenne. Mais bientôt apparurent les tristes symptômes de la phtisie; soutenant une lutte désespérée, le jeune homme plein d'intelligence et de volonté s'efforce, entre deux accalmies, de rédiger quelques feuillets du *Congo français;* mais la plume tombe de ses mains; à vingt-

[1] Dans ses premières excursions le long du cours du San Benito, Guiral avait commencé de belles collections d'histoire naturelle; mais après sa mort, elles restèrent en souffrance, et ce ne fut que longtemps après qu'elles arrivèrent en France, confondues avec les objets qui lui avaient appartenu. Elles étaient dans un triste état; la famille me les remit, me priant d'examiner s'il n'était pas possible de sauver quelques pièces. Je fus assez heureux pour trouver au fond d'une caisse, sous des débris d'oiseaux, une série de magnifiques et rares Coléoptères du genre Goliath, que l'épaisseur et la résistance des téguments avaient préservés de la destruction. J'ai pu ainsi enrichir le Muséum de la plus grande et de la plus remarquable espèce de Cétoines, espèce qu'elle ne possédait pas; aujourd'hui, dix-sept spécimens de *Goliathus giganteus*, mâles et femelles, figurent avec honneur dans ses collections et rappellent le souvenir de Léon Guiral.

six ans s'envolaient ses plus brillantes espérances. Mon jeune ami, mon futur collaborateur, repose aux champs dans le modeste cimetière de Bagnolet; la main pieuse et inconsolée d'une mère jette sur sa tombe les fleurs à profusion.

J'ai ramassé la plume échappée de la main du moribond, lui promettant de mener à bien l'œuvre demeurée inachevée; la voilà terminée[1], quoiqu'elle ait traversé mille vicissitudes. Je me suis attaché à lui conserver son caractère de simplicité et sa forme toute personnelle. Que ceux qui liront le *Congo français*, s'ils remarquent quelques imperfections, soient pitoyables, la jeunesse mérite toujours indulgence; mais lorsque la mort l'a empêchée de s'épanouir, ne doit-on pas être pour elle plein de respect et de commisération? D'ailleurs, soumis à l'appréciation d'hommes compétents, le *Congo français* a été estimé, et le docteur J. Hamy, conservateur du Musée d'ethnographie, ancien président de la Société de géographie, etc., a demandé de publier dans la *Revue d'ethnographie* le chapitre dans lequel sont décrites les mœurs et coutumes des Batékés : c'est une consécration de l'intérêt et du mérite du livre. Ceux qui le liront auront une idée très exacte de la configuration du sol, du climat, de la végétation, des cultures du centre africain; ils feront connaissance

[1] M. A. Guiral, procureur de la République à Montélimar, a bien voulu, à l'aide du journal de voyage et des correspondances de son frère, rédiger les cinq derniers chapitres.

avec ses habitants et se familiariseront avec toutes les particularités de leur existence; livrés à leurs méditations, ils pourront alors porter en toute conscience un jugement sur la valeur économique de cette nouvelle colonie française que M. de Brazza a eu l'immense mérite de conquérir pacifiquement.

J. KÜNCKEL D'HERCULAIS.

INTRODUCTION

Jetons les yeux sur une carte d'Afrique, mise au courant des découvertes que les voyageurs ont faites de nos jours; un fleuve, aussi remarquable par l'étendue de son parcours que par le volume de ses eaux, arrose avec l'aide de ses nombreux affluents toute la partie centrale du grand continent : c'est le Congo. A sa sortie des grands lacs, il coule d'abord du sud au nord, ensuite de l'est à l'ouest, après avoir coupé l'équateur vers le milieu du continent; il s'incline alors vers l'ouest, redescend vers le sud, coupe de nouveau la ligne et rejoint obliquement la côte occidentale.

Dans cette dernière partie de son cours, le fleuve délimite une vaste contrée de forme à peu près triangulaire, bornée à l'ouest par l'océan Atlantique, au nord par des régions inexplorées qui s'étendent à plusieurs degrés au delà de l'équateur. Au point de vue géographique, on peut diviser cette importante portion du continent africain en trois régions principales.

La première comprend une série de bassins côtiers formés en général par des cours d'eau de peu d'étendue, dont le plus important est le Killou, parce que ses affluents, les rivières Lalli et Niari, ont leur source en un point très éloigné de la côte.

La seconde région est formée par le vaste bassin du fleuve Ogooué; bien qu'on ne puisse le comparer au Congo, il vient lui aussi de l'intérieur, et dans le triangle dont nous avons précisé les limites, il occupe une plus grande place que les affluents du bas Congo.

La troisième région embrasse les territoires qui sont arrosés par ces affluents de la rive droite du grand fleuve, le Lefini, le Mpama, l'Alima et la Likona.

Dans ce livre il sera surtout question des deux dernières divisions; ce sont aussi les plus intéressantes et en même temps les moins connues; les contrées qu'elles comprennent ont été parcourues en divers sens par M. de Brazza; nous nous proposons de les décrire d'après les renseignements recueillis au cours d'un voyage de trois années, par M. Léon Guiral, alors attaché à la mission de cet explorateur.

Mais M. de Brazza a eu des précurseurs dans les tentatives faites pour pénétrer dans l'intérieur de l'Afrique en partant de la côte occidentale; il importe de rendre justice à ces premiers pionniers; n'oublions pas qu'ils ont osé se lancer dans l'inconnu et qu'ils ont eu le haut mérite d'ouvrir la voie à leurs successeurs.

De 1857 à 1859, Paul du Chaillu parcourt le bassin

du Ngoumié, affluent de l'Ogooué, et s'avance assez loin dans l'intérieur. Malheureusement, les récits de ce voyageur sont quelquefois empreints d'exagération, et, comme il arrive toujours en pareil cas, les fables et les inexactitudes ont déprécié toutes les vérités; cela n'a rien de surprenant, quand on songe que du Chaillu a devancé de beaucoup les autres voyageurs. Un Anglais, M. Walker, remonte l'Ogooué jusqu'au pays des Okandas. A partir de ce moment, les découvertes se succèdent rapidement. A peine un voyageur, arrêté par un obstacle, renonce-t-il à poursuivre sa marche en avant, qu'un autre, profitant de l'expérience acquise, se met en campagne et arrive un peu plus loin. C'est ainsi que le regretté marquis de Compiègne et son compagnon et ami M. Alfred Marche atteignent en 1874 le confluent de l'Ivindo; que Marche, dans un voyage subséquent, dépasse les chutes du Doumé (1876); que le docteur Ballay remonte le fleuve au delà du confluent de la rivière Passa. A ce point, l'Ogooué venant du sud ne pouvait plus servir pour s'enfoncer dans l'intérieur; mais il avait conduit les explorateurs assez courageux pour remonter son courant rapide, hérissé de rochers et coupé de nombreuses chutes, à plus de cinq degrés vers l'est. On était forcé maintenant de courir les chances d'un voyage par terre dans un pays d'une nature bien différente, où l'on allait rencontrer des difficultés sans nombre et de toute nature, qu'il faudrait vaincre au moment même où elles se dresseraient devant vous. C'est à M. Savorgnan de Brazza que revient l'honneur d'avoir tracé la voie nouvelle qui lui a permis de parcourir la région qui appartient au bassin du Congo.

Nous allons, dans les pages qui suivent, nous attacher à faire pénétrer le lecteur à notre suite dans un pays nouveau; son attention, sans nul doute, a été éveillée par les communications faites aux Sociétés savantes, les articles publiés dans les journaux; il sera heureux certainement de vivre quelques heures de la vie africaine. C'est un marin qui sera son guide : habitué aux dangers, il ne lui montrera pas le péril où il n'y a que difficulté; observateur attentif, il lui permettra de recueillir sur son carnet de notes une foule de renseignements variés et originaux; respectueux de l'exactitude, il le convaincra que l'intérêt d'un voyage ne perd rien à être présenté, dégagé de toute exagération, sous le seul couvert de la vérité.

LE

CONGO FRANÇAIS

DU GABON A BRAZZAVILLE

CHAPITRE PREMIER

DU GABON A LAMBARÉNÉ.

Arrivée au Gabon. — Le Gabon. — Entrevue avec M. de Brazza. — Il me propose de l'accompagner. — Départ pour l'Ogooué. — Ngola, premier village kama. — Les Kamas. — Le commerce d'esclaves. — Les Juengas et les Galoas. — Arrivée à Lambaréné. — M. de Brazza se rend au Gabon. — Une affaire avec les Pahouins. — Les Pahouins ou Pans-Batchi. — Les factoreries européennes de l'Ogooué. — Retour de M. de Brazza.

Au mois de décembre 1880, le vapeur *le Loiret*, à bord duquel je remplissais le modeste emploi de quartier-maître de timonerie, arrivait en vue du Gabon, où je devais attendre, pour l'accompagner dans son voyage, le lieutenant de vaisseau Mizon, chargé d'une mission scientifique dans l'Ogooué et le Congo.

Le Gabon a été décrit bien des fois, et je n'y ai fait d'ailleurs qu'un séjour de peu de durée ; cependant, je crois utile de donner quelques détails sommaires sur l'état de la colonie à l'époque où j'y ai séjourné, parce qu'elle est une base d'opération pour pénétrer dans le centre africain.

Quand on vient du large et qu'on a doublé les deux pointes de Saint-Denis et de Sainte-Claire, on entre dans une rade immense formée par l'embouchure en estuaire du fleuve Gabon. A l'entrée, on remarque deux îles : la plus grande est appelée île des Perroquets, et la plus petite, l'île Coniquet; à gauche, c'est-à-dire sur la rive droite, on aperçoit une éminence que les Européens appellent ordinairement « le Plateau »; c'est au centre de ce plateau qu'est située la résidence du gouverneur, grande et belle demeure construite en pierre; à côté d'elle s'élèvent un hôpital, une maison où se rend la justice et où sont logés divers fonctionnaires, une église bâtie en fer et en brique, une habitation et plusieurs petits magasins. L'ensemble de ces constructions est désigné sur les cartes par le nom de Libreville.

Au bas du plateau passe une route carrossable bordée de cocotiers, qui se dirige vers l'ouest et conduit à la mission catholique. Cet établissement, situé à environ une lieue, occupe une admirable position à peu de distance de la mer; il se compose de plusieurs bâtiments en pierre et d'un jardin modèle fort bien entretenu par les enfants que les missionnaires, sous la direction de Mgr Le Berre, évêque *in partibus* d'Archès, instruisent et initient en même temps à tous les travaux du jardinage et de l'élevage des animaux domestiques. On cultive dans ce jardin les légumes d'Europe, qui, à l'exception de la pomme de terre, viennent très bien, côte à côte avec les végétaux des pays chauds, tels que le caféier, le vanillier; des plantations de palmiers sont d'un bon rapport. On élève dans la basse-cour les animaux d'Europe. Enfin, l'établissement possède une presse pour l'extraction des huiles et un four à chaux.

Les enfants dont l'éducation est confiée aux missionnaires appartiennent à diverses races : Pahouins, Kamas, Boulons, Gabonais; ils sont appelés à rendre de grands services comme interprètes dans les expéditions, mais l'éducation religieuse qu'ils reçoivent ne paraît pas produire de résultats durables, car ils retournent aisément à leurs idées superstitieuses et à leur croyance aux fétiches.

Sur le parcours de la route qui conduit à Glass sont établis les comptoirs et les factoreries; je citerai la maison Piqueur, qui fait le commerce des objets d'habillement, le comptoir et débit de boissons du Portugais Iovan, la maison française Pajou, la maison anglaise Hamilton et quelques autres maisons portugaises. C'est à Glass que sont installés les représentants du haut commerce, comme la maison Woermann de Hambourg, qui possède une belle maison d'habitation, des plantations de café, de nombreuses factoreries sur la côte et plusieurs bateaux à vapeur dans l'Ogooué. Il y a aussi à Glass une mission américaine très belle et bien dirigée, recevant d'Amérique un revenu de trois cent mille francs; mais les élèves n'y apprennent que l'anglais. Il y a aussi aux environs quelques planteurs et des traitants indigènes qui, pour singer les étrangers, se sont construit des cases faites de planches venues d'Europe, alors que les cases des indigènes sont construites en bambou et en feuilles de palmier.

Le Gabon, à l'époque où je le visitais (1880), avait pour gouverneur M. Hanet-Cléry, capitaine de frégate, commandant le stationnaire ponton *le Catinat;* il administrait les affaires civiles et rendait la justice, car il n'y avait pas encore de juge à Libreville. Ces fonctions multiples obligeant le commandant à habiter ordinairement la résidence, le *Catinat* est sous les ordres d'un lieutenant de vaisseau assisté de deux enseignes; l'équipage se compose principalement d'ouvriers charpentiers, qui passent presque toutes leurs journées à terre occupés à divers travaux.

En attendant l'arrivée de M. Mizon, j'avais dû reprendre, à bord du *Catinat*, mon service de timonier. Je languissais d'impatience et d'ennui.

Un matin du mois de décembre, en interrogeant l'horizon, j'aperçus dans la direction du sud un vapeur qui venait sur nous. Aidé d'une longue-vue, je reconnus le pavillon anglais, et, la distance qui nous séparait diminuant rapidement, je pus distinguer ce qui se passait à bord. Je voyais, debout sur la passerelle, un officier coiffé d'un shako, vêtu d'une tunique dont la manche portait deux galons; il paraissait grand et maigre, et le bas de son visage allongé était couvert d'une épaisse barbe noire. A mesure que je discernais ces détails, je les décrivais à l'officier de quart placé près de moi, et ma description lui suffit pour reconnaitre le personnage : c'était M. de Brazza. Quelques minutes après, je pouvais examiner, avec un intérêt facile à comprendre, le célèbre voyageur, et remarquer la singulière expression, mélange de douceur et de finesse, de sa physionomie sympathique. Il quitta bientôt le *Catinat*, en compagnie du lieutenant, pour aller rendre visite au gouverneur de la colonie; mais deux jours après cette entrevue, dont je n'avais été qu'un obscur témoin, il me fit appeler et me tint à peu près ce discours : « Vous êtes ici en attendant M. Mizon que vous devez accompagner dans son voyage.

Comme je dois faire moi-même un voyage dans le haut Ogooué, je vous emmènerai avec moi; vous ferez ainsi connaissance avec le pays, et serez à même de mieux servir M. Mizon. » Cette proposition me plut beaucoup; je l'acceptai avec empressement, et le départ fut fixé au lendemain matin.

C'est ainsi que le hasard des circonstances me procura l'honneur d'être pendant plusieurs mois le compagnon de M. de Brazza; pendant ce voyage souvent pénible, j'ai été à même d'apprécier les hautes qualités de l'explorateur. Sobre et dur à la fatigue, partageant également avec ses hommes, dans les jours de disette, le peu de manioc et d'eau qui lui reste, donnant, dans les jours de souffrances, l'exemple du courage et de la résignation, M. de Brazza sait à merveille, par ses manières douces et les bonnes paroles qu'il prodigue, se faire de tous ceux qui l'approchent des serviteurs fidèles ou des collaborateurs dévoués. Mais ces qualités, bien qu'il les possède à un rare degré, ne lui auraient sans doute pas suffi pour accomplir l'œuvre grandiose qui faisait jour et nuit l'objet de ses méditations. Inquiété à droite par un rival puissant, à gauche par de mesquines jalousies, ayant en face de lui des populations prévenues contre les blancs et disposées à voir dans tout Européen un ennemi de leur monopole commercial, M. de Brazza, sachant prendre les noirs comme les Européens par leur côté faible, tantôt patient et persuasif, tantôt menaçant, mais n'exécutant ses menaces qu'à la dernière extrémité, a su conquérir partout une incontestable influence et un prodigieux ascendant. Si je l'ai vu faire semblant de dormir pour écouter les réflexions de ses hommes, abandonner des objets bien en vue pour tenter et découvrir un voleur, et se tenir toujours sur ses gardes, tout en affectant la plus complète sécurité, je puis affirmer aussi que son intrépidité égale son énergie, et qu'il saurait mourir en homme.

Tel est le portrait impartial et sincère de l'homme avec lequel j'ai fait mes premières armes comme voyageur, et dont je n'ai pas oublié les leçons. On le verra à l'œuvre dans plus d'une page du récit que j'ai hâte de continuer.

Le jour fixé pour notre départ, vers huit heures du matin, nous primes place à bord d'un petit vapeur, le *Mpongwé*, chargé des divers services de la factorerie allemande du Gabon; ce vapeur appartient à la maison Woermann de Hambourg, qui dirige cette importante factorerie. Le temps était magnifique, et la traversée se fit sans incident. Après avoir longé la côte du nord au sud, on atteignit le soir le cap Lopez, près de l'embouchure de l'Ogooué.

Le lendemain, l'ancre levée, la navigation fut continuée à travers un dédale d'îles et d'îlots qui forment à l'embouchure du grand fleuve un véritable delta. Le pays environnant trahit le voisinage de l'Ogooué par la puissance de sa végétation; les îles sont couvertes d'arbres, et ceux qui bordent les rivages, serrés et touffus, couverts de lianes enchevêtrées, forment en quelques endroits une véritable muraille. Quelques heures de navigation nous amenèrent en face de Ngola, premier village du peuple kama, sur les bords de l'Ogooué. Il y a là un poste de douane; le vapeur dut mouiller pour remplir quelques formalités, et M. de Brazza profita de cet arrêt pour acheter trois poules au douanier, noir du Gabon élevé à la mission catholique.

Les Kamas, dont nous venons de rencontrer le premier établissement, sont des nègres robustes et de haute taille à peau très foncée. Habitant près de la côte, se trouvant plus souvent que les autres peuples de l'Ogooué en rapport avec les Européens, ils sont aussi plus civilisés. Leur vêtement ordinaire est un simple pagne, mais d'assez belle étoffe; quelques chefs ou personnages de marque ont des pantalons ou des chapeaux d'origine européenne. Les Kamas sont des navigateurs intrépides; ils ont de grandes et belles pirogues, en forme de canots, dans lesquelles ils ne craignent pas d'affronter l'Océan; ils vont ainsi au Gabon vendre les produits, tels que le caoutchouc et l'ivoire, qu'ils se procurent chez les peuples de l'intérieur, ou bien des nattes tressées en fils de plusieurs couleurs, qu'ils fabriquent eux-mêmes, ou encore le poisson fumé et le manioc, produits de leur pêche ou de leurs plantations. Ils ont aussi une branche de commerce beaucoup plus importante qu'on ne pourrait le croire, étant donné la surveillance des vaisseaux de guerre : c'est le commerce des esclaves. Les Kamas qui vont acheter l'ivoire et le caoutchouc dans le haut Ogooué, soit pour leur compte, soit pour les factoreries dont ils sont les traitants, manquent rarement de ramener dans leur pays au moins un esclave. Le commerce se fait en général de peuple à peuple[1]. Les esclaves habitent dans les villages des cases réservées où ils vivent en famille; ils se marient

[1] J'ai entendu dire à deux Kamas faisant partie de notre expédition, que les Portugais venaient souvent avec de petits cotres débarquer dans les environs du cap Lopez, pour y acheter des esclaves, et, en 1881, une grosse pirogue (dite *congongo*), commandée par un Européen, ayant un soir accosté le village de Ngoumbi, où se trouvait M. Mizon, celui-ci, heureux de rencon-

avec des femmes de leur condition, et s'ils ont des enfants, la fortune de leur maître s'en trouve accrue d'autant; quand celui-ci n'est pas satisfait de leur conduite, il les échange contre des marchandises dont il peut avoir besoin. Les esclaves, qui travaillent ordinairement dans les plantations, sont, en général, bien traités, et, dans les villages de l'Ogooué, j'en ai vu souvent qui avaient été autrefois rachetés par M. de Brazza, et qui, dégoûtés sans doute de la liberté, s'étaient assez volontiers laissé remettre en esclavage. Comme tous les peuples que j'ai vus dans l'Afrique équatoriale, les Kamas ont pour religion un fétichisme grossier. Lorsqu'ils veulent prendre un engagement solennel, faire un serment inviolable, ils se touchent le bras gauche avec la main droite en prononçant une formule qui commence par le mot *hiâschi :* ce mot paraît désigner une puissance surnaturelle qu'ils invoquent ou prennent à témoin dans les grandes circonstances. Les Kamas font usage du *mboundou,* poison fabriqué avec les fruits rouges d'une solanée, et employé aussi par les Gabonais, dans une sorte d'épreuve judiciaire; ce poison leur sert fréquemment à commettre des crimes. En résumé, les mœurs des Kamas rappellent à bien des égards celles des Gabonais leurs voisins.

En quittant Ngola, nous continuons de remonter l'Ogooué. Les villages, éparpillés sur les deux rives, deviennent de plus en plus nombreux. De temps en temps, le vapeur salue d'un coup de canon à blanc les

trer un Européen dans ces parages, l'envoya aussitôt chercher; mais ce personnage, en voyant des uniformes, répondit à l'invitation par des jurons épouvantables, et s'empressa de faire rembarquer tout son monde à coups de lanières d'hippopotame.

indigènes, hommes, femmes et enfants, accourus pour le voir passer. A l'approche de la nuit, le capitaine du *Mpongwé* donna l'ordre de mouiller. Il y avait en cet endroit, sur la rive gauche du fleuve, une modeste case élevée sur de petits pilotis, à laquelle l'isolement donnait un aspect triste et sévère qui me frappa; un homme de l'équipage me dit que cette case renfermait de grands fétiches, et, en effet, le gardien des fétiches profita de notre arrêt pour venir à bord et recevoir en présent du capitaine quelques étoffes et un peu de tabac.

Le lendemain, nous reprenions le cours de notre navigation. Aux villages kamas succédèrent de nombreux villages inengas et galoas souvent mêlés. Ces villages, comme ceux des Kamas, sont composés de cases en palmier. Des feuilles de palmier cousues ensemble, puis repliées et fixées sur une latte empruntée au même arbre, constituent des tuiles d'environ un mètre sur quarante centimètres de large, avec lesquelles on forme le toit et les parois des cases qui ont au milieu deux mètres et demi environ. Les mêmes matériaux servent à établir, dans l'intérieur de la case, une alcôve où est placé le lit. Ce lit est un simple treillis, fait avec des lattes de palmier reliées par des lianes, et reposant sur deux barres longitudinales, soutenues par quatre fourches fichées dans le sol. L'ameublement est quelquefois complété par des caisses d'Europe achetées aux factoreries, servant d'armoire pour cacher les objets précieux; mais ce luxe n'est permis qu'à ceux qui possèdent quelque chose à garder, c'est-à-dire aux gens influents de chaque village. Ceux-là ont quelquefois aussi des tables grossières et des sièges à trois pieds taillés d'une seule pièce dans un tronc d'arbre; ils ont aussi des fétiches domestiques qui sont tantôt des statuettes, tantôt des coquilles de gros mollusques remplies de matières diverses.

Les Galoas et Inengas ont des habitudes analogues à celles des Kamas. Comme eux, ils s'expatrient volontiers : ils vont dans le haut Ogooué, chez les Apingis ou chez les Okandas comme traitants, c'est-à-dire intermédiaires entre les factoreries européennes et les peuples de l'intérieur, pour l'achat de l'ivoire et du caoutchouc; mais ils rentrent rarement dans leur village sans ramener un ou deux esclaves, qu'ils vendent ordinairement à leurs voisins les Kamas. Quelques Inengas et Galoas s'engagent aussi comme pagayeurs dans les flottilles de pirogues qui transportent les marchandises ou les expéditions dans le haut Ogooué.

Vers midi, après avoir parcouru environ deux cents kilomètres depuis notre entrée dans le fleuve, nous arrivions à Lambaréné, où sont établis les derniers et les seuls comptoirs européens de l'Ogooué. Les différentes personnes attachées à ces comptoirs, apprenant l'arrivée de M. de Brazza, accoururent pour le saluer et le féliciter de son beau voyage du Congo. Après cet hommage des Européens, j'assistai à une scène qui produisit sur moi une vive impression : au détour de la grande île où sont établies les factoreries, je vis arriver une quinzaine de pirogues; ceux qui les montaient appartenaient au peuple adouma, que je décrirai plus tard; du plus loin qu'ils aperçurent M. de Brazza, ces gens redoublèrent d'efforts, et même plusieurs d'entre eux, quittant leurs pagaies, sautèrent dans l'eau et arrivèrent à la nage pour se précipiter vers M. de Brazza, en l'appelant « commandant ». Ces Adoumas venaient du haut Ogooué sous la conduite de M. Michaud, élève mécanicien de la marine, que M. de Brazza avait laissé dans l'intérieur pour assurer le service des pirogues.

M. de Brazza nous fit partager l'hospitalité qu'il avait acceptée à la factorerie anglaise, et où il prit quelques jours de repos; il partit ensuite pour le Gabon, après nous avoir indiqué ce que nous aurions à faire pendant son absence, parce qu'il avait besoin de diverses marchandises qu'il ne trouvait pas dans les factoreries.

Les travaux que M. de Brazza nous avait recommandé de surveiller consistaient surtout à réparer les pirogues qui devaient servir à notre voyage. Ces pirogues étaient des *mboungou* ou pirogues à rapides, les seules avec lesquelles on puisse franchir les obstacles variés et surtout les rapides dangereux que présente le fleuve dans la région moyenne de son cours. Tandis que les embarcations dites *congongos,* faites pour naviguer en eau calme et employées par les Kamas ou autres peuples du bas fleuve, ont une forme massive et une carène arrondie, presque comme nos canots, les *mboungou* sont des pirogues à fond plat, très longues et très effilées[1]. Les pagayeurs s'y tiennent debout, sur deux rangs, et manient verticalement une pagaie d'environ deux mètres de longueur, terminée par une palette arrondie; dans les *congongos,* les pagayeurs sont assis sur des bancs; leurs pagaies sont beaucoup moins longues, mais la palette, de forme ovale, est plus large. Ces deux sortes d'embarcations sont d'une seule pièce, creusées dans le tronc d'un arbre appelé *okoumé,* qui atteint d'énormes dimensions.

[1] Les grandes ont jusqu'à 18 mètres de long sur $0^m,90$ de large. Elles peuvent porter 25 hommes et 2,000 kilos de marchandises.

Les ordres laissés par M. de Brazza s'exécutaient rapidement et sans embarras, lorsqu'un incident vint momentanément troubler la vie tranquille que nous menions à Lambaréné. M. Michaud se rendait un jour, dans une pirogue montée par des Adoumas, à la mission américaine, située à peu de distance des factoreries, lorsqu'il aperçut une troupe de Pahouins occupés à piller une pirogue des Inengas. A la vue d'un Européen, les Pahouins interrompirent leur opération, et lâchèrent un Inenga qu'ils emmenaient prisonnier; mais l'un d'eux, s'embusquant derrière un arbre, menaça Michaud de tirer sur lui; les Adoumas, voyant ce mouvement, se couchèrent tous à la fois au fond de la pirogue, ce qui faillit la faire chavirer. Il fallut tout le sang-froid de Michaud pour les décider à reprendre leurs pagaies. Ils se rendirent au village galoa de Ricombé et de là nous envoyèrent un messager pour demander du renfort, afin de délivrer un Galoa et un Inenga restés aux mains des Pahouins, qui ne manqueraient pas de les manger. Je partis aussitôt avec deux Sénégalais, je rejoignis Michaud, et nous décidâmes de nous rendre sans délai au village pahouin.

Mais à notre approche, les Pahouins, prévenus, abandonnèrent leur village, que nous trouvâmes complètement désert, et toutes nos tentatives pour faire revenir les habitants et entamer des négociations avec eux furent inutiles. Nous revenions sur nos pas un peu désappointés, lorsqu'une nouvelle complication vint changer le cours de nos idées; profitant de notre excursion à l'extrémité la plus reculée du village, nos Adoumas avaient commencé un pillage en règle des cases les plus rapprochées du rivage; ils avaient embarqué dans les pirogues les dents d'éléphant et les coffres dérobés aux Pahouins, et n'attendaient que notre retour pour partir et emmener tout ce butin. Michaud dut les menacer de son fusil pour leur faire décharger ce qu'ils avaient pris; au même moment, le chef du village accourait pour réclamer ce qui appartenait à ses gens. Après l'avoir invité à constater que rien de ce qui avait été pris à son village n'était resté dans nos pirogues, nous lui fîmes savoir que nous l'emmenions avec nous comme otage, pour le garder jusqu'au jour où ses administrés auraient relâché l'Inenga et le Galoa prisonniers. Le chef pahouin fut conduit à la factorerie, où, pendant toute la nuit, il mena une vie de possédé : il ne cessa jusqu'au jour de se plaindre et de crier; il fit le mort, l'épileptique, et nous étions obligés, pour le calmer, de lui jeter des verres d'eau à la figure. Dans la journée, les Pahouins vinrent *régler le palabre*, c'est-à-dire négocier pour la mise en liberté de leur chef; il fut relâché après qu'on lui eut fait promettre de ne plus faire prisonniers des Inengas, des Galoas ou d'autres, et de ne plus laisser piller les pirogues des peuples voisins.

Les Pahouins, dont quelques-uns viennent de faire dans ce récit une bruyante entrée en scène, se désignent eux-mêmes par le nom de Fans Batchi; le nom de Pahouins leur est donné par les Gabonais et quelques autres peuples, leurs voisins. C'est une race forte et guerrière, dont les villages sont établis au nord de l'Ogooué, sur la rive droite. Les Pahouins sont grands et robustes; leurs yeux, pleins de vivacité, donnent à leur visage une expression farouche, qu'on remarque même chez les femmes; leur voix, aiguë et forte, se fait entendre à une grande distance, et ils ont un cri de guerre qui ressemble à un hennissement prolongé. Un pagne étroit, dont l'étoffe est tirée d'une écorce de palmier quand ils ne peuvent se procurer des indiennes d'Europe, constitue tout leur habillement. Quelques-uns laissent croître leurs cheveux; d'autres, en plus grand nombre, les coupent à cinq centimètres et les divisent en petites mèches qui sont ensuite tressées avec adresse, de manière à former des dessins variés; quelquefois, ils gardent de longues mèches, qu'ils laissent pendre sur les oreilles. Ceux qui ont de la barbe ont aussi l'habitude de la tresser à l'extrémité du menton. Les Pahouins se taillent en pointe les dents de devant; cette coutume, qu'on a indiquée à tort comme particulière aux peuples anthropophages, est très répandue dans le haut Ogooué; mais ici, elle parait tendre à diminuer, au moins pour les enfants, parce qu'elle a souvent pour effet d'amener la destruction des dents ainsi taillées, et aussi par suite du voisinage de plusieurs peuples qui n'ont pas cette habitude.

Les Pahouins ont des mœurs farouches; le moindre prétexte leur suffit pour attaquer leurs voisins, les tuer et mettre leurs habitations au pillage. Ils mangent leurs prisonniers de guerre; on les accuse même de déterrer les cadavres pour les manger, mais je suppose que c'est plutôt pour en avoir les crânes qu'ils conservent dans leurs cases. Leur principale occupation est la chasse, où ils se font accompagner par leurs femmes, vraies bêtes de somme qui portent tous les fardeaux; le mari ne porte que ses armes et ses fétiches consistant en peaux de bêtes, coquilles d'escargots, cornes d'antilopes, ou statuettes. L'arme préférée des Pahouins de l'intérieur est une redoutable arbalète, lançant à de grandes distances des flèches empoisonnées; ceux qui habitent les rives de l'Ogooué préfèrent le fusil ; ils le chargent fortement, toujours à mitraille, avec des chevrotines et toutes sortes de débris de métaux ; il en résulte une détonation formidable et un effet terrible à bout portant, mais en même temps un violent recul; aussi les Pahouins tirent-ils sans épauler, et, à plus de cinquante mètres, les effets de leur décharge sont-ils peu redoutables. Chez eux, comme dans beaucoup d'autres pays, les fusils à pierre sont les plus employés, par suite de la difficulté de se procurer à volonté des capsules.

Les femmes des Pahouins sont vaillantes et dures au travail; ils n'en épousent généralement qu'une seule; cependant, en quelques endroits, les riches ont des concubines esclaves; c'est une exception qui résulte de leur commerce avec les blancs et de leurs rapports avec les peuples voisins de l'Ogooué. Par suite de l'extension du commerce européen dans ces contrées, les peuples en relations suivies avec nous acquerront certainement bien des habitudes nouvelles, sans qu'on puisse prévoir dans quel sens et jusqu'à quel point les coutumes anciennes céderont ou résisteront à l'influence de notre voisinage. Les Pahouins n'ont pas d'esclaves et n'en font pas le commerce.

Après avoir terminé ses achats, M. de Brazza revint du Gabon à bord d'une canonnière de guerre, le *Marabout;* il trouva exécutés tous les travaux qu'il avait prescrits avant de nous quitter; il ne restait plus qu'à préparer les marchandises en vue de notre prochain départ. Mais avant de quitter Lambaréné, je crois indispensable de donner quelques détails au sujet des maisons de commerce et autres établissements européens situés sur une grande ile que l'Ogooué forme en cet endroit.

La factorerie allemande de la maison Woermann, de Hambourg, est située vers la pointe septentrionale de l'île; elle se compose d'une vaste maison en planches, renfermant le magasin et les chambres des Européens, avec une grande marquise sur la façade tournée vers le fleuve, et de cases en feuilles de palmier établies de chaque côté de la maison principale; ces cases servent de demeure aux hommes employés par les directeurs du comptoir, c'est-à-dire aux Kroumans[1], aux interprètes galoas, kamas, etc. La factorerie anglaise Hatton et Cookson, de Liverpool, est située à environ trois kilomètres de la factorerie allemande. Il y a aussi à Lambaréné une mission catholique, maison en planches contenant trois chambres et une petite chapelle, occupée par deux Pères et un Frère, et une mission protestante américaine, très confortablement installée, où demeurent deux missionnaires avec leur femme. Enfin, en 1883, au mois de février, le gouverneur du Gabon faisait défricher le sommet d'une colline, pour y établir un poste militaire, dans le voisinage de la mission catholique.

Quelques mots maintenant sur les opérations commerciales des factoreries. Souvent, les personnes qui dirigent ces établisssements échangent directement les marchandises européennes, dont leur magasin est approvisionné, avec les indigènes qui viennent quelquefois de fort loin leur offrir de l'ivoire, du caoutchouc et d'autres produits de leur pays recherchés en Europe; ou bien, ils vendent des marchandises à des agents, appelés traitants, qui vont les échanger dans les pays de l'intérieur; ils achètent ensuite à ces agents les produits

[1] Krou-man ou Krou-boy, homme de la côte de Krou, près du Cap.

qu'ils se sont procurés. Les marchandises sont vendues aux traitants pour un prix bien supérieur à leur valeur en Europe; un pagne de 3 francs, par exemple, leur est compté 2 dollars; un collier de 1 fr. 50 est vendu 5 francs. De plus, les produits achetés aux traitants leur sont payés à très bas prix; c'est ainsi que le caoutchouc, rendu à Lambaréné, leur est payé en moyenne 1 fr. 25 la livre. Le bénéfice de la factorerie est donc parfaitement clair.

Les traitants sont des nègres appartenant à des peuples variés : il y a parmi eux des Sénégalais (anciens laptots), des Kamas, des Inengas, des Galoas, des Gabonais. Ils s'avancent quelquefois très loin dans l'intérieur, jusqu'au pays des Okandas, et l'on en trouve souvent plusieurs établis dans un même village. Bien qu'ils payent très cher les marchandises des factoreries, ils feraient rapidement fortune, grâce au bas prix des produits qu'ils achètent sur place chez les peuples du haut Ogooué ou du haut Ngoumié; mais presque tous aiment à bien vivre : ils veulent singer les Européens, se donner des airs du « grand monde », et ils empruntent à leurs hôtes leurs plus belles femmes, qu'ils payent royalement. Fréquemment aussi, ils avancent des marchandises à des habitants du village où ils sont établis; ceux-ci doivent leur livrer, à une époque convenue, une certaine quantité de produits en échange; mais ces *sous-traitants* n'acquittent pas toujours leur dette au jour fixé, et il en résulte des différends qui se règlent presque toujours à coups de fusil et se terminent souvent par l'assassinat du créancier.

CHAPITRE II

DE LAMBARÉNÉ A ASHOUKA.

Départ de Lambaréné. — La rivière Ngoumié. — Les Bakalès. — L'île de Djoli. — Commencement des rapides. — Les Okotas. — Voyage par terre. — Les Apingis. — Les rapides des Apingis. — Six hommes noyés. — Ashouka. — Les Okandas. — Expédition chez les Ossyébas. — Villages bangoués. — Fourberie d'un chef bangoué. — Le dika. — Grand palabre avec les Ossyébas. — Délivrance d'Antoine. — Un Ossyéba de l'intérieur. — Retour à Ashouka. — Un essai de chasse au buffle.

Dans la matinée du 22 janvier 1881, au grand étonnement des Européens présents, la cour de la factorerie se trouvait tout à coup remplie d'une foule de noirs, hommes, femmes et enfants, d'un extérieur misérable. Nous eûmes bientôt l'explication de ce rassemblement, un des chefs de la troupe s'étant adressé à M. de Brazza à peu près en ces termes : « Commandant, les esclaves des Galoas et des Inengas, connaissant ta bonté, viennent implorer ta protection; la plupart sont originaires du haut Ogooué; ils te prient de les rendre à leurs familles, à leur pays. Plusieurs même ont le désir d'aller habiter, si tu y consens, ton village de Passa[1]. » M. de Brazza s'empressa d'accéder à la demande de ces pauvres gens; on dut, pour leur faire place, alléger les piro-

[1] La station de Franceville, près de la rivière Passa, affluent du haut Ogooué.

gues d'une partie des marchandises embarquées qui furent laissées en dépôt à la factorerie; et, le 24 janvier, tous ces esclaves, au nombre d'environ cent cinquante, ainsi que le personnel de l'expédition, c'est-à-dire MM. de Brazza, Michaud, Amiel et Guiral, Européens; six Sénégalais et quarante-cinq Gabonais[1], ayant pris place dans les pirogues, on appareilla pour le haut Ogooué.

A partir de Lambaréné, l'Ogooué, grâce à sa largeur, n'a qu'un faible courant. Les rives sont garnies de nombreux villages, où l'on trouve presque toujours quelques traitants galoas, inengas et kamas. Les villages de la rive droite appartiennent aux Fans Batchi ou Pahouins; ceux de la rive gauche, jusqu'à la rivière Ngoumié, sont des villages d'Inengas. C'est dans ceux-là que commandent les deux chefs les plus influents de toute la région du bas fleuve : Rénoké, vieillard aveugle, qui déplore la venue des Européens, parce qu'auparavant son pays était le centre du commerce avec les traitants d'esclaves du cap Lopez, et Rékanga, chef puissant et riche, qui possède dans le Ngoumié un village habité par plus de quatre cents esclaves.

La rivière Ngoumié, qui se jette dans l'Ogooué près du village de Rénoké, à plusieurs milles des factoreries, est un cours d'eau très considérable. A partir de son confluent avec le fleuve, cette belle rivière peut être remontée pendant plus de cent kilomètres par des vapeurs de cent cinquante tonneaux; à cette distance, on se trouve arrêté par les chutes de Samba, qu'un vapeur ne peut franchir; mais au delà, la rivière redevient navi-

[1] Les Sénégalais et les Gabonais (Pahouins, Boulous, Kamas, etc.) sont engagés pour les expéditions moyennant 35 fr. par mois et la nourriture, ce qui équivaut à peu près à 70 fr. par mois.

gable jusqu'au voisinage de sa source, située presque aussi loin vers l'est que Franceville.

Au delà du Ngoumié, la rive gauche du fleuve est habitée, jusqu'à l'île de Djolé, où l'on arrive en trois jours de navigation, par le peuple bakalè. En plusieurs points, notamment à l'endroit appelé Sankitta, on remarque des emplacements de villages aujourd'hui abandonnés; cela tient à la singulière coutume qu'ont les Bakalès de déserter complètement leurs villages aussitôt qu'un chef ou un personnage influent vient à y mourir. Ils préfèrent aller construire de nouvelles cases à une certaine distance plutôt que de rester sur une terre où, selon leur croyance, ils mourraient bientôt s'ils continuaient d'y demeurer. Je n'ai trouvé cette coutume et cette croyance que chez ce peuple.

Les Bakalès, grands et vigoureux, ont un tempérament résistant, qu'ils entretiennent en passant presque tout leur temps à la chasse dans les forêts vierges. Ils forment une population nombreuse, dont les villages s'étendent dans le vaste pays arrosé par le Ngoumié; mais cette peuplade guerrière et redoutée de ses voisins paraît tendre à se disperser par des émigrations continuelles. Le vêtement des Bakalès est le pagne en fil de palmier, que les étoffes européennes ne tarderont pas à remplacer complètement. Leurs occupations sont la fabrication du caoutchouc et la chasse de l'éléphant, dont les défenses sont un article très important, et dont la chair sert à leur nourriture. Beaucoup de Bakalès font le métier de sous-traitants dans les conditions que j'ai signalées précédemment; ils font aussi le commerce d'esclaves. Ils peuvent avoir plusieurs femmes : en posséder beaucoup est, chez eux, un signe de richesse. Moins jaloux que les Fans Batchi, ils prêtent ou plutôt louent volontiers leurs femmes; les infidèles sont vendues comme esclaves.

Les Bakalès de l'intérieur assassinent fréquemment les traitants établis chez eux. Le chef Douma Milobi, qui habite près de l'embouchure du Ngoumié, ferme souvent cette rivière au commerce quand il voit que les eaux basses empêchent le « bateau de guerre » de remonter l'Ogooué jusque-là; mais les gens de l'intérieur connaissent une route qui conduit des Okotas dans le haut Ngoumié, en suivant une petite rivière qui se jette dans l'Ogooué, près de Djambala; d'ailleurs, le traitant Boubou, établi à Lopé, communique facilement avec son confrère du haut Ngoumié.

Arrivée à l'île de Djolé, notre flottille s'arrêta, la navigation dans les rapides que nous allions avoir à franchir nécessitant certaines précautions indispensables, si l'on veut éviter des pertes de marchandises, lorsque les pirogues viennent à chavirer : au moyen de perches et de lianes coupées dans l'île, nous attachâmes les caisses et autres objets formant le chargement des pirogues. Malgré toutes ces précautions, il est bien difficile de franchir certaines parties de l'Ogooué sans subir quelques pertes, parce que les embarcations se brisent souvent contre les récifs, très nombreux en certains endroits.

Après Djolé, on rencontre une autre île plus petite, et le fleuve, qui jusque-là avait été très large, se rétrécit notablement; bientôt il décrit des courbes où règne un fort courant, que les pirogues franchissent cependant sans trop de peine; mais plus loin, l'Ogooué, resserré entre des rochers, roule avec une rapidité vertigineuse ses eaux blanches d'écume, et, en certains endroits, où les remous sont trop violents, on est obligé de tirer les pirogues à terre, au moyen de cordes ou de lianes, pour les remettre à l'eau en amont du passage dangereux.

Au milieu des rapides qui font suite à l'île de Djolé, il y a plusieurs petites îles habitées par un des peuples les moins nombreux de l'Ogooué : c'est celui des Okotas, qui n'ont que trois villages; nous passâmes une nuit chez Djambala, un de leurs chefs influents.

Les Okotas, que leurs voisins appellent souvent Bakotas, sont de taille moyenne, mais robustes; leur physionomie est douce, bien que leurs yeux indiquent ordinairement un caractère rusé. Ils sont, en général, peureux et redoutent fort les Fans Batchi; ce n'est pas sans raison : plusieurs m'ont répété le fait suivant, que Djambala avait déjà raconté à M. de Brazza : à la saison où les eaux sont basses, des Pahouins étaient venus, s'étaient emparés d'un Okota et, après l'avoir dépecé sur un rocher du rivage, s'en étaient partagé les morceaux pour les manger. Les Okotas sont vêtus d'un pagne en étoffe européenne qu'ils portent comme une sorte de jupon; leurs ornements sont des bracelets et des colliers de perles que leur donnent les traitants pour avoir des vivres ou pour payer leur travail, car souvent ils s'engagent comme pagayeurs sur les pirogues de ces traitants. Leur vie se passe à pêcher, ou bien, cachés derrière les rochers dans leurs petites pirogues à un homme[1], ils exercent le métier de pilleurs d'épaves, que les dangers de la navigation en cet endroit rendent souvent fort

[1] Appelées *moussik*.

lucratif. Les femmes des Okotas sont agréables, bien faites et d'une grande propreté; leurs maris les vendent ou les prêtent moyennant payement. D'après les renseignements que j'ai pu recueillir, ce peuple viendrait d'un pays situé au nord, sur les bords de la rivière Okono, qui côtoie à l'intérieur les montagnes de cristal et vient se jeter dans l'Ogooué devant la grande ile des Okotas; ce pays, qui n'a pas encore été exploré par les Européens, est, parait-il, couvert de forêts vierges habitées par les Fans Batchi.

En quittant le village de Djambala, situé un peu avant l'Okono, on s'engage au milieu de récifs qui deviennent de plus en plus dangereux; jusqu'à Ashouka, le lit de l'Ogooué est semé d'énormes rochers contre lesquels l'eau vient se briser en formant de gros tourbillons. Les esclaves que nous emmenions, assis sur les chargements ou aux pieds des pagayeurs, compromettaient l'équilibre des pirogues et augmentaient les difficultés de la navigation; M. de Brazza décida alors que ces esclaves, du moins tous ceux qui n'étaient pas en état de pagayer, débarqueraient et prendraient la route de terre en côtoyant l'Ogooué. Je fus chargé de les accompagner avec quelques Sénégalais et Gabonais, car nous avions à traverser de nombreux villages, et il était à craindre que leurs habitants n'essayassent d'enlever quelques esclaves, ce qui faillit du reste arriver plusieurs fois.

A partir du pays des Okotas, les rives de l'Ogooué changent d'aspect : aux forêts vierges, aux montagnes boisées succèdent par intervalles des hauteurs couvertes d'une herbe assez courte, et, à mesure que l'on s'avance vers le haut fleuve, quelques prairies apparaissent; il n'y a plus de forêts vierges que dans les bas-fonds, souvent marécageux, souvent aussi sillonnés de petits ruisseaux d'eau claire qui se jettent dans l'Ogooué.

La route, ou plutôt le sentier de sauvages que nous suivions, traversait de nombreux villages bien peuplés appartenant à des Bakalès, que les Okotas appellent Bangoués[1]. Nous établissions quelquefois notre campement dans les montagnes, mais le plus souvent nous allions passer la nuit sur le rivage de l'Ogooué, où nous retrouvions les pirogues. Après trois jours de marche, nous atteignîmes le premier village des Apingis, où demeure un chef influent, Moëlli, que M. de Brazza connaissait depuis longtemps.

Les Apingis n'ont que trois villages sur les bords de l'Ogooué. Comment et à quelle époque ont-ils quitté les autres Apingis qui habitent près de la rivière Ngoumié? Est-ce une guerre, est-ce une chasse lointaine qui les a séparés? Eux-mêmes l'ignorent, et je les ai fort étonnés en leur parlant de leurs frères du Ngoumié. Ils ont à peu près les mêmes mœurs que leurs voisins et amis les Akotas. Leurs femmes sont assez gentilles, malgré une coiffure singulière dont elles ont emprunté la mode aux Okandas, peuple que nous rencontrerons bientôt : elles divisent leurs cheveux en deux touffes dont elles font de chaque côté de la tête un énorme chignon. Elles s'épilent complètement les sourcils et les cils, et se peignent, à l'aide d'un bois rouge broyé avec de l'huile de palme, une raie au-dessus des sourcils et une autre longitudinale sur chaque joue. Les Apingis louent volontiers leurs femmes. Ils ont des relations suivies

[1] M. de Brazza, Bangouins; et Compiègne, Bangouens.

avec les Okandas leurs voisins, et il se fait souvent des mariages d'un peuple à l'autre. Comme les Okotas, ils sont quelque peu voleurs et pilleurs d'épaves.

Nous restâmes une journée au village apingi, où eut lieu un palabre entre les chefs et M. de Brazza, qui voulait acheter une grande pirogue et en commander plusieurs autres.

M. de Brazza, ayant encore diverses affaires à régler avec les Apingis, était demeuré en arrière. Pendant cette absence, notre personnel d'esclaves galoas, qui venait d'être cruellement éprouvé par la dyssenterie, fut atteint d'un nouveau malheur; six Galoas périrent dans un accident dont je vais raconter les principales péripéties. Vers dix heures du matin, j'avais accosté la rive droite en compagnie de Michaud, près d'un village ossyéba établi sur une montagne; nous voulions y acheter des bananes, mais nous dûmes y renoncer à cause du prix exorbitant qu'on nous en demanda. Une excellente bouteille d'altom-gin que nous possédions ce jour-là nous avait mis en belle humeur, et nous nous éloignions en chantant du village ossyéba, lorsqu'en approchant de la forêt qui, en cet endroit, borde l'Ogooué, nous entendîmes un bruit confus qui nous fit l'effet d'une chanson; mais nous fûmes bientôt détrompés par Amiel, qui nous dit : « Six hommes noyés! Vous entendez les pleurs de leurs femmes. » Voici comment l'accident était arrivé : dans une pirogue conduite par deux Okandas et quelques Adoumas, étaient montés deux enfants et quelques esclaves galoas qui savaient pagayer. Arrivée dans un de ces rapides où l'Ogooué, profondément encaissé, forme de terribles tourbillons, la pirogue, mal dirigée au milieu des rochers, s'emplit d'eau; quatre

Galoas et les deux enfants se noyèrent; tout le chargement fut perdu et l'embarcation fendue d'un bout à l'autre; les Adoumas et les Okandas échappèrent à la mort en se cramponnant à la pirogue. M. de Brazza revint des Apingis une heure après l'accident. Il entra dans une violente colère contre les Okandas et les Adoumas, qu'il accusait d'avoir causé volontairement ce malheur, et il les priva d'une partie de leur salaire; puis, craignant qu'après une telle catastrophe les Galoas ne voulussent plus le suivre jusqu'à Franceville, il imagina d'offrir aux femmes qui pleuraient leurs maris et surtout leurs marchandises perdues, un papier, payable à la station, au moyen duquel elles pourraient se procurer l'équivalent de ce qu'elles avaient perdu. Elles s'empressèrent d'accepter et de grossir à l'envi l'état de leurs pertes; on leur remit le papier, et les larmes furent séchées; Niangoudé et Adoumaka trouvèrent un autre époux le soir même; seule la pauvre Laïngo pleura pendant plusieurs jours son petit mari, jusqu'à ce qu'un nommé Njeoué l'eût remplacé, avec avantage, je crois.

Le lendemain de ce jour néfaste, je quittai la pirogue où la fatigue m'avait obligé de monter pour continuer par terre le voyage jusqu'à Ashouka. Le pays devient de plus en plus pauvre en forêts. Les montagnes déboisées, bien plus hautes que celles des Apingis ou des Okotas, sont couvertes d'herbe; dans les vallons, les prairies succèdent aux prairies, et de loin en loin seulement un ruisseau ou un petit marécage fait suite à une étroite bordure de forêt. Jusqu'à Ashouka, ce pays est habité par le peuple okanda, un des plus utiles à connaître parmi ceux de l'Ogooué.

Les Okandas sont des hommes grands et bien découplés; quelques-uns même sont de véritables colosses, comme par exemple Poulé Mughéné du village d'Ashouka, Olinda du village d'Adoumaka, qui ont au moins 1m,90 de hauteur. La couleur noire de leur peau n'a pas une intensité tout à fait constante. Leur figure assez régulière dénote, chez la plupart, un caractère énergique. Ce sont des navigateurs intrépides et d'habiles pilotes; il n'y a pas de meilleurs chefs de pirogues pour la navigation sur l'Ogooué; mais ceux qui emploient les Okandas doivent les traiter avec ménagement, car s'ils aiment les compliments et les paroles flatteuses, ils n'oublient jamais les mauvais traitements et s'en vengent en faisant chavirer les pirogues. Les Okandas font le commerce des esclaves, qu'ils vendent aux Inengas et aux Galoas. Quelques-uns se livrent aussi à la fabrication des pirogues, mais la plupart d'entre eux travaillent comme pagayeurs ou comme pilotes au service des voyageurs ou des traitants. Ils portent le pagne en étoffe d'Europe et se rasent la tête en réservant par places quelques touffes de cheveux. Cette habitude leur est presque imposée par l'abondance d'une espèce de pou noirâtre qui se multiple prodigieusement; comme les Apingis, ils s'épilent complétement les sourcils et les cils. Les femmes sont grandes, bien faites et fort jolies, relativement, bien entendu. Elles portent comme les hommes le pagne d'étoffe, mais leurs cheveux sont arrangés en un double chignon immense, coiffure que j'ai déjà signalée en parlant des Apingis.

Les Okandas ont quelques idoles en bois grossièrement sculptées, comme on en trouve dans le bas Ogooué; ils ont aussi celle qu'on nomme Mboueti, que je décrirai en parlant des Adoumas, et des fétiches variés, ossements, cornes de ruminants, etc., auxquels ils attribuent des vertus particulières, tantôt pour éviter la mort en franchissant les rapides, tantôt pour se préserver des maladies ou pour faire une prompte fortune : ceux-là sont les fétiches personnels. Les idoles et les Mboueti appartiennent ordinairement au village, qui en possède quelquefois un grand nombre; on leur demande un succès de guerre, une bénédiction dans les grandes circonstances de la vie ou avant d'entreprendre un voyage dangereux. On leur offre quelquefois des poules, mais les chefs, souvent assez sceptiques, les utilisent la plupart du temps pour leur propre alimentation. Lorsqu'un Okanda veut prendre un engagement solennel, il prononce une formule commençant ainsi : *Nmangongo mniboko ki-di-bi,* etc., et en même temps il se frappe d'une certaine façon l'épaule et le bras gauches avec la main droite. *Nmangongo* est évidemment, sous un nom différent, la même chose que le *Hiâschi* des Kamas. C'est un être surnaturel dont les femmes et les enfants n'entendent prononcer le nom qu'avec terreur. A certaines époques de l'année, où tous les gens du pays vont entreprendre des travaux importants, à l'époque des plantations par exemple, le chef le plus influent du pays convoque ses amis et les chefs moins influents de son voisinage, et l'on annonce le Nmangongo. C'est ordinairement le soir que la cérémonie a lieu. Les invités se réunissent pour chanter et danser au son du tambour; mais les femmes, au lieu d'assister à la fête, quittent le village pour aller se cacher. Au moment où la danse commence à présenter quelque animation, apparaît tout à coup un personnage étrangement costumé et méconnaissable, qui se met à exécuter en dansant de bizarres contorsions. Ce personnage représente Nmangongo. Son costume est ordinairement composé d'un grand pagne en feuilles de bananier; il a aussi les épaules couvertes de feuillages tressés de manière à ne pas se déranger pendant qu'il danse; enfin, il a sur la tête une sorte de coiffure faite avec des herbes ou des débris de pagne qui couvrent son visage. Demandez aux assistants quel est cet homme? Ils répondent : « Nmangongo. » D'où il vient? « Nmangongo. » C'est-à-dire l'esprit, l'être surnaturel qui vient on ne sait d'où et disparait on ne sait comment. La danse dure très longtemps, et, pendant qu'elle dure, les fétiches sont exposés, jusqu'à ce que Nmangongo disparaisse. Cet être prétendu surnaturel, que nous avons le droit d'appeler un personnage, doit être un chef de village déguisé, qui joue ce rôle pour entretenir dans le peuple une croyance salutaire, et, suivant moi, la crainte superstitieuse qu'il inspire a surtout pour but de maintenir les femmes dans le devoir et de prévenir un trop grand dérèglement dans les mœurs. Ainsi, chez les Okandas, une femme ou un enfant qui n'ont pas vu Nmangongo n'ont pas le droit de prononcer son nom. Une femme ou un enfant ne peuvent descendre le fleuve jusqu'à Lambaréné, s'ils n'ont vu Nmangongo. Enfin, les chefs vieillards Deson, Ebouenjia et Ashouka m'ont affirmé que les rapports sexuels étaient interdits aux jeunes gens qui n'avaient pas vu Nmangongo. Tout cela sous peine d'avoir la tête coupée. Maintenant, les mœurs paraissent s'être adoucies, et la peine infligée en pareil cas n'est plus aussi rigoureuse, mais on veille avec soin à ce qu'il ne soit commis aucune infraction à ces lois bizarres.

Vers l'âge de quatorze ou quinze ans, les adolescents sont initiés à la connaissance des fétiches; on leur enduit le corps de charbon pilé et l'on fait des cérémonies qui durent trois ou quatre jours. Pendant tout ce temps, ils n'ont pas le droit de regarder une femme, et doivent se cacher derrière une case ou dans un endroit écarté, où on leur porte à manger. Si le jeune homme est un fils de chef, on le marie ordinairement après ces cérémonies.

Les femmes font aussi une cérémonie particulière à une époque qui coïncide quelquefois avec celle du Nmangongo. Elles se réunissent munies de leur panier qui ressemble à une hotte, et précédées de la plus âgée d'entre elles, qui chante sur un ton plaintif, elles font le tour du village en battant des mains et en chantant en cadence; elles se dirigent ensuite vers la plantation. J'ai assisté à ce départ, mais j'ignore comment la cérémonie se continue et se termine.

En dehors de la croyance au Nmangongo et aux fétiches, il y a chez les Okandas, comme chez la plupart des peuples de l'Ogooué, une foule de superstitions bizarres. Il y a des actions fétiches qu'on ne peut commettre sans s'exposer à d'horribles malheurs; il y a des viandes fétiches qu'on ne doit pas manger sous peine de mort. Ces prohibitions sont quelquefois spéciales à un individu, à une famille ou à un sexe. C'est ainsi que les femmes des Okandas ne peuvent manger indifféremment toutes sortes de viandes; le cabri, le mouton et la poule leur sont interdits; mais elles peuvent manger du buffle, du porc, ou des poissons que l'Ogooué fournit en abondance. Il est défendu de se servir d'une marmite où l'on a fait cuire une viande défendue; une telle action pourrait, suivant eux, causer une mort prompte à celui qui la commettrait.

Ashouka, vieillard aveugle, et Boïa, jeune chef intelligent et ambitieux, sont les plus grands féticheurs que j'aie vus chez les Okandas. C'est souvent à leur habileté comme escamoteurs que les féticheurs doivent leur influence; j'en ai connu de très adroits. Un jour qu'un de mes hommes, ayant été volé, s'en était plaint au chef du village auquel appartenait le voleur, ce chef répondit : « Je ne crois pas que mes gens soient des voleurs, mais je vais m'en assurer. » Il arracha alors une feuille à un arbuste voisin, et en la frottant entre ses deux mains il nous dit : « Si mes hommes sont des voleurs, la feuille se retrouvera dans mes mains; sinon, on ne la verra plus. » Il ouvrit alors la main; la feuille, adroitement escamotée, avait disparu.

Je compléterai les renseignements qui précèdent sur les croyances superstitieuses des Okandas, par une anecdote qui n'a pas besoin de commentaires. Les faits que je vais raconter se sont passés lors de mon deuxième voyage à Franceville, dont on trouvera plus loin le récit. Vers la fin du mois de juin, en 1881, alors que je remontais l'Ogooué avec une nombreuse flottille de pirogues, les Okandas Poulé Maghéné, Ougomo et Desou vinrent me dire qu'un de leurs compatriotes du village de Monghia, près Ashouka, avait mangé un fétiche et l'avait par conséquent dans le ventre. Ils ajoutèrent qu'il avait fait ce singulier repas depuis fort longtemps, et que depuis lors il se promenait souvent la nuit pour manger ses camarades ou pour les faire mourir. Arrivé chez les Akotas, je voulus soigner cet homme, qui pendant la nuit poussait souvent des cris bizarres, et ne faisait que gémir pendant le jour. Bien qu'il se débattit violemment et tint ses dents serrées avec force, je réussis à lui introduire dans la bouche une dose de laudanum; mais il rejeta presque aussitôt le remède, et les Okandas qui assistaient à l'opération me dirent que c'était inutile, que le malade devait mourir. Le lendemain de cette scène, les Okandas voulurent confirmer leur pronostic : ils débarquèrent le malheureux, et, le maintenant avec force, lui plongèrent la tête dans l'eau. Attiré par les rugissements du patient, j'accourus à temps pour le sauver; mais comme je reprochais aux Okandas leur barbarie, Maghéné me répondit sans s'émouvoir que c'était « remède du pays ». Quand on eut remis le malade dans une pirogue, je dus partir pour surveiller les Adoumas qui avaient pris de l'avance, et pendant que j'étais absent, les Okandas demandèrent à un Européen qui m'accompagnait, M. Janot, la permission de débarquer pour « faire fétiche ». M. Janot, qui ne connaissait encore qu'imparfaitement les usages du pays, accorda la permission, qui fut utilisée de la manière suivante. Les Okandas débarquèrent leur compatriote malade, le portèrent dans la forêt et lui ouvrirent le ventre pour voir le fétiche. Quand M. Janot les vit revenir et qu'il eut remarqué leurs couteaux teints de sang, il leur demanda où était leur camarade; ils répondirent simplement : « Le fétiche est tué. » En apprenant cet événement, j'entrai dans une violente colère, et je menaçai Maghéné de lui chercher son fétiche; mais nous approchions des plus violents rapides du pays des Akotas, et dans la crainte que les Okandas ne fissent par méchanceté chavirer les pirogues, je dus faire semblant d'oublier leur atroce barbarie. Des faits analogues à celui que je viens de raconter ne sont pas rares. Toutes les fois qu'un homme est en proie à une vive agitation, résultant d'une surexcitation nerveuse due à des causes très variables, on en conclut qu'il a un fétiche dans le ventre et on le tue, de peur qu'il ne tue ses amis; on lui ouvre le ventre ou on l'empoisonne avec le *mboundou,* dont les Okandas connaissent les dangereuses propriétés.

D'après le témoignage de plusieurs chefs et vieillards que j'ai interrogés, les Okandas seraient originaires du nord de la rivière Ivindé; ils ont été chassés de leur pays d'origine par une tribu d'Ossyébas. C'est dans le pays des Okandas que se trouve, près de Simbona, un village isolé peuplé par des Obongos ou Okoas, peuple nain, originaire des bords du Ngoumié.

J'étais à peine arrivé à Ashouka, qu'un incident vint m'empêcher de jouir du repos dont j'avais grand besoin et que j'espérais y prendre. Quelques Sénégalais, établis chez les Okandas, où ils faisaient du commerce pour le compte des factoreries allemandes, vinrent prier M. de Brazza de délivrer un des leurs qui était, depuis un mois environ, prisonnier des Ossyébas. M. de Brazza, surchargé d'occupations et d'ailleurs très fatigué, ne pouvant par conséquent se rendre en personne chez ces Ossyébas, dont le village est à trois jours de marche d'Ashouka vers le Ngoumié, me chargea d'aller à sa place tenter la délivrance du Sénégalais.

Accompagné d'un guide kama et des Sénégalais Yombik et Manuel, je quittai Ashouka au point du jour. Après avoir traversé le pays des Okandas, j'atteignis le premier village des Bangoués; le pays devenait plus riant, la végétation plus riche à mesure que je m'éloignais de l'Ogooué; je passai la première nuit dans le troisième village bangoué que je rencontrai.

Dès le matin du deuxième jour, reprenant notre route, nous traversons encore quelques villages bangoués. Dans l'un d'eux, je m'arrêtai pour renouveler notre provision de manioc; le chef vint me voir et me tenir compagnie. Il me demanda avec curiosité quel motif m'amenait dans ces parages. Quand je lui eus expliqué le but de mon excursion, il me dit : « Les Ossyébas ne sont pas dans leur village, mais dans la forêt voisine, où ils travaillent le caoutchouc; mais si tu as affaire à leur chef, on va le faire venir, et tu pourras ainsi *palabrer* avec lui sans aller plus loin. » Mon guide, qui était présent, me conseilla d'accepter cette proposition, en ajoutant que, pour continuer la route, il nous faudrait traverser une épaisse forêt, où nous aurions à courir les plus grands dangers en cas de guerre. Après une heure d'attente, je fis demander le chef, qui avait promis de faire venir l'Ossyéba; on me dit qu'il venait de partir pour la chasse et ne rentrerait que le lendemain! La vérité, c'est que j'étais joué, le Bangoué n'ayant eu d'autre but, en me faisant sa proposition, que de prendre de l'avance sur moi pour aller prévenir les Ossyébas de ma prochaine visite. Je dus me résigner à continuer la marche en avant. Comme le guide l'avait annoncé, le pays changea d'aspect; aux prairies succéda la forêt vierge semée de loin en loin de clairières couvertes d'une herbe très élevée; le chemin de la forêt était tortueux et glissant, coupé de ruisseaux qui s'étaient creusé des lits très profonds, tandis que d'autres s'étalaient en larges flaques et formaient en certains endroits de véritables marais. Il était presque nuit quand nous arrivâmes, après bien des fatigues, dans un campement, sorte de village provisoire où des Bangoués étaient occupés à la préparation du *dika*. Ce dika est une sorte de condiment que l'on fabrique avec le noyau d'un fruit très doux, produit par un gros arbre. Les femmes brisent les noyaux pour en retirer les amandes, qu'elles broient ensuite très finement; la pâte faite, elles la façonnent en forme de fromage qu'on fait cuire ou sécher; cette pâte devenue alors très dure est raclée avec un couteau et employée comme assaisonnement. Tous les peuples voisins sont très friands de ce dika, qui leur sert à préparer le manioc, la banane, et même la viande ou le poisson.

Le chef du petit campement me reçut cordialement et m'offrit sa propre case; en échange de ses bons procédés, je lui donnai de la poudre, du sel et des perles, présents qu'il reçut avec grand plaisir. Très étonné lorsque je lui eus expliqué l'objet de ma mission, il me dit que les Ossyébas étaient fort méchants, qu'ils faisaient souvent la guerre à son peuple et qu'ils avaient dans leur village l'homme le plus fort de tout le pays. « Peu m'importe, lui répondis-je, je tiendrais seulement à savoir si j'ai encore une longue route à parcourir. » Sa réponse affirmative me causa beaucoup d'ennui : il y avait deux jours que je marchais sans relâche, et le guide avouait qu'il ne se rappelait plus le chemin. J'eus bien de la peine, malgré mon insistance, à décider ce chef à m'accompagner chez les Ossyébas, en l'assurant que mes intentions étaient toutes pacifiques; la vue de quelques marchandises (étoffes et poudre) que je lui promis, s'il consentait à me servir de guide, mit fin à son hésitation, et il s'engagea à venir avec moi jusqu'au village ossyéba. Je passai la nuit au campement, après avoir fait un fin souper, consistant en crabes et crevettes pêchés dans le ruisseau voisin et assaisonnés de dika.

A la pointe du jour, nous continuons de marcher, en compagnie du chef bangoué; nous sommes toujours dans la forêt, mais les marécages se rencontrent plus rarement, car le pays devient montagneux. Cette marche durait depuis deux heures, lorsqu'au détour d'un sentier je vis à peu de distance un village considérable; notre nouveau guide assura que c'était celui des Ossyébas.

Nous eûmes bientôt franchi une centaine de pas qui nous en séparaient, et par la petite porte pratiquée à l'une des extrémités de l'enceinte, je pénétrai dans le poste de garde qui était une case très vaste [1]. Les Ossyébas n'avaient pas attendu mon entrée pour montrer la turbulence de leur caractère : ils s'étaient mis à crier pour faire fuir les femmes et les enfants et rassembler leurs amis, et tous accoururent en brandissant leurs fusils. Ému de leurs vociférations, le Bangoué commençait à s'inquiéter de la tournure que prenaient les événements; il dit cependant aux Ossyébas : « Le blanc que j'amène ne vient pas pour faire la guerre, mais pour régler de grands palabres. » Ces paroles apaisèrent un peu les Ossyébas, qui, après s'être concertés, finirent par se

[1] Les villages des Ossyébas et des Pahouins se composent de deux rangées parallèles de cases peu élevées et contiguës. C'est du côté de la ruelle ainsi formée que s'ouvrent les portes des cases qui ont du même côté une sorte d'avant-toit soutenu par des colonnettes ou piquets fichés en terre, quelquefois ornés de têtes d'hommes grossièrement sculptées. Les deux extrémités de l'allée médiane sont ordinairement barrées par une grande case servant de poste de *garde*, où se tiennent les hommes chargés de veiller à la sécurité générale. Pour pénétrer dans le village, qui se trouve ainsi complètement clos, il n'y a qu'une petite porte à chaque extrémité et les portes de quelques cases qui, par exception, donnent à l'extérieur.

rapprocher de moi. J'avais ordonné à mes compagnons de poser leurs armes et de s'asseoir; je m'assis moi-même au milieu du village, sur un tabouret du pays, et je me mis à fumer. Les Ossyébas, complètement rassurés, m'examinaient avec curiosité. Je leur fis demander si le chef était parmi eux; on me répondit que non, qu'il était à la chasse, mais qu'en son absence, je pouvais m'adresser à son frère, qui le remplaçait, et le grand palabre commença.

Voici, en substance, le discours que je fis traduire au frère du chef ossyéba :

« Mon père le commandant, qui est en ce moment à Ashouka, m'envoie pour vous demander pourquoi vous avez mis à la bûche[1] un homme de commerce, et pourquoi vous le retenez prisonnier depuis plus d'un mois. Mon père fait savoir aux Ossyébas que s'ils ont à se plaindre des traitants, il faut le lui dire, à lui ou à un de ses enfants, lorsqu'ils passent à Ashouka, mais qu'il ne faut pas se faire justice comme vous l'avez fait. Pourquoi avez-vous retenu le Sénégalais ? »

Là-dessus il me fut répondu :

« Un traitant sénégalais, établi dans un village voisin, avait fait une avance de marchandises à un homme de notre village. Les vivres venant à manquer à ce Séné-

[1] La bûche que l'on met au pied des esclaves et en général des prisonniers pour les empêcher de fuir, est plus souvent un tronc de l'arbre appelé *combo-combo*, d'un diamètre d'environ 0m,25. Vers le milieu de sa longueur, la bûche est perforée diamétralement; le pied du prisonnier passe à travers cette ouverture, et, pour l'empêcher d'en sortir, on y passe une cheville de fer qui diminue le diamètre. Au moyen de lianes servant de cordes, dont il tient un bout dans la main, l'esclave peut soulever les extrémités de la bûche, qui sans cela traînerait à terre et rendrait la marche à peu près impossible.

galais, nous lui avons donné un cabri, des poules et du manioc, dont la valeur devait être déduite sur ce qui lui était dû pour les marchandises. Le chef traitant Boubou ayant alors réclamé du caoutchouc à son sous-traitant, celui-ci répondit que les Ossyébas refusaient de lui en donner, en payement de ce qu'il leur avait fourni, mais il ne dit sans doute pas qu'il avait reçu des vivres en à-compte; puis, il nous réclama le caoutchouc. Pour éviter de longs palabres, l'Ossyéba qui avait reçu les marchandises lui en fournit quelques boules, mais l'autre les trouva insuffisantes, et quelque temps après, notre frère, étant allé faire du commerce chez les Okandas, fut arrêté et mis à la chaine. Boubou nous fit dire qu'il serait relâché quand nous aurions entièrement payé. Après plusieurs lunes, ne le voyant pas revenir, nous demandâmes à Boubou d'envoyer un de ses hommes pour prendre le caoutchouc, et il envoya le Sénégalais Antoine. Des hommes forts, apostés sur la route, saisirent Antoine, qui fut mis à la bûche; mais les Ossyébas l'ont bien traité, et il est parti de notre village en bonne santé, tandis que Boubou a mal nourri notre frère, qui était très maigre en revenant chez nous. »

L'orateur fit alors approcher un jeune Ossyéba qui était effectivement fort maigre. Je ne pouvais évidemment donner tort aux Ossyébas; je leur demandai seulement à voir Antoine, et je les priai de le mettre en liberté. Ils s'écrièrent alors tout d'une voix qu'ils avaient délivré Antoine, en apprenant qu'un blanc venait le chercher. Je les félicitai de cette action et leur recommandai de bien agir avec les traitants, auxquels ils devaient les fusils et la poudre. Le frère du chef me répondit que les gens de son pays ne craignaient personne et cependant ne causaient aucun ennui à leurs voisins, mais qu'ils ne voulaient pas non plus être ennuyés, et qu'ils répondraient par la guerre aux misères que voudrait leur faire Boubou.

Le grand palabre était terminé. Les Ossyébas demandèrent à examiner les fusils des blancs dont ils avaient entendu parler, et me prièrent de tirer quelques coups. Je déchargeai alors mon winchester sur un arbre : la rapidité et la précision du tir les étonnèrent beaucoup; mais tous les Ossyébas du voisinage, attirés par les détonations successives, accouraient de tous côtés en armes et demandaient si c'était la guerre; il y en eut bientôt plus de cent. Je les rassurai et leur offris d'examiner mon fusil et mon revolver, mais aucun d'eux n'osa y toucher, parce qu'ils regardaient ces armes comme fétiches.

Après avoir échangé avec le frère du chef quelques compliments et quelques cadeaux, je me disposais à partir, laissant les Ossyébas enchantés de ma visite et leur promettant de revenir dans leur village, quand je vis sortir de la maison de garde un homme de leur nation, aussi remarquable par sa taille élevée que par les ornements bizarres dont il était couvert. C'était un colosse aux larges épaules, aux bras puissamment musclés. Sur son front et ses oreilles retombaient les tresses de ses cheveux garnies d'anneaux et de cylindres de cuivre rouge et de laiton. Ses oreilles étaient traversées d'un gros cylindre de bois rouge, et il avait cinq ou six poils de queue d'éléphant passés dans les narines. D'énormes bracelets d'ivoire ornaient ses poignets, et de gros anneaux de cuivre pesant plusieurs livres entouraient ses chevilles. Enfin, il avait la figure peinte en blanc et en rouge et la poitrine tatouée. C'était un Ossyéba de l'intérieur, c'est-à-dire du type primitif. Il me dit de venir dans son village qui n'était pas loin, m'assurant qu'on n'y était pas méchant et qu'on n'y faisait de mal à personne. Je le lui promis, et, après l'avoir frappé sur l'épaule en signe d'amitié, je me mis en route pour revenir à Ashouka, car j'avais hâte de rendre compte à M. de Brazza du résultat de mon expédition.

Je suivis en sens inverse la route que j'avais prise pour venir, et après deux jours de marche, j'étais à Ashouka. J'y retrouvai M. de Brazza en bonne santé et — il voudra bien me pardonner ce rapprochement — un excellent déjeuner, c'est-à-dire un bifteck tendre, provenant d'un bœuf qu'on avait tué la veille. La joie fut courte.

Adieu, rêves de bonne chère et de repos. Au dessert, M. de Brazza m'annonça qu'il me destinait à remplacer mon ami Michaud pour diriger le service des pirogues sur l'Ogooué. Il espérait que M. Mizon et M. le docteur Ballay seraient arrivés au Gabon dans deux mois; je devais donc descendre à la côte avec toutes les pirogues qu'on pourrait réunir et remonter ensuite voyageurs et marchandises; mais pour être en état de m'acquitter de ces nouvelles fonctions, il me fallait d'abord connaître les villages qui avaient des pirogues et qui pouvaient fournir des pagayeurs. En conséquence, je partis aussitôt avec M. de Brazza, et nous parcourûmes ensemble les villages okandas pour engager des piroguiers. Au bout d'une semaine de pèlerinages, nous avions réussi à engager cent quatre-vingt-dix-huit hommes, c'est-à-dire, à peu de chose près, tous les Okandas valides et disponibles.

A notre retour, M. de Brazza employa deux jours à passer en revue les pirogues et leur chargement. Pendant qu'il s'occupait de cette visite, je jouis enfin de quelques loisirs et je consacrai mes deux matinées à la poursuite des buffles, animaux qu'on trouve par bandes nombreuses dans les montagnes des Okandas.

A quatre heures du matin, c'est-à-dire une heure et demie avant le jour, nous quittons en pirogue le village ashouka; après avoir traversé les rapides, nous accostons la rive opposée et gravissons les hauteurs qui bordent l'Ogooué. Le jour commençait à poindre, et des vols nombreux de perroquets fendaient l'air en poussant leurs cris désagréables. Nous apercevons bientôt sur la montagne un troupeau de neuf buffles, et, en passant sous le vent, sur le conseil de notre guide, nous réussissons à les approcher. A cent mètres, je tirai en même temps que mon compagnon Touké, et nos coups portèrent; mais les animaux blessés prirent la fuite avec le reste de la bande; nous eûmes la maladresse, résultant de notre inexpérience, de les poursuivre en tirant continuellement à plus de quatre cents mètres; tout à coup, le troupeau s'arrêta en faisant volte-face et se laissa approcher à deux cents mètres; je visai à la tête le gros buffle qui paraissait le chef, et qui nous regardait d'un air hébété; mais je le manquai, et toute la bande reprit sa course. Les deux animaux blessés s'arrêtèrent dans une lisière de forêt vierge; or, dans la forêt, le buffle blessé devient terrible : il charge sans relâche et tue presque toujours l'agresseur assez hardi pour s'y aventurer à sa suite. Aussi, malgré toutes mes offres, je ne pus décider personne à s'engager dans la forêt. Nous dûmes retourner à Ashouka, ayant pour tout butin de notre chasse au buffle un gros singe tué par Touké.

Le lendemain, je fis une seconde partie de chasse avec Michaud. Elle fut encore plus malheureuse que la première, où nous avions eu du moins la vue du gibier : nous ne rencontrâmes pas le moindre buffle.

CHAPITRE III

D'ASHOUKA A FRANCEVILLE.

Départ d'Ashouka. — Les Ossyébas. — Chute de Booué. — Accidents de pirogues. — Maladie de M. de Brazza. — Bouno. — La rivière Ivindé. — Chute de l'Ivindé. — Les Shakés. — Les Sébos. — Rapide de Boungi. — Le chef Djoumba et son salon. — Les Adoumas. — Chute de Doumé.— Un grand village. — Le récit de Yombi. — Punition des Okotas. — Une terrible opération. — M. de Brazza prend les devants. — Les Okotas du haut Ogooué. — Les Bandassas. — Les Obambas. — Anzianis et Ondoumbos. — Nouvel accident. — La mitrailleuse repêchée. — Mopoko. — Doumba Mayela. — Arrivée à la rivière Passa.

Tous les préparatifs pour la continuation de notre voyage vers le haut Ogooué étant terminés, M. de Brazza donna le signal du départ. En même temps que nous, l'interprète Fouké s'éloignait d'Ashouka, mais en sens inverse; il devait retourner à l'île de Djolé, y faire construire des cases pour MM. Ballay et Mizon, et rester dans ce poste jusqu'à leur arrivée, pour les accompagner ensuite en qualité d'interprète.

Après Ashouka, en remontant le cours de l'Ogooué, les rapides ne sont pas nombreux ; mais on en rencontre encore de très dangereux, celui de Djéco [1] par exemple, à un jour d'Ashouka. Sur les rives du fleuve, les Okandas ont fait place aux Ossyébas, c'est-à-dire aux Fans Makeï, appelés Ossyébas par les peuples voisins.

[1] Djéco veut dire tigre.

Le peuple Fan Makei, comme l'indiquent son nom et bien d'autres traits de ressemblance, est apparenté aux Pahouins ou Fans Batchi, qui appartiennent comme lui à cette grande famille des Fans, race envahissante de cannibales guerriers et chasseurs, dont les émigrations, parties probablement du centre de l'Afrique au nord de l'équateur, rayonnent vers le sud-est et le sud-ouest.

Les Ossyébas des bords de l'Ogooué sont grands et vigoureux. Ils ont comme vêtement un pagne étroit passant entre les jambes et retenu à la ceinture par une courroie en peau de bête. Quelques-uns ont les cheveux très longs et rassemblés en une énorme touffe crépue, mais la plupart ont les cheveux tressés par petites mèches qui retombent de chaque côté de la tête; ils garnissent ces mèches de bagues de cuivre ou d'autres ornements en métal. Lorsqu'ils ont de la barbe, elle est ordinairement tressée et forme deux mèches plus longues à l'extrémité du menton. L'ornementation de la tête est complétée par quelques poils de queue d'éléphant passés dans les narines. Souvent leurs bras sont ornés de gros bracelets d'ivoire, et ils portent quelquefois aux chevilles de lourds anneaux de cuivre jaune ou rouge. Leur toilette consiste à s'enduire le corps d'une peinture faite d'un bois rouge pilé, mêlé à l'huile de palme. Les femmes sont vêtues de deux carrés d'étoffe pendus à la ceinture, l'un devant et l'autre derrière. Quant aux jeunes enfants des deux sexes, ils vont entièrement nus.

Les Ossyébas de l'intérieur sont armés de zagaies et d'arbalètes; je n'ai vu d'arbalètes que chez eux et chez les Pahouins. Ceux des rives de l'Ogooué ont des fusils qu'ils chargent à mitraille comme les Fans Batchi, et ils portent, suspendus à l'épaule, des couteaux qu'ils fabriquent eux-mêmes.

Outre le manioc et la banane, qui forment la base de leur alimentation, les Ossyébas cultivent du millet; ils ont aussi des plantations de tabac, qu'ils mettent, lorsqu'il est encore vert, en cylindres ou rouleaux très serrés d'environ dix centimètres de diamètre.

La chasse, qui leur fournit de l'ivoire en grande quantité, leur procure aussi de la viande qu'ils fument dans leurs campements de la forêt. Ils ont, en effet, l'habitude, pendant leurs excursions de chasse ou leurs voyages de commerce, de construire, même pour une seule nuit, des abris provisoires ou des lits de camp élevés sur quatre piquets. Frileux comme tous les peuples de l'Ogooué, ils allument toujours du feu, qui leur sert d'ailleurs à fumer la viande. Les femmes des Ossyébas, vaillantes et laborieuses, accompagnent leurs maris dans leurs expéditions, et quand ils restent au village, elles préparent leur repas pendant qu'ils dorment ou fument leur pipe.

Les Ossyébas recueillent sur les arbres, en chassant les abeilles au moyen de la fumée, deux sortes de miel, l'un qui est fabriqué par une abeille semblable à la nôtre, l'autre un peu acide, mais d'un goût agréable, préparé par une petite abeille noirâtre d'une espèce particulière. Je n'ai jamais vu de ruches artificielles, comme M. de Compiègne les décrit, c'est-à-dire consistant en bûches creusées et suspendues aux arbres.

Anthropophages comme tous les Fans, les Ossyébas ne mangent ordinairement que leurs ennemis tués ou leurs prisonniers de guerre[1]; comme les Fans Batchi, ils

[1] En 1881, le chef Zabouré m'a raconté que son frère, étant

ont aussi la réputation de déterrer les cadavres pour les manger, et j'ai vu souvent des Adoumas emporter au loin dans leurs pirogues les corps de leurs proches, pour ne pas les enterrer dans le voisinage des Ossyébas; mais ces derniers aimant à conserver dans leurs cases des crânes d'hommes ou de singes, je suppose qu'ils ne déterrent les cadavres que pour se procurer ces pièces anatomiques.

Les fétiches des Ossyébas consistent, comme ceux des Pahouins, en peaux de petits mammifères, cornes d'antilopes, coquilles d'escargots remplies de diverses matières, plumes d'oiseaux variés, etc.; il y a aussi chez ce peuple quelques idoles de bois grossièrement faites que les chefs conservent dans leurs cases.

Les Ossyébas n'ont pas d'esclaves. Ils sont en général monogames, mais se montrent très jaloux de leurs femmes, qu'ils tuent quand elles manquent à leurs devoirs.

Ils occupent la rive droite de l'Ogooué depuis le pays des Apingis jusqu'à celui des Adoumas, mais ils ont aussi quelques villages sur la rive gauche du fleuve, derrière la région habitée par les Okandas. C'est dans le pays où sont établis ces villages, sur la rive droite de l'Ofoué et dans la direction du Ngoumié, que je réglai le palabre raconté dans le chapitre précédent. Mais on ne peut dire que des généralités sur la situation des nombreux villages ossyébas, parce qu'il s'en établit sans cesse de nouveaux; les gens de l'intérieur, voyant que les hommes de commerce suivent tous l'Ogooué, viennent s'installer sur ses rives, et avant peu d'années, ce fleuve aura des deux côtés une véritable bordure de villages.

allé voir une femme dans un village de l'intérieur, près de l'Ivindé, fut pris et mangé par les Ossyébas.

Il y en a un groupe à Okano, près de la rivière du même nom, un autre, dont fait partie celui de Naaman, en face de la chute de Booué, enfin les trois villages de Bouno en amont de la même chute. De là jusqu'à l'embouchure de l'Ivindé, il n'y a pas de villages sur les bords de l'Ogooué, et dans l'intérieur, en suivant l'Ivindé, on ne rencontre que d'anciens emplacements d'habitations avant d'arriver à une chute remarquable que forme cette rivière. De l'Ivindé à Zabouré, on ne trouve sur les rives du fleuve que trois ou quatre villages, mais ce dernier point est un centre de population important; il y a là cinq ou six villages peuplés d'Ossyébas, et en outre plusieurs, dont fait partie celui de Zabouré, habités en même temps par des Shakés. Enfin, je cite pour mémoire un village ossyéba qui existait sur la rive gauche de l'Ogooué à cinq milles de Zabouré, avant le passage de M. Mizon en 1882[1].

[1] Vers la fin du mois de mai, en 1881, j'étais dans un petit campement sur la rive gauche de l'Ogooué, au lieu appelé Ogouma, près du village des Obongos et de celui de Simbona, lorsque je vis venir sur la rive droite plusieurs Ossyébas qui appelaient pour demander une pirogue. Je leur en envoyai une, et trois d'entre eux traversèrent l'Ogooué. C'étaient des chefs ossyébas de l'intérieur. Ils me firent savoir par l'interprète Étouké qu'ayant appris l'arrivée du blanc, ils désiraient parler au chef des Okandas, Simbona, pour régler un grand palabre. Simbona fut appelé, et les Ossyébas lui adressèrent à peu près ce discours : « Autrefois les Ossyébas et les Okandas étaient grands amis et vivaient côte à côte; mais la guerre est venue, et les Okandas, possédant des fusils par le commerce des blancs, ont tué beaucoup d'Ossyébas et pris toutes leurs femmes. Depuis ce temps, les Okandas ont traversé la rivière, et les Ossyébas se sont retirés à l'intérieur. Nous avons appris que les Okandas sont visités souvent par les hommes de commerce, et nous venons demander à Simbona s'il veut nous laisser revenir sur les bords du fleuve et y construire des villages. » Simbona répondit que peu lui importait. Je promis alors aux Ossyébas la protection des blancs, et leur conseillai de faire de nombreux villages sur la rive de l'Ogooué.

Deux jours et demi environ après le départ d'Ashouka, nous arrivâmes, après avoir franchi quelques rapides, qui succèdent à celui de Njéco, à la chute de Booué. Cette chute, découverte par MM. Marche et de Compiègne, offre au voyageur qui la contemple pour la première fois un spectacle vraiment grandiose, que je n'oublierai pas, bien que j'aie vu des cataractes plus merveilleuses encore; cette chute, située du côté de la rive gauche, peut avoir en moyenne sept mètres; elle sert de déversoir à tout le fleuve, lors de la saison des basses eaux; à cette époque, le lit de l'Ogooué, semé de gros blocs de granit, est complètement à sec, à l'exception d'un petit chenal situé à 100 mètres environ de la rive droite. Ce chenal, quand les eaux sont hautes, a un courant extrêmement rapide, où l'on peut cependant faire passer les pirogues même chargées en prenant la précaution de les maintenir et de les diriger avec des cordes ou des lianes. C'est par là que nous devions passer, et la plupart des pirogues franchirent assez bien le chenal. Il n'y eut que deux accidents. Une de nos embarcations s'emplit d'eau à la suite d'une fausse manœuvre; elle fut vite renflouée, mais M. de Brazza, qui s'y trouvait, prit un bain inattendu qui nuisit certainement à sa santé déjà ébranlée. Enfin, la dernière pirogue qui passa, celle de Samba Dadou, caporal des laptots, heurta violemment un récif, et l'avant, submergé, fut poussé par le courant sous un rocher où il s'engagea. Il était trop tard pour songer à renflouer l'embarcation, et l'opération fut remise au lendemain. Dès le matin, pendant que M. de Brazza recevait une visite du chef ossyéba Naaman, je parvins à sauver le chargement de la pirogue, qui consistait en quatre barriques contenant chacune trois cent cinquante kilogrammes de sel, et après de longs et pénibles efforts, aidé de Samba Dadou, de Manuel et de Litona, je réussis à dégager l'embarcation du rocher qui la retenait.

Nous repartîmes aussitôt après, et au delà d'un petit rapide qui succède à Booué, nous établîmes notre campement dans une prairie. La nuit fut pénible pour M. de Brazza; il commençait à souffrir d'une dyssenterie, à laquelle l'accident de Booué n'était sans doute pas étranger. Mais l'état fâcheux de sa santé ne l'empêcha pas de se mettre en route pour Ashouka, parce que plusieurs Okandas avaient profité de l'accident pour s'esquiver et retourner dans leur pays. Il ne voulait pas laisser ce mauvais exemple impuni, et il partit à neuf heures du matin à la recherche de ces fuyards. Nous devions l'attendre à l'endroit appelé Bouno, où nous arrivâmes vers midi.

Bouno est un groupe de trois villages ossyébas. Nous campâmes sur un banc de sable à environ 100 mètres de ces villages. Les Ossyébas vinrent nous voir et nous vendre des vivres, et je fis connaissance avec le fils du chef appelé Bama. Nous restâmes plusieurs jours à Bouno, occupés à réparer les pirogues que le passage de Booué avait endommagées.

Le 4 mars, M. de Brazza était de retour, et nous fûmes tous frappés de son air maladif : il était pâle comme un cadavre. Mais, toujours courageux, il nous dit que sa dyssenterie disparaissait, et qu'il espérait dans quelques jours être complètement rétabli. Il fit des cadeaux à Bama et à ses fils, et le reste de la journée, passé à Bouno, fut employé à recharger les pirogues.

Au delà de Bouno, que nous quittâmes le lendemain,

l'Ogooué présente, dans la saison des hautes eaux, de nombreux rapides qu'on ne franchit qu'en deux jours de navigation, entre des rives désertes où l'on n'aperçoit aucun village. On arrive ainsi à l'embouchure de la rivière Ivindé.

L'Ivindé, dont les eaux forment un singulier contraste, par leur couleur noirâtre, avec les eaux claires de l'Ogooué, est une rivière considérable, et son embouchure, entourée d'épaisses forêts vierges, a une très grande largeur. En remontant son cours pendant cinq à six milles, au milieu d'un pays montagneux et couvert de forêts, on arrive à un endroit où la rivière, après un coude brusque, forme une splendide cataracte qui a plus de vingt mètres de hauteur[1]. On remarque en ce point, sur la rive gauche, un amas de gros rochers en granit, submergés à la saison des hautes eaux; mais sur la rive droite, on peut escalader le rempart granitique d'où les eaux se précipitent, et l'on a sous les yeux un magnifique spectacle : les eaux, unies comme une glace en amont de la chute, viennent s'engouffrer dans un vaste bassin, où elles se brisent en mugissant, puis, couvertes de flots d'écume, elles reprennent un cours paisible jusqu'à l'Ogooué. L'Ivindé, dans cette région, reçoit deux affluents importants que l'on traverse sur des ponts de lianes; en amont de la chute que j'ai visitée, il en forme, parait-il, deux autres encore plus considérables, et en continuant de remonter son cours on arriverait à un grand lac. Tout le pays, couvert de forêts et riche en lianes à caoutchouc, est peuplé par

[1] J'ai visité cette chute, en compagnie de M. Janot, au mois de février 1882. M. Mizon l'avait vue une heure avant nous; il est donc le premier Européen qui l'ait visitée.

les Ossyébas; lorsque je visitai la cataracte, on voyait la fumée d'un de leurs villages dissimulé derrière un rideau de forêt.

A quelques milles de l'Ivindé, sur la rive droite de l'Ogooué, on commence à rencontrer des villages d'Ossyébas, assez espacés d'ailleurs. Nous y faisons de temps en temps une halte, et, après plusieurs jours de trajet, nous arrivons chez un grand ami de M. de Brazza, le chef ossyéba Zabouré. Ce chef consentit, ainsi que son frère et sa femme, à venir avec nous à Franceville pour voir le village des blancs, et prit la route de terre pour servir de guide au convoi d'esclaves libérés.

Après les Ossyébas, qui sont établis jusqu'à Zabouré, on trouve sur les bords de l'Ogooué un peuple qui leur ressemble beaucoup et qui parle la même langue, le peuple shaké. Comme les Ossyébas, les Shakés se teignent en rouge, et se font sur le corps divers dessins avec une terre blanche que je suppose être une espèce de talc. Ce peuple, peu nombreux, habite les deux rives de l'Ogooué, et près de Zabouré, plusieurs villages sont habités par un mélange de Shakés et d'Ossyébas. Les Shakés ont l'aspect et les mœurs farouches de leurs voisins. Ils ont pour armes des fusils et des zagaies. Les hommes et les femmes sont d'une révoltante malpropreté.

Il nous fallut trois jours pour traverser le pays des Shakés et arriver chez leurs voisins les Sébos. A l'exception de deux petits rapides, le fleuve est calme dans toute cette région.

Les Sébos sont de taille moyenne, assez maigres; ils ont un caractère doux et peu belliqueux, n'ayant de courage que lorsqu'ils se voient les plus forts. Ils font le commerce des esclaves ou s'engagent pour servir sur les pirogues; plusieurs de nos hommes appartenaient à ce peuple, qui n'est pas très nombreux. Ils ont pour industrie la construction de pirogues qui sont en général bien faites et très élégantes. Ils prennent souvent plusieurs femmes, suivant leur richesse, et vendent celles qui manquent de fidélité.

Arrivés au grand rapide de Boungi, nous nous arrêtâmes pour faire une visite à Djoumba, grand chef des Sébos. Il nous reçut dans un salon de son invention; c'est une vaste case garnie aux deux extrémités d'un canapé de bois. Les visiteurs prennent place sur l'un des canapés, l'autre est réservé au chef. Djoumba est un homme de haute taille, à cheveux blancs; il est maigre et un peu voûté; une barbe blanche encadre sa figure allongée. Ses traits sont assez réguliers, et ses yeux expressifs dénotent une intelligence développée. Il parle avec douceur et lentement, comme s'il mesurait ses paroles et les gestes dont il les accompagne. Djoumba doit être fort vieux, car son fils Mboma commence à grisonner. Le plus grand chef des Sébos, qui occupent environ une douzaine de villages, était autrefois Miobé, qui habitait une île située à l'entrée du rapide[1]. Djoumba, parent de Miobé et héritier de sa puissance, a son village de la rive droite qui domine Boungi.

Partis de Boungi, nous arrivâmes, au bout d'un jour

[1] A quelques milles en aval du rapide de Boungi, se trouve un groupe de villages sébos. Auprès d'un de ces villages, où habita Miobé, on a défriché un petit carré de terrain au milieu duquel on a élevé une statue grossièrement sculptée représentant ce chef célèbre dans son pays. La statue a la figure peinte en blanc; elle est entourée d'un vieux pagne et tient à la main un parasol

et demi, au milieu du pays des Adoumas, où M. de Brazza entama de longs pourparlers avec les chefs pour commander des pirogues et engager des pagayeurs. Les Adoumas, qui avaient fait le voyage avec nous, furent laissés dans leur pays, où ils désiraient prendre quelque repos, et M. de Brazza s'arrêta lui-même à Doumé, dernier village des Adoumas, pour essayer de guérir une plaie à la cheville, produite par une blessure qu'il s'était faite à Booué.

Pour moi, je ne jouis pas d'un long repos. Le lendemain de notre arrivée à Doumé, je descendis chez les Adoumas avec Michaud, pour examiner les pirogues et engager les hommes avec lesquels, deux mois plus tard, je devais aller chercher à Lambaréné MM. Ballay et Mizon. A part un douloureux mal d'oreilles, dont je souffris pendant plusieurs jours, le voyage fut heureux et couronné de succès : le pays que nous avions visité nous fournissait près de deux cents hommes, qui furent engagés immédiatement. En visitant, pendant cette excursion, un très grand nombre de villages, j'eus occasion d'étudier de près le peuple adouma.

Le peuple adouma, bien qu'il soit cantonné dans un pays peu étendu, est un des plus nombreux de l'Ogooué et en même temps un des plus importants à connaître, parce qu'il fournit aux expéditions la plus grande partie de leurs pagayeurs. Les villages des Adoumas, nombreux sur les deux rives de l'Ogooué, sont presque tous très

antique qui a servi au défunt. La statue et son parasol sont abrités par un petit toit incliné fait de paille. Cette statue, à laquelle on adresse des prières et l'on demande des bénédictions, est voisine de l'Ogooué, et quand les pagayeurs passent devant elle, ils chantent une sorte de complainte où revient à plusieurs reprises le nom de Miobé.

vastes et bien peuplés, et c'est dans cette région que les expéditions nombreuses trouvent le plus facilement à se ravitailler.

Les Adoumas sont petits de taille et très maigres, ils ont un caractère doux et paisible; dans leurs voyages en pirogue, ils supportent patiemment la fatigue et la faim, et quelques petits cadeaux suffisent pour leur faire oublier de longs mois de souffrances.

Dirai-je que les femmes adoumas, dans leur jeunesse, qui malheureusement dure peu, sont gracieuses et jolies? Un de mes amis, auquel j'ai communiqué mes notes de voyage, m'a fait de graves reproches qui donneront certainement à mes lectrices une triste idée de son caractère : il a remarqué que presque toujours je trouve agréables, gracieuses, etc., les femmes de presque tous les peuples dont j'ai visité le pays, et il m'accuse, au sujet de mes appréciations sur les négresses de l'Ogooué et du Congo, de m'être laissé complètement aveugler par mon tempérament. Je lui ai répondu que je devais livrer au public mes impressions personnelles, avec toute la sincérité dont je suis capable. D'ailleurs, pour la pureté des traits, pour les charmes de l'esprit, mes lectrices savent bien que je ne leur reconnaitrai jamais de rivales, et elles ne seront pas jalouses, si je considère l'élégance et la grâce comme un apanage du sexe tout entier, sans distinction de races ni de peuples. Je ne parle pas de la coquetterie, qui est un vilain défaut, dont les femmes des Adoumas ne sont pas exemptes, bien qu'elles se contentent de tresser leurs cheveux, au lieu de se coiffer avec des chignons extranaturels.

La polygamie est fréquente chez les Adoumas. L'homme libre qui veut se marier doit posséder une certaine quantité d'objets ou de marchandises consistant en fusils, neptunes (plats de cuivre), perles, étoffes, etc.; il suffisait autrefois de quelques paquets de sel. Le jour fixé pour le mariage, le chef s'adresse au fétiche appelé Mboueti, et lui demande de protéger la personne des mariés, puis, les parents et amis réunis pour la fête, commencent au son du tambour des danses et des chants qui durent toute la nuit.

Comme tous les peuples de l'Ogooué et du Congo, les Adoumas pratiquent la circoncision, et cette opération est accompagnée de cérémonies comme le mariage et la mort. Pendant mon voyage, j'ai vu plus d'une fois des mourants; et voici ce qui se passe le plus souvent, lorsqu'un homme est à l'agonie. S'il est marié, sa femme lui prend la tête dans ses mains et se met à lui parler en pleurant, puis en chantant, entremêlant sans cesse les chansons et les larmes. Le féticheur ou médecin (oganga) du village administre au mourant les remèdes les plus bizarres et souvent du piment broyé; il le frictionne avec une pommade noire contenant de la fiente et diverses herbes; puis il mâche certaines plantes et les crache à la figure du malade ou à l'endroit d'où vient la souffrance. Quand la mort est venue, l'épouse redouble ses pleurs; elle secoue son mari, lui ouvre les yeux en lui disant de revenir. Les parents se frottent la poitrine et le dos avec des cendres et la figure avec du charbon pilé. Puis les voisins se réunissent, sortent les fétiches et se mettent à parcourir le village en tous sens en criant et en dansant. Quelques parents ou amis du mort vont ensuite dans un lieu écarté immoler une poule au fétiche. Le lendemain, le cadavre est porté dans un endroit désert de la forêt, où on l'abandonne. Si le mort est un chef ou un personnage influent, ses parents lui coupent la tête, qu'ils dessèchent et fument pour la conserver. Cette tête devient ainsi un fétiche vénéré. Les Adoumas gardent les têtes de leurs chefs morts dans des paniers servant d'urnes funéraires et surmontés de l'idole appelée Mboueti. Ce Mboueti est le plus souvent un morceau de bois assez épais découpé d'une façon bizarre et garni de lamelles de cuivre et de laiton; au milieu, une cavité ovalaire grande, mais peu profonde, ornée de deux yeux en fer et d'un nez saillant, représente une grossière figure remarquable par l'absence de bouche. Le brillant du cuivre, qui est un symbole, est soigneusement entretenu.

Le grand commerce des Adoumas est le trafic des esclaves; ils se vendent facilement les uns les autres, même entre parents, en échange d'une petite quantité de sel. C'est ainsi que les gens de Doumé et ceux de Boungi sont souvent en palabre, parce que les uns et les autres cherchent à surprendre et à vendre comme esclaves les individus qu'ils rencontrent isolés. Les Adoumas vendent ordinairement leurs esclaves aux Okandas.

Les Adoumas ont souvent à souffrir les incursions des Aouangis, qui habitent derrière eux, c'est-à-dire dans l'intérieur, sur la rive gauche de l'Ogooué. Ces derniers enlèvent des hommes et des femmes qu'ils réduisent en esclavage; mais les expéditions de ce genre tendent à diminuer, parce que les Adoumas, fréquemment en rapport avec les Européens, se procurent des fusils, tandis que les Aouangis n'ont pour armes que des zagaies. Quelques Adoumas ont emprunté aux Aouangis, leurs voisins, la mode de se tailler les dents.

Après la chute de Doumé, qui n'a guère qu'un mètre de hauteur, l'Ogooué a un cours paisible. Sur les rives, couvertes d'épaisses forêts, on rencontre quelques villages okotas, bangoués et aouangis. C'est chez les Aouangis, à une demi-journée de marche de Doumé, qu'est situé le village de Doubandjocon, composé de 1,165 cases et renfermant 4 à 5,000 âmes. Ce village, le plus grand que j'aie vu dans tout mon voyage, est situé sur une colline où l'on arrive en suivant un gros ruisseau qui devient navigable quand les eaux sont hautes.

Avant de quitter Doumé, M. de Brazza donna pour mission à Yombi[1], aidé de quelques Sénégalais, d'escorter le convoi d'esclaves libérés que nous emmenions à Franceville. Ces gens prirent la route de l'intérieur, conduits par un guide bangoué, que M. de Brazza venait d'engager à cet effet, pendant que nous reprenions notre voyage en pirogues.

Le soir du deuxième jour, après le départ de Doumé, nous avions établi notre petit campement au pied d'une colline, près d'un village habité par un mélange d'Obambas et de Bandassas. Le lendemain matin, de très bonne heure, un Bandassa monté sur une pirogue vint débarquer près de nous et dit à M. de Brazza : « Commandant, tes gens, qui suivent la route de terre, viennent d'avoir la guerre avec les Okotas. J'ai entendu les coups de fusil, et tes hommes m'ont chargé de t'apporter cette nouvelle. » M. de Brazza, souffrant tou-

[1] Yombi était un laptot, né dans une colonie portugaise, engagé par M. de Brazza, au Sénégal; grand, sec, maigre, noir foncé, véritable type de Sénégalais. C'était un homme de caractère et de courage, un excellent serviteur, et, ce qui augmentait ses mérites, parlant français.

jours de sa blessure et ne pouvant marcher, résolut d'attendre l'arrivée de ses hommes pour savoir à quoi s'en tenir. L'attente ne fut pas longue : nous entendîmes bientôt la voix de Yombi qui nous criait de la rive gauche pour demander une pirogue. Il fut bientôt passé de notre côté, et, aux questions de M. de Brazza, il répondit par le récit suivant :

« En quittant Doumé, notre guide bangoué nous a conduits au premier village des Okotas, où nous avons passé la nuit; le lendemain, nous sommes partis avec un guide que nous avait donné le chef du village; mais, après nous avoir conduits dans un pays perdu par une route éloignée du fleuve et coupée d'autres chemins, ce guide nous abandonna. Nous revînmes alors au village, où je retrouvai ce traître, auquel je reprochai sa méchante action. Il entra dans une violente colère et nous fit les plus terribles menaces, mais je sautai sur lui et je le renversai. Les gens du village accoururent aussitôt en brandissant leurs zagaies et se préparèrent à me faire un mauvais parti. Lâchant alors le guide, je me retirai avec les miens à l'extrémité du village. Nous fûmes bientôt entourés d'Okotas qui nous criaient des menaces, et même l'un d'eux nous lança la zagaie que voici (et Yombi nous présenta une zagaie); nous fîmes une décharge en l'air pour effrayer les Okotas, qui prirent aussitôt la fuite et abandonnèrent le village. Nous avons eu bien de la peine à retrouver l'Ogooué, suivis par les Okotas que quelques coups de fusil tenaient à distance; dans cette retraite, personne n'a été tué ni blessé, mais les Okotas nous ont enlevé deux femmes. »

M. de Brazza, se trouvant dans l'impossibilité de partir lui-même chez les Okotas, chargea Michaud d'aller réclamer les prisonnières ou de punir ceux qui les détenaient s'ils refusaient de les lui rendre.

Pendant l'absence de Michaud, absence qui dura deux jours, j'assistai à de pénibles scènes. M. de Brazza souffrait depuis longtemps d'une plaie à la cheville, et cette blessure, insignifiante d'abord, s'était bientôt envenimée sous l'influence de la chaleur et de la fatigue[1]; elle était large comme la main, et les chairs mises à nu avaient une teinte violacée. Nous n'avions plus d'acide phénique : M. de Brazza se voyait perdu. Il fit alors une tentative qui demandait un courage surhumain. Avec un mauvais scalpel que je lui aiguisai sur une pierre de l'Ogooué, il se mit à tailler dans le vif les chairs décomposées. De temps en temps, couvert de sueur et près de perdre connaissance, il poussait un grand soupir et s'étendait un moment sur son lit. Cette terrible opération dura deux heures. En vain je le suppliai de retourner à Lambaréné, où il trouverait le docteur Bacheler; il me répondit en souriant : « Vous êtes un tentateur; mais quand je ne pourrai plus ni manger ni dormir de trois jours, je retournerai en arrière. » Le lendemain, une pirogue légère fut envoyée en avant pour prendre de l'acide phénique à la station de Franceville, et M. de Brazza partit dans la même direction pour rencontrer plus tôt cette pirogue lorsqu'elle redescendrait.

Michaud était revenu de son expédition; n'ayant pu se faire rendre les captives, il avait infligé une punition

[1] Et peut-être aussi d'un remède du pays, préparé avec un fruit broyé par M. Coma, fils de Djoumba, et un autre Adouma. Ce topique calma la douleur, mais la plaie devint violette et ne cessa de s'agrandir; ce que voyant, M. de Brazza abandonna ce remède pour n'employer que de l'acide phénique, tant qu'il lui en resta.

exemplaire aux Okotas. Tous les esclaves prirent place tant bien que mal dans les pirogues. Le voyage fut continué à travers le pays des Bandassas[1], et bientôt après nous rencontrâmes des villages appartenant aux Obambas. Tous les soirs, on établissait le campement sur les bords de l'Ogooué; les eaux, très hautes à cette époque, avaient envahi les berges sablonneuses, et pour camper nous étions quelquefois obligés d'abattre une portion de forêt.

Les Okotas, qui venaient de nous créer des embarras, sont un peuple peu nombreux, qui n'occupe que quatre villages, à peu de distance de l'Ogooué. Ils n'ont aucun rapport ni ressemblance avec les Okotas que j'ai décrits précédemment, comme l'identité de nom pourrait le faire supposer. Ils sont petits et maigres; leur figure est tatouée vers le haut; au bas de l'oreille, ils ont aussi un tatouage formé de trois raies. Tous, hommes et femmes, portent un pagne en fil de palmier, large de quinze centimètres, et s'enduisent le corps de bois rouge pilé et délayé dans l'huile de palme. Leurs occupations sont la chasse et le commerce des esclaves. Ils sont en général craintifs, mais leurs rapports avec les blancs sont peu fréquents et donnent souvent lieu à des incidents fâcheux.

Les Bandassas, qui habitent en face d'eux sur la rive droite du fleuve, ont à peu près les mêmes mœurs, mais ils ne portent point de tatouages. Comme les Okotas, ils sont armés de zagaies et de flèches empoisonnées. Le caoutchouc, qu'ils ont en abondance, n'est l'objet d'aucun trafic, parce que personne ne vient chez eux pour en acheter.

[1] Appelés en cet endroit Bandakas, et à Franceville Bandassas.

Après les Bandassas, on rencontre, sur la rive droite de l'Ogooué, les villages des Obambas, peuple venu du nord, qui habitait peut-être autrefois les pays voisins du fameux lac Léba, inexplorés jusqu'à ce jour. Actuellement, ils ont quelques villages disséminés vers la chute de Doumé; mais leur véritable pays, celui où ils ont des établissements nombreux et bien peuplés, commence à la rivière Sébé.

L'Obamba est grand et vigoureux; la teinte noire de sa peau n'est pas très foncée; il a ordinairement de la barbe, mais elle ne lui vient que dans un âge avancé; ses traits sont assez réguliers et paraissent avoir avec ceux des Ossyébas et des Pahouins une lointaine analogie.

Les Obambas sont vêtus d'une simple bande d'étoffe retenue à la ceinture devant et derrière, et passant entre les jambes. Leurs cheveux sont divisés en longues tresses, retombant sur le front et de chaque côté de la figure, qui n'est jamais tatouée. Les femmes ont pour tout costume deux petits carrés d'étoffe en fil de palmier attachés à la ceinture, l'un devant et l'autre derrière, et laissant à découvert la partie supérieure des cuisses. Quant aux jeunes enfants des deux sexes, ils vont complètement nus. La ceinture qui retient le pagne, chez les hommes comme chez les femmes, et qui joue dans les rapports sexuels un rôle important[1], consiste en une bande de peau de buffle ou d'antilope, que les gens riches garnissent de plaquettes en fer doux ou de morceaux de fer-blanc provenant de nos boites à conserves. Je mentionnerai aussi, pour compléter cette étude de costumes, quelques objets de luxe et de coquetterie que

[1] Elle sert à compléter, par un lien prosaïque et matériel, l'union physiologique et affective.

j'ai vus assez souvent chez les Obambas et les autres peuples de l'Ogooué jusqu'à Franceville : peaux de divers mammifères pendus par la tête à la ceinture qui retient le pagne, plumes d'aigles ou de gros échassiers piquées dans une tresse au milieu de la tête. Comme tous les peuples du haut Ogooué, les Obambas ne mettent pas les pagnes qu'on leur donne ; ils les gardent pour s'en servir comme d'objets d'échange ou monnaie. Ils se lavent rarement, et leur corps, ainsi que leur pagne, est toujours couvert d'un enduit luisant d'huile de palme mêlée avec du bois rouge en poudre.

Comme les Fans Batchi et Makeï, les Obambas sont d'intrépides chasseurs. Ce sont aussi de redoutables guerriers, craints de tous leurs voisins. Seuls, parmi tous les peuples de l'Ogooué, ils font la guerre avec quelque régularité et une sorte de discipline ; aussi les combats qu'ils livrent sont souvent meurtriers. Un chef ne marche à l'attaque d'un village ou d'une bande ennemie qu'après avoir réuni tous ses hommes et formé une troupe de quelques centaines de guerriers.

Les armes des Obambas sont des flèches et des zagaies qu'ils lancent avec adresse à d'assez grandes distances. Ces armes sont presque toujours empoisonnées avec l'*onaï*, poison dangereux que nous retrouverons employé par les Batékés, dans le bassin du Congo. Les Obambas, habiles forgerons, fabriquent des couteaux aussi élégants que meurtriers, et ils forgent avec adresse des fers de zagaies, hérissés de pointes barbelées dirigées en arrière, qui rendent très dangereuses les blessures faites par ces armes.

La chasse de l'éléphant, qu'ils tuent avec leurs zagaies empoisonnées, leur procure de l'ivoire qu'ils vendent aux peuples voisins; mais la liane à caoutchouc, très abondante chez eux, n'est pas exploitée faute de débouchés. Ils font commerce d'esclaves, qu'ils vendent ordinairement pour se procurer du sel.

Suivant leur richesse, ils se marient avec plusieurs femmes, dont ils se montrent fort jaloux. Un Obamba ne peut se marier que s'il possède diverses marchandises consistant en neptunes, colliers de perles, sel, etc., et deux morceaux de fer de formes différentes, l'un plat et l'autre cylindrique; car il doit fournir tous ces objets au père de sa fiancée. Le mariage donne lieu à diverses réjouissances, danses et chants : les hommes et les femmes, formés en deux groupes, dansent en rond, et chantent en cadence en frappant des mains.

Les Obambas n'ont point d'idoles; leurs fétiches consistent simplement en diverses compositions ou en plumes d'oiseaux variés, conservées dans les cornes d'une grande espèce d'antilope, appelée dans le pays *mangibo*. Les chefs ont dans leurs cases un très grand nombre de ces cornes.

Trois journées de navigation nous amenèrent en face de la rivière Nkoni; en ce point commencent sur la rive gauche les villages des Anzianis et des Ondoumbos.

Ces derniers, assez nombreux, ressemblent un peu aux Bandassas, mais ils sont plus grands et plus forts. Leurs mœurs sont paisibles; d'un naturel peu guerrier, ils ont tout à redouter de leurs farouches voisins, les Obambas, qui leur font souvent la guerre pour enlever les femmes et piller les villages.

Les Ondoumbos se livrent à la chasse et tuent beaucoup d'éléphants, soit avec des zagaies empoisonnées, soit au moyen de pièges. Voici en quoi consistent les pièges employés chez la plupart des peuples de l'Ogooué. Tantôt on suspend, dans les sentiers frayés par les éléphants, un gros bloc de bois garni de pointes de zagaies empoisonnées; une liane, descendant en travers du chemin, est maintenue en bas par une petite fourche et fixée par l'autre bout au morceau de bois; l'éléphant pour passer remue la liane et décroche ainsi le bloc empoisonné qui lui tombe sur le dos. Tantôt on ploie une branche forte et élastique à laquelle on attache une liane terminée par un nœud coulant; le nœud est retenu près du sol par une petite fourche, de telle sorte que l'animal, en remuant la liane, la décroche et se trouve pris par le cou. Ce genre de piège s'emploie surtout pour la capture des antilopes. Souvent aussi, on creuse en terre des trous, plus étroits au fond qu'à l'orifice, dans lesquels on fiche, la pointe en haut, quelques zagaies empoisonnées; l'animal qui tombe dans ces sortes de fosses se blesse sur les pointes de zagaies et ne tarde pas à mourir. Ce dernier piège, plus ou moins modifié suivant les pays, est le plus employé, particulièrement chez les Ossyébas et les Obambas.

Les Ondoumbos ne font pas d'autre commerce que celui des esclaves. Ils fabriquent des zagaies redoutables et des boucliers de lianes aussi bien construits, mais un peu plus petits que ceux des Obambas; ils se distinguent aussi dans la fabrication d'épingles à cheveux, de forme lancéolée, et couvertes de ciselures d'une délicatesse remarquable.

Leurs femmes, comme celles des Obambas, sont très peu vêtues; ils peuvent en épouser plusieurs, quand leur fortune le leur permet; quelquefois, ils consentent à les louer aux Européens, moyennant un payement en marchandises.

En fait de croyances religieuses, ils connaissent le Mangongo et un fétiche pareil au Mboueti des Adoumas.

Les cérémonies qui accompagnent le mariage, la circoncision et la mort leur procurent l'occasion de danser au son du tambour et de tuer plusieurs moutons, suivant l'importance de la cérémonie. J'ai assisté à la circoncision d'un jeune homme d'une quinzaine d'années, frère cadet d'un nommé Koka. Après diverses danses, auxquelles prirent part les habitants de l'un et l'autre sexe, le patient fut présenté au fétiche, attaché à un piquet au milieu de l'allée du village, qui était barrée par une longue liane tendue et garnie de paquets d'herbages. Le jeune homme fut ensuite conduit dans une case entourée de branchages fichés en terre et formant palissade. Il était entièrement barbouillé d'une peinture rouge et orné de tous les « bijoux de la famille » ; à sa ceinture, on avait suspendu toutes les sonnettes (nghelingùo) du village; on lui avait mis des jambières, faites avec un neptune, montant jusqu'aux genoux et finement ciselées; enfin, il portait comme coiffure un chapeau de paille orné de perles sur toutes les coutures. On le fit asseoir sur un tronc d'arbre, et l'opération une fois pratiquée, la blessure fut pansée avec de la cendre et revêtue de bandelettes. L'opéré resta dans la case jusqu'à la cicatrisation de la plaie, et plusieurs jours après il commença à se promener, toujours barbouillé de bois rouge broyé avec de l'huile de palme; tous les soirs sa mère lui passait une nouvelle couche de cette peinture.

Pour se marier chez les Ondoumbos, il faut à peu près les mêmes objets que chez les Obambas; mais si le futur était un Européen, — je dis cela pour ceux qui, possédant ces objets, pourraient être tentés d'aller chercher femme dans ce pays, — il devrait fournir un apport beaucoup plus considérable; mais il aurait quelque compensation, car il jouirait en ce pays d'un avantage qui n'est certes pas à dédaigner : lorsque le mari n'est pas content de sa femme, il la renvoie à son beau-père, qui est obligé de lui rendre l'argent, c'est-à-dire les marchandises reçues, sauf quelques objets, dédommagement bien légitime des lésions d'intérêt et autres que le père et la fille ont subies par suite de ce mariage à l'essai.

La mort d'un Ondoumbo donne lieu à des danses entremêlées de pleurs, — il serait peut-être plus décent de dire : des pleurs entremêlés de danses, — qui durent pendant plusieurs jours. On porte ensuite le cadavre dans la forêt, où il reste jusqu'à ce que les fourmis en aient préparé le squelette, avec cette habileté que nos anatomistes utilisent quelquefois. Les ossements recueillis avec soin sont conservés au village dans des paniers servant d'urnes funéraires.

Après le Nkoni, les rives de l'Ogooué prennent un nouvel aspect. Le fleuve est bordé de forêts; au delà, on aperçoit des montagnes couvertes de graminées arborescentes qui ont plus de deux mètres de hauteur. Sur toutes les collines, sur tous les monticules, on voit des villages nombreux reconnaissables de loin à leur ceinture de bananiers.

Au mois d'avril, les eaux ayant atteint un niveau très élevé, les rapides que présente l'Ogooué dans cette région ne sont pas bien dangereux. Cependant, à un détour du fleuve, la pirogue montée par le quartier-maître charpentier Amiel chavira, et tout le chargement fut précipité dans le fleuve[1]. Cet accident était dû à la malveillance des pagayeurs okandas, commandés par Pomo Mokélé. Michaud, malgré la promesse d'une belle récompense, ne pouvait décider personne à plonger pour repêcher une mitrailleuse qui faisait partie du chargement. A la fin pourtant, Samba Dadou et Yombi plongèrent à plusieurs reprises et réussirent à ramener la mitrailleuse et quelques centaines de neptunes. Ce fut le dernier accident de notre navigation sur l'Ogooué.

A deux jours de pagayage de Nkoni, nous atteignions le village de Mopoko, établi dans une île et appartenant aux Ondoumbos. En face de ce village, la rivière Ikabo vient se jeter dans l'Ogooué. Nous traversions quelques petits rapides avant l'île de Doumba Mayela, puis, à un jour et demi de pagayage, la rivière Libombi, et, le 14 avril 1881, nous arrivions au confluent de l'Ogooué et de la rivière Passa, à peu de distance de la station de Franceville.

[1] Y compris un petit esclave libéré qui resta plusieurs minutes dans l'eau, sous la pirogue chavirée.

CHAPITRE IV

LA STATION DE FRANCEVILLE.

La rivière Passa. — La station. — Je retrouve M. de Brazza. — Ressources de la station. — Un projet de M. de Brazza. — Préparatifs de départ. — Mort de Noguez. — La première croix de bois.

Nous abandonnons l'Ogooué, et notre navigation se continue sur la Passa, grande et belle rivière dont les eaux rapides sont redoutées des pagayeurs; en deux heures, nous atteignons un pont suspendu construit avec une habileté remarquable par les indigènes au moyen de lianes entrelacées, et deux heures après avoir dépassé ce pont, nous arrivons à une petite crique, en face de laquelle la forêt qui borde la rivière est abattue sur une largeur de 25 mètres. Cette route nous conduit à une prairie, d'où l'on aperçoit la montagne où est établi Franceville. Pour l'atteindre, il faut traverser un grand lac, sur un pont en planches, construit à grand'peine par le chef de la station, Noguez.

La montagne est élevée[1], et le chemin qui conduit au sommet est très escarpé. En gravissant la pente, on arrive bientôt à un petit village composé de huit cases, dont une sert d'habitation à Noguez et une autre de

[1] 150 mètres environ au-dessus du niveau de la Passa.

magasin; de là, il faut une marche fatigante pour atteindre le sommet, mais l'air pur et surtout le coup d'œil magnifique dont on jouit en cet endroit font oublier toutes les fatigues d'une aussi pénible ascension. On aperçoit, au nord, les hautes montagnes habitées par les Obambas et les Umbétés; plus près, la rivière Passa serpente avec sa bordure de forêts au milieu de petites collines couvertes de villages ondoumbos et bakanigués. A l'est, on voit une belle montagne appelée le *Chapeau*, à cause d'un bouquet de forêt qui en forme le couronnement; c'est au pied de cette montagne, dominant toutes ses voisines, qu'on trouve la première chute de la rivière Passa. Du côté de l'ouest, la vue est bornée, dans un horizon lointain, par une suite de hauteurs voisines du Libombi, habitées par les Aoumbos, les Ondoumbos et les Bandassas. L'horizon est masqué au sud par une haute montagne; à ses pieds coule l'Ogooué, qui forme à peu de distance la splendide cataracte de Poubara. Des collines, des prairies sillonnées de ruisseaux alimentant de nombreux petits lacs avant de se jeter dans la Passa, et au sud-est la forêt vierge, entourent le pied de la montagne où est bâtie Franceville.

Sur le plateau du sommet s'élève une vaste case servant d'appartement à M. de Brazza et contenant aussi un magasin et un atelier de charpenterie; à côté, quelques cases [illegible] Sénégalais et a[illegible] de l'ouest à l'est, est faite avec des [illegible] recouverte en paille de palmier; une cloison d'écorce sépare vers l'ouest une chambre qui peut avoir cinq mètres de côté. Le mobilier de cette chambre se compose : 1° d'un lit, c'est-à-dire de planches maintenues à un mètre du sol par quatre piquets fichés en terre à travers le plancher, fait avec des débris de vieilles pirogues; une paillasse de calicot, bourrée de plantes sèches empruntées à la flore des environs, représente le *confortable* (style de voyageur); 2° d'une table d'environ un mètre carré, pour manger et pour écrire; 3° d'un petit buffet; 4° de quatre bancs. Ces divers meubles, fabriqués avec des débris de pirogues réformées, sont dus aux talents du charpentier sénégalais Latit-Job.

La chambre que je viens de décrire, ne recevant de jour que par la porte, était faiblement éclairée. C'est dans cet appartement que j'eus le plaisir de retrouver M. de Brazza en voie de guérison : l'acide phénique avait produit un excellent effet, et l'enflure de la jambe avait disparu; mais la marche était impossible, et le convalescent devait encore garder le lit pendant quelques jours.

La station, à l'époque où j'y arrivai, était dirigée par Noguez, quartier-maître de manœuvre, ayant sous ses ordres quelques Sénégalais et Gabonais; plusieurs familles d'esclaves libérés par M. de Brazza, lors de son premier voyage, complétaient la population du petit village établi à mi-hauteur de la montagne.

Pendant mon séjour, j'habitai de moitié a[illegible] Noguez [illegible] com-[illegible] [illegible]ublée d'un lit, conforme au modèle que [illegible] plus haut; un fond de pirogue posé sur quatre pieux servait de table, et des coffres apportés d'Europe servaient de fauteuils. Le lit simplifié composait tout l'ameublement de la pièce connue sous le nom de *chambre des Européens,* que j'avais l'honneur d'occuper.

Comme dépendances, la station possédait une assez belle plantation de manioc et de bananiers; un chef des environs, Nghêmi, l'avait vendue à M. de Brazza en même temps que le village. Quelques plantes d'importation, deux orangers, six goyaviers, deux caféiers, etc., provenaient de la mission du Gabon. Il y avait aussi à Franceville deux ânes et vingt-sept moutons, qu'on laissait vivre en liberté, dix-sept porcs à divers âges, enfermés dans une case, et une basse-cour d'une cinquantaine de poules. Telles étaient les ressources de la station au mois d'avril 1882. Les habitants étaient souvent obligés d'acheter des vivres aux peuples des environs, parce que les produits de la plantation étaient insuffisants et que, faute d'un parc à bétail, le troupeau était à la merci des panthères du voisinage.

A cette époque, M. de Brazza conçut un grand projet et, quoique malade, résolut d'en préparer l'exécution. Il fit venir tous les chefs influents des environs, et, après avoir fait un cadeau à chacun d'eux, il leur exposa ses desseins : il voulait faire établir une route carrossable, allant de Franceville jusqu'au pied des montagnes des Batékés, à travers trente-cinq kilomètres de forêt vierge. La plus grande difficulté à vaincre, c'était d'astreindre les gens de ces pays à un travail assidu et journalier; à force de patience et de douceur, M. de Brazza en triompha, et quand je quittai Franceville, l'entreprise était en bonne voie d'exécution.

J'employai les quelques jours que je passai à la station à faire des préparatifs en vue de mon prochain départ pour Lambaréné, où je devais conduire et mettre à la disposition de MM. Ballay et Mizon une flottille de pirogues pour les remonter à Franceville avec tous leurs bagages. Pendant que j'étais livré à cette occupation, le chef de la station, Noguez, fut atteint d'une fièvre pernicieuse et mourut huit jours après.

Rien ne faisait prévoir ce malheur, lorsqu'un soir, Noguez, dont la chambre n'était séparée de la mienne que par une mince cloison d'écorce, se plaignit d'un violent mal de tête et ne voulut pas manger. Il alla se coucher, et, le lendemain, le Pahouin Sébastien, qui lui servait de garçon, vint me chercher en disant que son maître était malade et avait « figure mauvaise ». Je me rendis aussitôt auprès de Noguez; il avait la peau fortement colorée en jaune et vomissait abondamment. Sur sa demande, je fis prévenir M. de Brazza, qui vint voir le malade et lui ordonna une dose de quinine et de calomel que Michaud lui fit prendre; mais, malgré tous nos soins, l'état de Noguez ne cessa pas d'empirer. J'allais souvent le voir; il avait des vomissements et une diarrhée continuelle; j'essuyai plusieurs fois une bave noirâtre qui venait à ses lèvres; il était très agité et se plaignait de douleurs dans la région du foie. M. de Brazza le visitait tous les jours. Le sixième jour, Noguez lui dit : « Je crois que je ne reviendrai plus à la santé, et que je ne verrai plus la Gironde ni ma gabarre[1]. » Nous essayâmes de dissiper ces tristes pressentiments; d'ailleurs, il avait la peau moins jaune, et nous commencions à espérer la guérison. Le septième jour, l'agitation diminua, mais les douleurs d'entrailles devinrent plus vives. Le soir, vers huit heures, le Sénégalais Samba

[1] Noguez, né dans le département de la Gironde, avait été, dans sa jeunesse, gabarrier à Bordeaux. Il fut ensuite gabier, et le gouverneur du Gabon l'avait nommé quartier-maître. C'est en 1880 que M. de Brazza l'avait pris avec lui pour l'emmener à Franceville.

Dadou, qui faisait le service de garde-malade, vint m'appeler. J'allai voir Noguez, qui me dit quelques paroles, où je compris : « Guiral, reste, reste. » Je restai jusqu'à ce qu'il fût assoupi; il se réveilla bientôt et me fit de nouveau appeler. Je passai encore une heure à son chevet; je lui parlais, mais il ne répondait pas; quelquefois il se levait sur son séant, me regardait d'un air égaré, puis retombait sur son lit, où il ne tardait pas à s'assoupir. Je l'avais laissé endormi, lorsque, vers minuit, ma porte fut secouée par le Sénégalais qui me criait : « Monsieur Guiral, venez vite, Noguez a tête drôle, mauvaise figure qui ne me convient pas. » Je trouvai le malade soulevé sur son lit, l'air hagard; je lui touchai la tête : il ouvrit de grands yeux; une écume blanchâtre vint à ses lèvres, et il retomba immobile en poussant un soupir. M. de Brazza, prévenu, descendit aussitôt, porté dans un hamac. Il vint dans la case où Amiel et Michaud étaient accourus, ainsi que les Sénégalais, et après avoir examiné Noguez, il nous dit : « Noguez n'est plus, dites la prière des morts. » Puis il s'éloigna, me laissant, pour garder le corps, avec les Sénégalais Yombi et Samba Dadou.

Le lendemain, à trois heures de l'après-midi, on enferma le corps du pauvre Noguez dans une bière qui avait été faite avec une vieille caisse à fusils. Les Sénégalais Samba Dadou, Yombi, Massal et Manuel prirent le cercueil qu'on avait recouvert d'un pavillon français, et le funèbre cortège se mit en marche pour descendre la montagne. M. de Brazza, porté dans un hamac, venait derrière le cercueil avec Michaud, Amiel et moi; à la suite, marchaient les Sénégalais, les Gabonais et tous les Galoas de la station. Sur une petite colline, près d'un chemin qui conduit au village de Toki, une fosse fut creusée au milieu des hautes herbes; quand la bière y eut été descendue, M. de Brazza lut divers passages de la Bible[1], et retraça en quelques paroles émues la vie de Noguez toute de dévouement et de services. Nous tirâmes en suprême adieu six salves de coups de fusil, et le corps du pauvre Noguez fut recouvert pour toujours. Une modeste croix de bois, la première plantée dans cette partie de l'Afrique équatoriale, indique la place où il repose.

Mort à vingt-quatre ans, victime du climat, en servant dans un poste avancé et périlleux la cause de la civilisation, Noguez a droit aux regrets de tous les hommes de cœur, et les Français n'oublieront pas le nom de leur premier compatriote qui ait payé de sa vie, dans le haut Ogooué, l'honneur de faire connaître et aimer notre drapeau; mais à cette grande voix de l'opinion, qui assure l'immortalité et ne mesure pas toujours sa reconnaissance à l'éclat des services rendus, je dois joindre un modeste hommage : c'est pour moi un devoir sacré de faire connaître la nature franche et loyale, le caractère courageux et dévoué de mon compagnon Noguez, qui avait su conquérir l'affection des Européens et des indigènes, qui avait été pour tous un excellent camarade et pour moi un ami.

[1] Noguez était protestant.

CHAPITRE V

LA DESCENTE DE L'OGOOUÉ.

Départ. — Village anziani. — Chez les Adoumas; engagement de pagayeurs. — Zabouré; un achat de caoutchouc; la médecine des Ossyébas. — Bouno. — Chez les Okandas; le vieil Ashouka. — Récit de Djambala; histoire de M. Schmidt. — Arrivée à Djolé. — A Nbenghelika, je retrouve M. Mizon. — Arrivée à Lambaréné. — Résultats du voyage.

Mes préparatifs étant terminés, le 15 mai 1881 je pris congé de M. de Brazza, après avoir écouté religieusement les conseils et les instructions qui devaient me mettre en état de bien remplir la mission de confiance dont j'étais chargé.

Pour me seconder dans cette expédition difficile, je n'avais comme aides que l'interprète Loïse et le Sénégalais Villecoq; encore celui-ci était-il malade : il ne m'accompagnait que pour se rendre à l'hôpital du Gabon. Deux esclaves libérés de Franceville, un homme et une femme, avaient également souhaité de quitter la station et de partir avec moi.

Je m'embarquai vers quatre heures du soir dans la pirogue de l'Okanda Mongoulou. La rapidité des eaux du Passa atteignait son maximum, car nous étions à la fin de la saison des pluies, et le niveau de la rivière était très élevé. Quelques instants après, nous fûmes surpris par un épouvantable tornado; les pagayeurs grelottants essayaient de se réchauffer en redoublant d'efforts; j'étais blotti dans la pirogue avec Loïse et Villecoq et complètement mouillé : c'est dans ces fâcheuses conditions que nous atteignîmes l'Ogooué.

La nuit approchait, et, les hautes eaux ne permettant point de camper sur la rive, nous accostâmes en face d'un village, à quelques kilomètres avant Libombi, sur la rive droite du fleuve. A notre arrivée, les habitants s'enfuirent presque tous; je parvins cependant à rassurer ceux qui étaient restés, et le chef, que j'avais fait appeler, m'abandonna généreusement sa case. Mais les pagayeurs ayant voulu s'installer dans une case vide sans en avoir demandé la permission, il en résulta une dispute qui faillit dégénérer en bataille. Puis, ce furent les Anzianis (c'est à ce peuple qu'appartenait le village) qui volèrent un pagne à un Okanda et ne consentirent que difficilement à me donner trois poules en échange.

Le lendemain, nous arrivâmes vers dix heures au village ondoumbo de Mapoko. Les pagayeurs, qui connaissaient le chef de ce village, manifestèrent le désir de s'y arrêter pour faire du commerce : j'y consentis, et nous restâmes dans le village jusqu'au lendemain matin.

Au sortir de Mapoko, nous voguons sans interruption pendant toute la journée, nous prenons même nos repas dans la pirogue. Grâce au sang-froid et à l'habileté de mon chef de pirogue Mongoulou, les rapides et les chutes sont franchis sans accident, et nous arrivons à un campement établi par le chef Doumba, pour la construction de pirogues. Loïse, mon interprète, est atteint d'un violent accès de fièvre et se plaint de vives douleurs dans le côté droit.

Le 18 mai, la navigation est continuée, et, vers neuf heures du matin, après avoir dépassé Doumé, nous atteignons le village de Mongobé, le premier dans lequel je devais rencontrer des hommes engagés pour descendre à Lambaréné. La journée se passa en palabres ; tous les pagayeurs enrôlés vinrent me voir, et j'en engageai même de nouveaux, d'un village voisin nommé Niangoua. Je couchai à Mongobé, où il y eut le soir de grandes réjouissances avec force danses et musique.

Je quittai ce village le lendemain matin, après avoir fait promettre aux pagayeurs enrôlés, qui devaient descendre la première pirogue, de me rejoindre le jour même. J'arrivai vers huit heures au village de Doumalabomba, établi sur une montagne à peu de distance de l'Ogooué. Le chef de ce village, homme influent, se fit longtemps prier avant de se rendre à mon appel ; lors du passage de M. de Brazza, il n'avait pas voulu nous promettre de pagayeurs. J'insistai de nouveau pour en obtenir, lui faisant observer que tous les autres chefs nous avaient fourni des hommes, et surtout en appuyant ma demande d'un cadeau ; il revint alors sur sa décision et promit de m'envoyer trois pirogues avec leurs pagayeurs, qui me rejoindraient chez Doumba.

Le lendemain, je quittai Doumalabomba et continuai la descente de l'Ogooué en dépassant de nombreux villages adoumas, Djoba, Mokania, Limékou, Kassangoïl, Yaman, Bingoué, Iangola, etc. ; dans tous je m'arrêtai pour engager de nouveaux pagayeurs, et faire promettre à ceux qui étaient déjà engagés, de venir me joindre chez Doumba. J'arrivai à ce dernier village vers quatre heures du soir. Le pauvre Loïse, mon unique interprète, allait de plus en plus mal, et les pourparlers continuels qu'il avait dû traduire ce jour-là l'avaient exténué : je fus obligé de le remplacer par Mongoulou, mon chef de pirogue, auquel il expliqua ce qu'il fallait dire aux Adoumas.

Après avoir passé la nuit chez Doumba, je me rendis dans les villages voisins pour voir les chefs et préparer les pagayeurs au départ; beaucoup de ceux que nous avions engagés lors de notre premier passage avaient sans doute réfléchi et ne voulaient plus descendre à Lambaréné, sous prétexte qu'on les avait mal payés de leur premier voyage; mais le brave Mongoulou s'acquitta si bien de ses nouvelles fonctions, que toutes ces difficultés s'aplanirent; j'engageai de nouveaux pagayeurs pour remplacer ceux qui ne voulaient plus partir, et de plus, j'eus bientôt la satisfaction de voir arriver avec quatre pirogues les quarante-deux hommes qui devaient me rejoindre au village où j'étais : Doumalabomba avait tenu parole.

Le 21 mai, je partis de Doumba escorté de quinze pirogues; je dus faire de nombreux arrêts dans les villages adoumas de Penda, Mongbenga, Linghenbé, Denyé, Mgoma, Makosso, etc.; tous ces chefs ayant à me fournir des pirogues et des pagayeurs. Le soir, je couchai près de Lidiengo dans le village de Madama. Ce Madama, de haute taille et très maigre, est un très brave homme : il vint me voir, me fit cadeau d'un mouton et m'accabla de politesses parce qu'il voulait, disait-il, être mon grand camarade.

Le 22 mai, je passai chez Djoumba, grand chef sébo, qui me fournit une pirogue et son équipage, et je campai au delà du rapide de Boungi, dans la grande île où demeurait autrefois le chef Miobé. C'était là que j'avais donné rendez-vous à tous les hommes engagés depuis mon départ de Doumba. Ils arrivèrent successivement, ainsi que les pirogues. Loïse, toujours malade, ne faisait que gémir; mais Mongoulou le remplaçait à merveille : il avait débité dans le pays les plus grands éloges sur mon compte, et les engagements affluaient.

Le jour suivant, vers huit heures du matin, je fis rassembler toutes les pirogues : il y en avait vingt-neuf. Lors de la montée, j'avais engagé avec Michaud cent quatre-vingts pagayeurs, et en descendant j'en avais réuni cent quarante-huit nouveaux; en y joignant un grand nombre d'hommes et d'enfants qui descendaient sans engagement, je me trouvais à la tête de près de quatre cents Adoumas. Ce résultat me fit un sensible plaisir, car mes camarades de la station avaient prédit à M. de Brazza que je ne réussirais pas à faire descendre les Adoumas. Au signal du départ, les pirogues s'élancèrent et, luttant de vitesse, prirent une allure qui faisait plaisir à voir : je fermais la marche, c'est-à-dire que j'étais dans la dernière pirogue, de crainte que quelques hommes n'eussent la mauvaise idée de revenir dans leur pays; après quatre heures de pagayage, nous atteignîmes l'île de Zabouré.

Nous descendîmes dans un village ossyéba; Zabouré vint me voir, et je profitai de sa visite pour lui faire, de la part de M. de Brazza, la communication suivante : « Le commandant, ton grand ami, m'a chargé de te dire qu'il veut, pour une fois, t'acheter le caoutchouc que tu possèdes. Ce n'est pas pour faire du commerce, mais seulement pour faire voir aux blancs que les Ossyébas ont du caoutchouc et savent bien le préparer, afin qu'ils viennent chez vous pour en acheter. » Loïse traduisait mes paroles d'une voix mourante, et les Ossyébas, pour l'entendre, étaient obligés d'approcher leurs oreilles de sa bouche. Les Ossyébas parurent satisfaits de ma proposition et du prix que j'offrais, c'est-à-dire une petite assiettée de sel pour dix grosses boules de caoutchouc. A ce moment, l'esclave libéré qui m'accompagnait depuis Franceville me demanda un peu de tabac et, tout en bourrant sa pipe, se mit à causer avec les Ossyébas. Bien que l'heure fût avancée, je voulais commencer l'échange immédiatement ; mais Zabouré, se ravisant tout à coup, me déclara que le prix offert était insuffisant et bien inférieur à ceux de Lambaréné et même du pays des Okandas. J'essayai de lui faire comprendre que le sel rendu chez lui avait plus de valeur qu'à Lambaréné par suite des risques et des dépenses occasionnés par la navigation en pirogue ; mais Loïse m'expliqua la cause de ce revirement des Ossyébas : l'esclave galoa leur avait dit que je voulais les voler, et leur avait même promis, s'ils gardaient leur caoutchouc, de revenir lui-même l'acheter au prix des factoreries. Je remis à plus tard la punition de ce traître dangereux, et la suite du palabre fut renvoyée au lendemain. Ma journée n'était cependant pas finie : Zabouré m'invita d'abord à quitter mon campement pour venir m'installer dans son village, ce que j'acceptai ; le pauvre Loïse était au plus mal ; il éprouvait d'intolérables douleurs et avait peine à respirer ; dans cette extrémité, je me décidai à demander au frère de Zabouré, qui est médecin, d'administrer un remède du pays à mon interprète. Il y consentit, et j'assistai à l'opération suivante, qui pourra donner au lecteur une idée de l'art médical des Ossyébas.

Loïse fut mis sur son séant et maintenu par Zabouré en personne. Le frère médecin fit alors un long cornet au moyen d'une feuille de bananier chauffée, pendant que sa femme préparait une décoction avec diverses plantes et beaucoup de piment. Le cornet, servant d'entonnoir, fut d'abord introduit dans une narine du malade, et le médecin y versa une partie de l'infusion qui était contenue dans une marmite. Comme je m'y attendais, Loïse se mit à éternuer violemment. Après cette injection dans les fosses nasales, le cornet fut introduit dans la bouche du patient, et le médecin y versa une nouvelle dose de la préparation; il en résulta cette fois une toux violente; Loïse avait l'air égaré, et les yeux lui sortaient de la tête. Je voulus mettre fin à cette médication que je commençais à trouver barbare, mais on me dit que si je laissais continuer, le malade serait sauvé. Cette première partie du traitement terminée, on coucha Loïse sur le dos, et le médecin, à l'aide d'un petit couteau, lui fit sur le côté malade une série d'incisions qui amenèrent une abondante hémorragie; puis il prit dans une corne d'antilope une sorte d'onguent noirâtre et en frotta vigoureusement le côté incisé. Le traitement était complet, il ne restait plus qu'à en attendre les effets. Avant de me coucher, je mis sur Loïse plusieurs couvertures, et il ne tarda pas à s'endormir.

Le lendemain, au jour, je fis appeler Zabouré pour commencer l'achat du caoutchouc; mais il me dit qu'il n'en avait que deux cents boules, et que ses Ossyébas ne voulaient pas me vendre le leur. Je n'insistai pas, ne doutant pas de sa mauvaise volonté, car j'avais vu dans sa case plus de trois mille boules de caoutchouc; je lui en achetai quarante-deux d'une livre chacune, et lui promis de revenir faire des achats avec des marchandises plus belles.

Je quittai ensuite Zabouré, et je donnai le signal du départ, après avoir bien recommandé aux Adoumas de ne pas accoster les villages ossyébas, qui sont répandus sur la rive droite, avant l'embouchure de l'Ivindé; ces Ossyébas, en effet, ne voient pas sans dépit l'huile de palme et les étoffes en fil de palmier descendre aux factoreries sans passer par leur intermédiaire, et je craignais qu'ils ne cherchassent querelle aux hommes de mon expédition.

Le manque de vivres nous obligea cependant à accoster un village, à quelques kilomètres, avant d'atteindre l'Ivindé. Les habitants étaient sur le rivage; je leur demandai à acheter des bananes et du manioc, et Mongoulou proposa un payement très généreux. Mais les Ossyébas, qui entendent très bien le commerce, refusèrent avec ensemble les offres de Mongoulou; quelques-uns même se permirent de le bousculer. Celui-ci, furieux, court à la pirogue, et après avoir pris mon revolver, revient menacer les Ossyébas qui criaient et gesticulaient. J'invitai Mongoulou à remettre le revolver où il l'avait pris, et je quittai cet endroit, en jurant à ces Ossyébas insolents qu'à l'avenir on ne leur achèterait jamais rien.

A l'embouchure de l'Ivindé, les pirogues s'étaient arrêtées, et quelques chefs voulaient coucher en cet endroit; je me rangeai à l'avis opposé, et leur fis dire que nous descendrions au village de Bouno : la navigation fut donc continuée. Cette partie de l'Ogooué, qui, à l'époque des basses eaux, n'est qu'une suite de chutes et de rapides semés de rochers à fleur d'eau, formait maintenant un torrent dangereux; les inégalités du fond, couvertes par les eaux, occasionnaient des tourbillons effrayants, que nous franchîmes à grande vitesse.

Vers le soir, nous étions à Bouno. Les deux fils du chef Bama vinrent me voir et m'apporter en présent la moitié d'un porc-épic fumé.

Le campement était installé, et les Adoumas, accroupis près de leur feu, faisaient cuire des bananes, lorsqu'un Ossyéba, débouchant tout à coup sur le banc de sable où nous étions établis, vint à moi en criant et en frappant le sol de la crosse de son fusil. Ne pouvant réussir à le calmer, je priai Loïse et Mongoulou de m'expliquer la fureur de cet homme; j'appris alors que les pagayeurs avaient volé du bois et des bananes dans les plantations des Ossyébas, qui allaient tirer des coups de fusil sur nous, si je ne leur faisais pas un grand cadeau pour les dédommager. Je fis alors venir le fils de Bama et lui dis : « Je viens en ami dans ton village, et voilà un de tes Ossyébas qui veut me faire la guerre pour un morceau de bois. Mais je t'avertis que si les tiens tirent sur les Adoumas, qui sont ici mes enfants, c'est comme s'ils tiraient sur moi-même, et tu sais que ceux qui font la guerre aux blancs *Fallas* (Français) sont des hommes morts. Répète maintenant mes paroles à cet homme. » Le fils de Bama sourit et me répondit : « Ne fais pas attention, il n'y aura pas guerre pour un peu de bois. » L'incident ainsi terminé, la nuit fut des plus calmes, et rien ne vint troubler notre sommeil. Loïse éprouvait un bon effet des remèdes de Zabouré; son oppression et sa fièvre avaient notablement diminué.

Le 25 mai, je donnai le signal du départ vers sept heures du matin, sans attendre quelques pirogues qui s'étaient attardées à l'Ivindé, car je désirais franchir de bonne heure la chute de Booué. Avant d'y arriver, j'aperçus, non sans émotion, une pirogue portant un pavillon français, et je reconnus bientôt dans celui qui la commandait, l'interprète Touké que M. de Brazza avait envoyé à Djolé pour y faire construire des cases. Touké m'apprit qu'il avait quitté M. le Dr Ballay depuis deux mois, chargé d'une lettre pour M. de Brazza; mais les Okandas n'avaient pas voulu le remonter, ce qui expliquait son retard. Je fis observer à Touké qu'il ne rencontrerait plus M. de Brazza à Franceville, et que, me trouvant sans interprète et très fatigué, j'avais grand besoin de lui; je le décidai ainsi à descendre avec moi à Lambaréné, et il s'embarqua dans ma pirogue.

Nous avions déjà franchi le petit rapide qui précède la chute de Booué, lorsque les pirogues qui s'étaient arrêtées à l'Ivindé arrivèrent. Ceux qui les montaient, couverts de sueur et tout effarés, me dirent que les Ossyébas de Bouno leur avaient tiré des coups de fusil, sans toutefois les atteindre; mais j'appris en même temps que mes Adoumas avaient recommencé leurs vols de bananes. Tous protestant de leur innocence, il me fut impossible de punir le ou les voleurs.

A cinq heures du soir, la chute de Booué fut franchie, non sans difficulté. Au delà je rencontrai, couchés dans les îles, deux traitants sénégalais de la factorerie allemande, Abdulaï et Samba Dikou.

Le 26 mai, nous passons sans accident les rapides qui se trouvent entre Booué et Ashouka, où nous arrivons vers sept heures du soir. Là, commencèrent de grands palabres. Je fis demander aux chefs par Touké si les Okandas, dont nous avions atteint le premier établissement, étaient prêts à descendre aux factoreries; quelques-uns, et entre autres le vieil Ashouka, promirent de faire partir leurs hommes; les autres prétendirent qu'ils n'étaient pas encore prêts, et ne voulurent rien promettre. Le soir, je sus par Touké que les traitants s'étaient donné beaucoup de peine pour dissuader les Okandas de descendre avec moi à Lambaréné, parce qu'ils voulaient les garder pour leur propre usage.

Je passai la nuit dans le village du bon Ashouka : c'est un vieillard à cheveux blancs qui doit être presque centenaire; Olibo, son fils aîné, a les cheveux gris. Ashouka est gros et gras, et un rire presque continuel épanouit sa bonne figure ronde et joviale. Il a plusieurs femmes, et sa famille est très nombreuse; son village est presque entièrement peuplé de ses parents[1]. Le matin du 27 mai, je reçus sa visite. Il me promit d'user de son influence pour décider les autres chefs à laisser descendre avec moi aux factoreries tous les hommes disponibles du pays okanda. Je lui donnai rendez-vous au village de Simbona, et, vers neuf heures, je partis en avant pour commencer moi-même ma tournée. Je passai chez Njeké, chez Obondi, puis chez Ongomo; j'arrivai à Ogouma, et enfin chez Simbona, où je couchai, après avoir rendu visite au chef. Le lendemain, Simbona me promit de descendre en personne avec tous ses hommes. Je passai chez lui toute la journée du 28 et la nuit suivante.

Les pirogues d'Ashouka étaient venues me rejoindre. Le 29 mai, je quittai le village de Simbona, pour continuer mon pèlerinage dans tous les villages riverains où j'avais à engager des Okandas et des pirogues. Nous

[1] J'ai revu Ashouka en février 1883; il avait perdu la vue et s'en plaignait amèrement, parce que, disait-il, ses femmes, le trouvant vieux et aveugle, lui faisaient des misères et fuyaient quand il les appelait, surtout la nuit!

eûmes à franchir jusqu'à Lopé des rapides très dangereux en cette saison. De Lopé, j'allai rendre visite aux chefs Ebouenjia, Boïa, Mongoni, etc. Boïa, que je rencontrai chez un traitant, était dans un état d'ébriété très prononcé; il me dit que ses hommes étaient partis pour faire du commerce chez les Bangoués. Je lui reprochai alors sa mauvaise foi et son manque de parole envers M. de Brazza, car je savais par le fils d'Ebouenjia que Boïa avait reçu cent pagnes du traitant anglais, pour empêcher les hommes de Lopé et d'Akonjo de descendre avec moi aux factoreries. Au village de Biéné, j'essuyai les mêmes refus, accompagnés des mêmes mauvaises raisons; seul, le chef Ekongi consentit à descendre.

Chez Goumbélé, chef influent dans le groupe de villages appelé Ncamba, où j'arrivai le 30 mai, Achimbo, fils du chef, voulut bien descendre avec quelques hommes. Je quittai alors le pays des Okandas pour voyager sans arrêt jusqu'au village des Apingis, dont le chef Moëlli devait me donner une grande pirogue. Un malheur nous était arrivé dans un rapide des Okandas : la pirogue montée par Mokania s'était brisée sur un rocher, et nous avions dû l'abandonner, mais personne n'était blessé. Arrivé chez Moëlli, je fis l'appel des Okandas qui se trouvèrent au nombre de quatre-vingt-dix-huit, et je leur donnai la pirogue que les Apingis me fournirent, pour remplacer celle de Mokania.

Le 31 mai, je pris congé des Apingis, et la navigation fut continuée avec vigueur. Toute la série des rapides fort nombreux et dangereux dans cette saison fut franchie, non sans peine, mais heureusement sans accident, et le soir nous étions à l'île des Akotas, où est établi le village de Djambala, qui vint m'apporter un cadeau et m'offrit sa propre case. Ce chef m'apprit de singulières nouvelles dans le récit suivant qui me fut traduit par Touké : « Un blanc de la factorerie anglaise, nommé Schmidt, est venu s'établir dans une île, près de Djolé, pour faire du commerce. Les Pahouins ne virent pas sans dépit cet établissement qui leur enlevait le monopole du commerce dans cette région. Un jour que le blanc, chef de la factorerie, montait l'Ogooué avec deux grosses pirogues chargées de marchandises destinées à Schmidt, il fut assailli et frappé par les Pahouins d'un village qu'il avait accosté pour acheter des vivres; on le menaça de tirer sur lui, s'il ne s'en retournait, et ses marchandises furent mises au pillage. Maintenant, ajouta Djambala, les Pahouins veulent tuer le blanc de l'île, s'il s'obstine à rester, et ils se sont cachés dans les forêts voisines, n'attendant qu'une occasion favorable pour exécuter leurs mauvais desseins. » Je n'avais pas grande confiance en Djambala, cependant je lui promis de régler un palabre avec les Pahouins au sujet de cette affaire.

Le 1er juin, je quittai le chef, et j'atteignis à huit heures du matin l'île où était établi M. Schmidt. Il me confirma le récit de l'Okota, sauf en ce qui concernait les voies de fait exercées contre le chef de la factorerie, M. Sinclair, et me témoigna le désir, étant sans nouvelles de son chef et fort embarrassé de la conduite qu'il devait tenir devant les menaces continuelles des Pahouins, d'embarquer ses marchandises et son matériel dans mes pirogues. Connaissant depuis longtemps M. Schmidt, je consentis volontiers à lui rendre ce service, et je lui proposai même de s'embarquer avec moi; mais il ne put accepter cette dernière proposition, étant obligé d'attendre le payement des avances de marchandises qu'il avait faites à divers petits traitants.

Peu de temps après avoir quitté M. Schmidt, j'arrivai à Djolé. Les Pahouins, que Touké y avait laissés travaillant à la construction des cases, s'étaient mis en grève; ils me dirent d'un air mécontent que les marchandises qu'on leur avait données étaient épuisées, et qu'ils ne voulaient plus travailler aux cases, à moins d'être payés d'avance. Je promis de communiquer leurs doléances à M. Mizon, et je consentis même à emmener leur chef aux factoreries, où il voulait prendre des marchandises.

Je pris congé des Pahouins, et nous continuâmes notre descente. Dans les villages bakalès, j'appris que les chefs des factoreries étaient montés avec M. Mizon pour faire rendre aux Pahouins les marchandises volées à M. Schmidt; mais les Bakalès avaient entendu des coups de fusil, ce qui me donna beaucoup d'inquiétude. Craignant quelque fâcheuse aventure pour M. Mizon, j'engageai tous mes pagayeurs à redoubler d'énergie, et j'aperçus bientôt une pirogue qui s'éloignait d'un grand village pahouin. Il nous fut impossible de la rejoindre, et je pris le parti d'accoster le village des Pahouins. Ils m'apprirent que la pirogue qui s'éloignait était montée par M. Mizon, et qu'ils avaient tiré des coups de fusil en signe d'allégresse, parce que le blanc leur avait donné gain de cause et avait promis de faire descendre M. Schmidt.

A la nuit, vers huit heures, je débarquai dans l'île de Nenghélika, où était installée la petite factorerie d'un traitant sénégalais. M. Mizon s'y trouvait, et j'allai le saluer; je lui remis les lettres de M. de Brazza, et je lui donnai tous les renseignements sur mon voyage à Franceville, aller et retour, sur les travaux faits ou commencés à la station et à Brazzaville; enfin je lui remis le commandement des pirogues et des piroguiers; mais comme j'étais bien au courant de ce dernier service, M. Mizon m'en laissa la direction jusqu'à nouvel ordre.

Le 2 juin au matin, la flottille repartit; M. Mizon montait une pirogue étrangère au convoi, en compagnie de M. Schiff, chef de la factorerie allemande, et de M. Gibson, suppléant de M. Sinclair à la factorerie anglaise. A dix heures du matin, j'atteignis l'emplacement de l'ancienne factorerie anglaise de Lambaréné, où une maison à demi effondrée me fournit un asile pour la nuit. M. Mizon continua de vivre à la factorerie allemande, dont il avait accepté l'hospitalité.

Il y avait dix-sept jours et demi que j'avais quitté Franceville. Ma mission était remplie, et je n'avais pas de mort à déplorer. Je n'avais perdu qu'une pirogue dans ce long voyage. C'était là un résultat dont j'avais le droit d'être fier, étant données les difficultés de tous genres, dans la navigation, dans les rapports avec les peuples riverains, et surtout dans la conduite d'une troupe aussi nombreuse de serviteurs indigènes; j'avais emmené, en effet, plus de 400 Adoumas; quelques-uns, il est vrai, s'étaient arrêtés en route pour faire du commerce; mais à l'appel que je fis à Lambaréné, il en restait encore 323; il y avait de plus 94 Okandas. J'avais réussi à faire descendre 34 pirogues, dont 29 des Adoumas et 5 des Okandas; en retranchant celle de Mokania, brisée sur un rocher, il m'en restait 33 lors de l'arrivée au terme de mon voyage.

CHAPITRE VI

SECOND VOYAGE A FRANCEVILLE.

Voyage à Ngoumbi; les moustiques; un cuisinier sans préjugés. — M. Mizon retourne au Gabon. — Départ de Lambaréné. — Un campement de pagayeurs. — Incident chez les Bakalès. — Mauvais procédés de l'Okota Djambala. — Une vente forcée. — Le mont Outombi. — Combat avec les Ossyébas de l'Outombi. — Les rapides des Apingis. — Palabre avec les Okandas. — Arrivée de M. Mizon. — Fièvre larvée de l'Ofoué. — Accidents de pirogues. — Vengeance de M. Mizon. — Fuite des Adoumas. — De Mopoko à Franceville.

Le 3 juin 1881, M. Mizon me prévint que la plus grande partie de ses marchandises étaient restées à Ngoumbi, centre de villages kamas, entre Lambaréné et la côte, et que nous allions faire une petite expédition pour aller les chercher; il me présenta en même temps un Européen au service de M. Ballay, M. Janot, qui devait nous accompagner. Ce petit voyage, qui dura une dizaine de jours, se fit sans incident bien remarquable. Les hommes engagés pour descendre à Lambaréné ne consentirent à aller plus loin que moyennant un payement supplémentaire. Je signalerai aussi la prodigieuse abondance des moustiques de forte taille, communs dans le bas Ogooué, pays plat et marécageux, mais particulièrement nombreux et insupportables à Ngoumbi. Enfin, quand j'aurai dit que les bagages furent embarqués d'une façon maladroite, absolument contraire aux instructions que M. de Brazza m'avait chargé de transmettre, et que le Sénégalais Biram Fall fut renvoyé de la cuisine parce qu'il crachait dans les assiettes pour les laver et se servait pour les essuyer de chaussettes malpropres, le lecteur saura tout ce qui s'est passé de curieux pendant le voyage à Ngoumbi.

Peu de temps après notre retour, M. Mizon vint me dire d'un air attristé : « M. Ballay doit s'être perdu, car on est sans nouvelles de lui, et le commandant du *Mpongwé*, qui a quitté le Gabon après lui, et devait remorquer sa chaloupe à vapeur qui est en mauvais état, n'a pu réussir à le rencontrer[1]. » M. Mizon me dit ensuite qu'il ressentait de vives douleurs dans une épaule qu'il s'était démise autrefois, et qu'il avait l'intention d'aller au Gabon pour se faire soigner; en même temps, il chercherait à savoir ce qu'était devenu M. Ballay. Pendant ce voyage, je devais me mettre en route pour Franceville avec toutes les pirogues et emmener avec moi M. Janot pour le mettre au courant du pays. M. Mizon, ne voulant rester qu'un jour au Gabon, me rejoindrait à l'île de Djolé. Je lui fis observer que je craignais de ne pouvoir remonter l'Ogooué sans encombre avec trente-deux pirogues, même aidé de M. Janot et de quelques Sénégalais; mais il me promit de me rejoindre à peu de distance avec une seule pirogue qui lui permettrait d'aller très vite.

Pendant que M. Mizon, dans une pirogue montée par Simbona et ses Okandas, se rendait au Gabon, je fis procéder à l'embarquement de ses marchandises et de

[1] M. le docteur Ballay avait accosté un endroit désert pour se procurer de l'eau douce.

celles du docteur Ballay. Cette opération dura trois jours, et quand elle fut terminée, je quittai Lambaréné.

Partis à midi, nous n'allâmes pas bien loin ce jour-là; à la nuit, nous établîmes notre campement sur un banc de sable près de la rivière Ngoumié. C'est presque toujours sur les bancs de sable, pendant la saison des basses eaux, que les piroguiers okandas et adoumas aiment à installer leur campement. Aussitôt débarqués, ils vont chercher dans la forêt du bois pour allumer les feux; après le repas, ils défont leur pagne, s'en enveloppent pour dormir, en guise de couverture et de moustiquaire, et se couchent sur deux barres de bois, un autre morceau de bois leur servant d'oreiller; ils dorment ainsi, presque nus, à la belle étoile. On n'entend plus alors, au milieu du silence de la nuit, que le cri lugubre d'une énorme chauve-souris, accrochée à quelque arbre voisin, auquel répond de temps en temps la toux sèche d'un Adouma phtisique.

Le lendemain, nous étions de bonne heure à l'île de Nhenghelika, où le traitant Samba Sonson nous offrit l'hospitalité. La nuit fut passée dans l'île, où étaient venus des Pahouins qui firent de grandes réjouissances.

Au jour, nous continuons le voyage, passant entre des villages de Pahouins et de Bakalès avec lesquels nos relations furent bonnes. Nous étant arrêtés le soir sur un banc de sable, nous reçûmes la visite et les cadeaux d'un chef pahouin.

Le jour suivant, nous atteignons de bonne heure un village bakalè près duquel s'étaient arrêtées quelques pirogues qui, la veille, avaient pris les devants. A mon arrivée, le village présentait une animation extraordinaire; au milieu du tumulte, je distinguai bientôt la voix d'un Krouman nommé Djin. Informations prises, j'appris avec étonnement que les Bakalès avaient volé le fusil d'un Krouman, et que, pour se venger, celui-ci, aidé des Sénégalais, s'était emparé de deux moutons. Le bruit s'étant un peu apaisé, je fis prévenir les Bakalès que si l'on ne me rendait pas le fusil dans un court délai, j'allais me mettre en colère. Le fils du chef vint alors me dire que le Krouman avait demandé une femme à son village et donné son fusil en payement; quelques pagayeurs confirmèrent cette version. Je me fis rendre le fusil, en échange d'un pagne assez beau, mais j'adressai à Djin une sévère réprimande; je l'avertis que M. Mizon serait informé du fait, car c'était la deuxième fois que les Kroumans payaient avec leur fusil. Les moutons furent restitués aux Bakalès, et nous quittâmes cet endroit pour continuer la navigation, qui nous amena ce jour-là à un grand village bakalè, sur la rive gauche du fleuve, à quelques kilomètres avant Djolé.

Le lendemain, nous arrivâmes à Djolé vers dix heures du matin; j'y trouvai encore quelques Pahouins et Bakalès, mais ils avaient cessé leur travail. Nous passâmes toute la journée dans l'île, occupés à préparer les lianes et les perches indispensables pour la traversée des rapides. C'était en ce point que M. Mizon devait me rejoindre, mais il était en retard de deux jours. Je voulais l'attendre, mais les réclamations des pagayeurs qui, n'ayant rien à manger dans cette île éloignée de tout village, voulaient continuer la route jusqu'au pays des Akotas, m'obligèrent à quitter Djolé.

Les difficultés du voyage allaient redoubler; nous entrions dans la région des rapides, et il me paraissait bien difficile d'éviter des collisions entre nos pagayeurs affamés et les peuples riverains. J'arrivai presque à la nuit chez l'Akota Djambala. Je reçus bientôt sa visite; il m'offrit une poule étique et quelques bananes, et il me promit des vivres, mais pour le lendemain seulement, car il était trop tard pour envoyer les femmes aux plantations, toujours éloignées des villages.

La nuit passée, je rappelai à Djambala la promesse qu'il m'avait faite; au lieu de l'exécuter, il me reprocha d'abord d'avoir fait partir le blanc Schmidt, qui, m'assura-t-il, était son grand ami et lui faisait faire beaucoup de commerce. Je répondis que je n'étais pour rien dans la mésaventure de M. Schmidt, et je réiterai ma demande de bananes. Alors, Djambala se retira avec ses femmes et tous ses hommes; ils évacuèrent le village et me laissèrent complètement seul.

Obligé de remettre à un autre moment la punition de Djambala, je donnai le signal du départ, et à quelque distance, nous accostâmes un autre village des Akotas, où j'allai prier le chef de me vendre des bananes ou du manioc; il fit apporter aussitôt deux régimes de bananes et me demanda un pagne en payement. Je lui fis dire par l'interprète que jamais MM. de Brazza ou Michaud n'avaient donné un pagne que pour sept gros régimes ou huit petits. Le chef répondit là-dessus que si je n'en voulais pas à ce prix, je devais me résoudre à crever de faim ainsi que mes hommes, et, malgré mon insistance, il ne voulut rien rabattre de ses prétentions. Furieux, j'envoyai vers les bananiers deux Sénégalais qui revinrent bientôt avec une centaine de régimes que je payai au chef à raison d'un pagne pour sept régimes, et je lui déclarai que j'agirais ainsi toutes les fois que les Okotas voudraient me rançonner. Les bananes furent aussitôt distribuées aux pagayeurs qui n'avaient rien mangé de la journée. J'appris en ce moment une nouvelle qui me causa beaucoup d'ennui : la pirogue conduite par l'Okanda Olinda avait chaviré dans un rapide, et deux caisses de sabres faisant partie du chargement avaient disparu.

A la dernière île des Akotas, je fis un arrêt pour faire sécher les marchandises mouillées, et aussi dans l'espoir que M. Mizon me rejoindrait. Mais cette espérance fut trompée; après un jour d'attente, le manque de vivres m'obligea à continuer la route. J'arrivai à quelques villages sur la rive gauche du fleuve; on m'y vendit des bananes, car la nouvelle de ce qui s'était passé près de Djambala était déjà parvenue à ces villages, et l'on savait que je me servirais moi-même si l'on voulait me vendre les vivres trop cher; mais, avant de repartir, deux Sénégalais commirent une nouvelle faute que je dus réparer en faisant un cadeau à celui qui en avait été la victime.

Nous venions de quitter ces villages, lorsqu'un nouvel accident se produisit. Une pirogue fut entraînée dans les rapides et s'enfonça dans un tourbillon; bientôt après, elle reparut à la surface, et j'ordonnai au Sénégalais Matoufa de débarquer et de la suivre. L'embarcation avait été rattrapée à peu de distance par des habitants du voisinage, mais ces braves gens étaient occupés à voler une caisse lorsque Matoufa apparut. Il leur fit lâcher prise en les menaçant de son fusil; les voleurs s'enfuirent, et les autres aidèrent le Sénégalais à remettre la caisse en place. Quand la pirogue m'eut été amenée, je constatai avec chagrin qu'il manquait quatre ou cinq caisses. Le chef de la pirogue, un nommé

Doungou, du village de Lidiengo, était désolé de ce malheur : il écouta en tremblant le reproche que je lui adressai d'avoir voulu franchir le rapide au lieu de suivre les autres pirogues. Quelques heures après cet incident, le campement fut établi sur un petit banc de sable.

Le lendemain, la navigation fut reprise jusqu'au pied du mont Outombi, où je m'arrêtai pour faire sécher les marchandises mouillées.

Lors de mon voyage avec M. de Brazza, j'avais suivi la route de terre et je n'avais pas vu cette partie du fleuve. Il y a en ce point des rapides très dangereux : à celui de Bangania, par exemple, le fleuve, aux eaux basses, n'a pas plus de vingt-cinq mètres de large, et la masse de ses eaux serpente entre les rochers avec une rapidité vertigineuse. Ces rapides sont dominés par une montagne très élevée, située sur la rive droite, et qu'on appelle Outombi. Le sommet de cette montagne est couronné d'une petite forêt; au milieu de la hauteur, on aperçoit d'énormes rochers au pied desquels les Ossyébas ont établi un grand village; d'épaisses forêts habitées par les Ossyébas couvrent la montagne du côté opposé à l'Ogooué.

C'est sur la rive gauche du fleuve que j'étais descendu; la nouvelle de notre arrivée se répandit bientôt chez les Ossyébas, et le chef du village établi sur la montagne vint sur la rive droite avec une vingtaine d'hommes armés de fusils. Il appela un blanc, auquel il voulait faire un cadeau, et M. Janot se rendit à son invitation, accepta le cadeau qui consistait en un petit cabri et donna son sabre au chef qui le prit, en promettant que le lendemain il nous fournirait des vivres.

Le lendemain, j'étais occupé à installer le séchoir, lorsque les Ossyébas revinrent. M. Janot traversa de nouveau le fleuve, emportant cette fois un joli pagne qu'il voulait offrir en complément du sabre donné la veille. Après l'avoir présenté au chef, il renouvela la demande de vivres, et celui-ci répondit que les femmes allaient apporter des bananes.

Effectivement, presque aussitôt, deux femmes apportèrent chacune un petit régime, mais les Ossyébas réclamèrent deux pagnes en échange. M. Janot trouva naturellement ce prix excessif, mais, pendant la conversation, l'interprète Clément avait remarqué un certain mouvement de jambe fait par quelques Ossyébas. Ce mouvement, qui consiste à rejeter brusquement un pied en arrière, sert à avertir les femmes et les enfants d'avoir à s'éloigner, sans éveiller l'attention de celui que les Ossyébas s'apprêtent à traiter en ennemi. L'interprète conseilla alors à Janot de se retirer au plus vite, et ils étaient à peine dans la pirogue qu'un Ossyéba les mit en joue. M. Janot s'éloigna rapidement et vint me raconter l'aventure.

Les Ossyébas se retirèrent, mais il y eut toujours quelqu'un de leur village rôdant autour de nous, et la nuit on vit plusieurs fois un feu allumé sur la rive droite : ils épiaient tous nos mouvements. Je plaçai un factionnaire, en lui recommandant la plus grande vigilance, parce que j'avais encore une journée à passer en cet endroit, les caisses n'étant pas encore bien sèches; mais les Ossyébas n'osèrent pas nous attaquer, et le lendemain, les pirogues étant rechargées, je donnai le signal du départ.

Presque toutes les pirogues avaient franchi le dangereux rapide Bangania, et j'assistais au passage, assis sur un rocher de la rive gauche, lorsque j'entendis des sanglots et je vis venir un Adouma couvert de sang, soutenu par ses camarades. Le malheureux avait eu la main prise entre sa pirogue et un rocher, et à moitié broyée. Je courus vers la pirogue où se trouvait la pharmacie pour y prendre du perchlorure de fer, mais je n'avais pas fait la moitié du chemin que j'entendis coup sur coup deux détonations formidables. A la violence de ces décharges, je reconnus les fusils des Ossyébas. Renonçant pour le moment à la pharmacie, je revins sur mes pas, et M. Janot ne tarda pas à me rejoindre. Les Adoumas m'apprirent alors que des Ossyébas cachés derrière les rochers avaient tiré sur une pirogue, qui allait maintenant à la dérive ; je criai au chef de cette pirogue de ne pas s'effrayer et de redescendre le courant, ce qu'il fit aussitôt, et il accosta bientôt à peu de distance.

Tous les malheurs venaient de m'assaillir coup sur coup : après le manque de vivres, les pertes de marchandises, c'étaient les accidents et enfin les attaques des Ossyébas. Pour prévenir de nouvelles agressions, je résolus de punir d'une façon exemplaire ces gens de mauvaise foi qui, me voyant éloigné, avaient essayé de faire chavirer une pirogue pour en piller le chargement.

Je réunis les Sénégalais et les Gabonais, et nous traversâmes le fleuve sur la pirogue de l'Adouma Outodi, sur laquelle on avait tiré. Loïse, Clément, Djin et Tomassi restèrent pour garder l'embarcation et assurer notre retraite, et, avec les autres, je commençai à gravir les pentes de l'Outombi. Nous suivîmes d'abord, pendant une centaine de mètres, un petit sentier à travers la forêt qui couvre la base de la montagne; je craignais d'y trouver embusqués des Ossyébas qui nous auraient mitraillés à bout portant, mais il n'en fut rien, et la forêt franchie, nous arrivâmes dans une clairière d'où l'on apercevait le village. Nous en étions à peu près à deux cents mètres, lorsque les Ossyébas, nous voyant avancer à découvert, nous reçurent à coups de fusil, pendant que plusieurs d'entre eux évacuaient leurs demeures en essayant d'emporter leurs richesses. Je fis alors arrêter tout mon monde et je commandai un feu roulant. Les Ossyébas, terrifiés du bruit et entendant siffler les balles, quittèrent le village ; quelques-uns, désolés d'abandonner leurs richesses, essayaient d'en déménager une partie en marchant à quatre pattes pour se mettre à l'abri des projectiles. Cependant, quelques hommes isolés cachés derrière des arbres nous tirèrent encore plusieurs coups de fusil. Je donnai le signal de l'assaut, et après avoir franchi les deux cents mètres, en nous aidant de nos armes pour gravir la pente abrupte, nous pénétrâmes dans le village abandonné, jonché çà et là de caisses, d'objets variés et de boites pleines de graisse d'éléphant. Je défendis à ceux qui m'accompagnaient de s'emparer du moindre objet, et je fis mettre le feu aux quatre coins du village. Tout à coup, le tambour résonna, accompagné de cris de guerre dans toutes les forêts qui entourent l'Outombi, et au même moment, plusieurs coups de fusil m'apprirent que les Ossyébas attaquaient notre pirogue. Je jugeai qu'il était temps de battre en retraite; nous ne primes pas le même chemin qu'en venant, pour n'avoir pas à traverser la forêt où des embuscades étaient à craindre; mais ce chemin ne conduisant pas, comme le premier, directement à l'endroit où nous avions laissé nos compagnons, ceux-ci nous prirent d'abord pour des

Ossyébas et nous tirèrent plusieurs coups de fusil. Quelques décharges en l'air les firent revenir de leur erreur, et nous les eûmes bientôt rejoints. C'est alors que mon ami Mongoulou me fit remarquer l'absence d'un Adouma, nommé Popa, qui m'avait accompagné; mais, au moment où j'allais envoyer à sa recherche, maître Popa apparut, et la cause de son retard fut aussitôt expliquée : malgré ma défense, il avait pris dans le village abandonné six marmites de fonte, et le poids de ce singulier butin ralentissait considérablement sa marche. Après une sévère réprimande, je l'invitai à abandonner ses marmites, afin de montrer aux Ossyébas, que notre expédition avait eu pour but de leur donner une leçon et non de piller leur village.

Nos pagayeurs, groupés sur les hauteurs de la rive gauche, avaient assisté à toutes les péripéties de l'action. Quand ils nous virent de retour, ces hommes, au nombre d'environ cinq cents, poussèrent un grand cri en signe d'allégresse et battirent des mains; le fleuve traversé, ils vinrent nous remercier d'avoir puni les Ossyébas, qui, disaient-ils, « tuaient tout le monde et étaient bien méchants ».

Nous retournâmes à nos pirogues, et après que j'eus donné des soins à l'Adouma qui avait eu la main écrasée, la navigation fut reprise. Le surlendemain, nous arrivâmes chez les Apingis au village de Moëlli; il n'était que temps; les pagayeurs étaient exténués et manquaient complètement de vivres. Heureusement, Moëlli est un brave homme; il me reçut très bien et me vendit beaucoup de bananes et de manioc. Cependant, après trois jours d'attente, les vivres commencèrent à devenir rares, et M. Mizon n'arrivait pas. Il devait me rejoindre en quatre jours, et il y en avait dix-huit que j'étais parti. Les pagayeurs affamés me menacèrent bientôt de m'abandonner pour retourner par terre dans leurs pays, et leurs réclamations m'obligèrent de continuer la marche en avant.

Les rapides des Apingis sont dangereux à l'époque où nous étions, parce que, dans cette saison, les eaux commencent à baisser, et l'on est obligé de suivre le milieu du fleuve à travers les remous et les tourbillons. Un nouvel accident se produisit : la pirogue de Yaman Bingoué heurta un rocher et chavira; deux colis furent perdus : c'étaient une caisse de perles et une pharmacie de voyage.

A Niamba, premier village des Okandas, je reçus la visite de Goumbelé, et il y eut un grand palabre, parce que ceux de mes Okandas qui appartenaient à ce village ne voulaient pas me suivre plus loin, et j'eus beaucoup de peine à les faire revenir sur cette décision. Une fois à Lopé, centre du pays, ce furent tous les Okandas sans exception qui réclamèrent; ils demandaient le payement qu'on leur avait promis pour le voyage de Ngoumbi, c'est-à-dire un pagne pour chaque homme, et de plus le cadeau qu'on leur donne d'habitude à la fin de chaque voyage [1]. Je leur rappelai ce que je leur avais déjà répété maintes fois, que les cadeaux ne seraient distribués qu'à la sortie de leur pays, c'est-à-dire à Ashouka. Me voyant inflexible sur ce point, ils me demandèrent alors de

[1] Ce cadeau, qui consiste ordinairement en un pagne pour chaque homme, est distribué aux Okandas et Adoumas lorsqu'on arrive à l'extrémité de leur pays; on choisit, pour cette distribution, un endroit où ils se revêtent de ce pagne neuf, de leurs colliers et de tout ce qu'ils ont gagné, afin de faire une entrée triomphale dans leur village.

laisser les pagayeurs de Lopé se reposer chez eux pendant deux jours; passé ce délai, ils devaient me rejoindre à Ashouka. J'y consentis, et deux pirogues restèrent à la factorerie d'un traitant sénégalais, sous la garde du Sénégalais Malal et d'un Gabonais.

Le voyage dans le pays des Okandas nous prit beaucoup de temps : souvent, les rapides dangereux nous obligeaient à tirer les pirogues hors du fleuve pour les remettre à l'eau de l'autre côté, et à chaque fois il fallait les décharger et les recharger; or, il y en avait trente et environ vingt-cinq tonnes de marchandises. Je crois que jusqu'alors on n'avait jamais remonté l'Ogooué avec une pareille cargaison.

Enfin, j'atteignis Ashouka. Avec quelle joie je saluai ce village! Avec quelle satisfaction j'établis, sur l'île, le campement que j'étais résolu à ne pas quitter avant l'arrivée de M. Mizon!

Dans le voyage long et difficile que nous venions d'effectuer, j'avais à déplorer la perte de neuf caisses valant à peu près neuf cents francs; mais, grâce à ma surveillance continuelle, grâce au concours dévoué de M. Janot, je pouvais m'estimer heureux de n'en avoir pas perdu davantage, dans ces parages dangereux, où les rapides se touchent.

Il y avait près d'un mois que nous avions quitté Lambaréné, lorsque M. Mizon trouva moyen de me faire parvenir une lettre où il me prévenait de sa prochaine arrivée. Il était à Lopé, et il me demandait de lui envoyer l'équipage de trois pirogues, parce que Simbona et ses Okandas ne voulaient pas le conduire plus loin. Je quittai aussitôt Ashouka avec trois chefs de pirogues, Outodi, Popa et Limékou, et, passant par terre, je recrutai des pagayeurs. En huit heures de marche, j'arrivai au village de Simbona; mais là j'appris que M. Mizon, n'ayant pu décider Simbona à l'amener plus loin, avait pris la voie de terre pour se rendre à Ashouka : nous nous étions croisés en route. Je repris donc le chemin d'Ashouka, après avoir prescrit aux pagayeurs que j'avais amenés d'aller reprendre la pirogue de Simbona et les deux autres avec lesquelles M. Mizon était arrivé.

Quelque temps avant ces événements, j'avais éprouvé, ainsi que M. Janot, des douleurs d'entrailles qui nous faisaient redouter un commencement de dyssenterie. M. Mizon, à son arrivée, éprouva les mêmes symptômes que nous, et craignant un empoisonnement, il fit surveiller le cuisinier. Je pris un gramme de calomel et un gramme de sulfate de quinine, et le mal cessa au bout de deux jours. On m'a assuré depuis que tous les Européens qui ont campé en ce point ont été atteints de cette maladie, sans doute une fièvre larvée. Je l'attribue aux exhalaisons produites par les détritus abondants que charrie la rivière Ofoué, dont l'embouchure est située en face du banc de sable où nous étions campés.

Dès son arrivée, M. Mizon s'occupa des pirogues et fit procéder à leur chargement, opération qui dura une quinzaine de jours. Lorsqu'elle fut terminée, il donna l'ordre à Fouké d'aller chercher les pagayeurs. L'ordre était facile à donner, mais on a pu voir dans ce qui précède que, pour recruter des hommes, il faut faire des démarches particulières, déterminées par les coutumes du pays qu'on ne peut méconnaître sans inconvénients. Fouké parcourut tout le pays et, ce qui était aisé à prévoir, revint sans un seul homme. Les Okandas, menacés de voir leurs villages livrés aux flammes s'ils refusaient de monter les pirogues jusqu'à Franceville, firent même répondre par Fouké que, si le commandant voulait brûler leurs villages, il n'avait qu'à venir, et tous se retirèrent dans leurs plantations de l'intérieur, près des Bangoués. Il fallut donc partir sans eux, après avoir perdu un temps précieux, car nous étions près du mois d'août; les eaux baissaient, et les difficultés du passage dans les rapides allaient s'en trouver augmentées. Je fis l'appel de tous les hommes, c'est-à-dire des Adoumas et de quelques Okandas d'Ashouka, et j'en remis la liste à M. Mizon, qui prit enfin le commandement et la responsabilité de son expédition.

Les pertes dans les rapides devinrent plus fréquentes et plus sérieuses : le 1er août, une pirogue chavira, un des hommes qui la montaient se noya, et une barrique de cent mille cauries fut perdue; en arrivant à Booué, les instruments d'astronomie, des objets d'équipement et deux caisses de cinquante-cinq fusils disparurent dans un accident du même genre. A Booué, une incartade du Sénégalais Mahmadou faillit nous amener une guerre avec les Ossyébas.

Nous continuons d'avancer : aux rapides de Bouno, la pirogue de Popa se remplit d'eau, et les colis se trouvent inondés. Après avoir passé Zabouré, où, par parenthèse, M. Mizon achète les 4,500 boules de caoutchouc que je n'avais pu obtenir en descendant, nous atteignons le pays des Adoumas; nos pagayeurs de cette nation demandent à s'arrêter chez eux pour prendre quelque repos; M. Mizon s'y oppose, voulant qu'ils montent sans arrêt jusqu'à Franceville; ceux de Boungi, effrayés, y consentent; mais une fois à Doumé, fuite générale de tous les pagayeurs adoumas!

M. Mizon, pour les châtier, partit alors dans une pirogue montée par des Sénégalais et se rendit dans plusieurs villages adoumas, celui de Doumalabomba entre autres, où il montra, je crois, une sévérité excessive, dont on parlera longtemps dans le pays. Pendant ce temps, je faisais franchir aux pirogues la chute de Doumé avec l'aide des habitants du voisinage, hommes, femmes et enfants, qui me prêtèrent leur concours moyennant une petite quantité de sel. Au retour de son expédition, M. Mizon engagea une partie de ces gens pour nous remonter jusqu'à Franceville.

A partir de là, sur tout le parcours, les habitants, ayant entendu dire que nous avions fait la guerre aux Adoumas, quittaient leurs villages. Nous réussîmes cependant à rassurer les Akotas, qui nous vendirent beaucoup de vivres. Après Mopoko, M. Mizon partit en avant pour atteindre rapidement la station. Resté seul avec la plus grande partie des pirogues, je recevais à tous les villages des plaintes motivées par la conduite des Sénégalais qui avaient pris les devants, et j'avais fort à faire pour atténuer la mauvaise impression que cette conduite avait causée.

J'arrivai enfin à Franceville, où M. Mizon était déjà depuis quatre jours. J'y retrouvai Amiel; quant à mon ami Michaud, il était momentanément absent, occupé aux travaux de la route, qui, d'ailleurs, n'étaient pas menés bien activement, les terrassiers disponibles étant peu nombreux, car nous étions à l'époque des plantations, époque où, comme partout, l'agriculture manque de bras.

CHAPITRE VII

VOYAGE A NGAMPAKA.

Deux lettres de M. de Brazza.—Je pars à son secours.—Arrivée aux montagnes des Batékés.—Njayolé et toutes ses femmes.—Lissako. —Un chef laid et méchant.—Une tempête dans un verre d'eau. — Lissako devient aimable. — Mauvais tour de Lissako. — Manière de faire marcher droit un Batéké récalcitrant. — Traversée du Nkoni. — Ngakia. — La viande des Batékés.— Mpaka. Ngampaka ; je trouve enfin M. de Brazza. — Mort de Cyprien. — Les menées de Nhempini. — Punition de Nhempini. — Mpimi. — Mal reçus ! — Tout s'arrange. — Une alerte. — Le retour à la station.

Il y avait près de dix jours que nous étions arrivés à la station, lorsque Tino, interprète de M. de Brazza, vint nous apporter une lettre de son chef qui se trouvait en ce moment dans le pays des Batékés, à plus de cent soixante kilomètres de Franceville. Dans cette lettre, M. de Brazza demandait si le Dr Ballay était arrivé; et dans ce cas, il offrait de lui envoyer quatre cents porteurs. M. Mizon écrivit une réponse et la remit à Tino, qui repartit sur-le-champ.

Quelques jours après, un autre interprète, Ashimbo Taba [1], apporta une nouvelle lettre. Elle fut lue en pré-

[1] Ashimbo Taba, né près du Tanganyika, avait traversé l'Afrique avec Stanley. M. de Brazza l'avait rencontré à Nkouna (Stanley-pool) en 1880, et l'avait emmené avec lui à la côte et au Gabon.

sence de Michaud, Janot, Amiel et moi. Cette lettre était triste. M. de Brazza nous apprenait qu'il avait la fièvre, et se croyait atteint d'un abcès au foie; qu'il avait le côté trop sensible pour se faire porter dans un hamac. Il nous demandait de lui faire parvenir des médicaments, ipécacuana et sinapismes, le plus tôt possible, mais il s'attendait à mourir avant notre arrivée. Michaud nous dit alors, d'après des propros qu'il avait entendus, que M. de Brazza était menacé d'une guerre avec les Bakhourous de la rivière Alima, près de laquelle il était campé.

Profondément affligé du contenu de cette lettre et des craintes de Michaud, je demandai à M. Mizon de m'envoyer vers M. de Brazza pour lui porter ce qu'il demandait. M. Mizon y consentit, et je me mis en devoir de partir immédiatement. Je ne pris qu'une toile de hamac, parce qu'un lit et une couverture auraient ralenti ma marche. M. Mizon, n'ayant pas de sinapismes, mais seulement de l'essence de moutarde, ne voulut pas m'en donner, de crainte que M. de Brazza n'ignorât la manière de s'en servir, et ne commît quelque imprudence; j'emportai seulement de l'ipécacuana et aussi une provision de cartouches, à cause des bruits de guerre que Michaud nous avait signalés. Avec un bagage aussi restreint, je n'avais pas besoin de porteurs; je partais donc, accompagné seulement d'Achimbo et de trois Sénégalais, lorsque M. Mizon vint à moi et me dit : « Prenez un fond de hamac, et si M. de Brazza est mort, n'en dites rien dans le pays; faites au contraire beaucoup de bruit, et apportez des vivres dans la case où il sera, de manière à faire croire qu'il n'est pas mort, car il ne faut pas que les indigènes le sachent. »

Il était environ six heures du soir, il tombait une pluie fine et froide, la nuit approchait, quand je traversai la rivière Passa, le cœur serré par les plus sombres appréhensions, car je m'attendais à trouver M. de Brazza mort, ou tout au moins menacé d'une guerre dangereuse. A neuf heures, je m'arrêtai pour passer la nuit au village ondoumbo de Nghémi, que je quittai au jour pour me remettre en route.

Je traversai sans arrêt des villages d'Obambas et d'Umbétés, et le soir, brisé de fatigue, j'atteignais les montagnes des Batékés, après avoir parcouru bien des kilomètres depuis mon départ de la station. Deux Sénégalais, souffrant des jambes, n'avaient pu soutenir cette marche forcée; ils m'avaient quitté au village de Niamanashoué, et j'avais été obligé de les remplacer par deux Gabonais, Ogandaga et Soun, qui surveillaient les travailleurs de la voie commencée par M. de Brazza. La nuit fut pluvieuse; je dus la passer à côté d'un feu, regrettant fort en ce moment de n'avoir pas emporté de couvertures.

Le lendemain, au jour, quand il fallut continuer la marche, mes jambes se ressentaient vivement de la fatigue de la veille; d'autant plus qu'après avoir marché le matin dans l'herbe mouillée, il fallut passer, dans l'après-midi, sur un sable brûlant. J'arrivai vers deux heures au premier groupe de villages appartenant aux Batékés. Le chef, nommé Njayolé, et son fils me firent un bon accueil et me donnèrent une poule et du manioc; j'eus même l'insigne honneur de voir toutes les femmes de Njayolé.

Après une bonne nuit passée dans ce village, je me remets en route, et j'ai bientôt à traverser, au fond d'un ravin, une rivière aux eaux claires, large de cinq à six mètres, avec une profondeur de 1^m,50. On la franchit sur un pont formé d'un tronc d'arbre maintenu aux deux extrémités par des lianes. Nous escaladons la montagne qui se trouve en face de Njayolé du côté de l'est, et après avoir passé un petit ruisseau, nous traverserons vers trois heures une rivière qu'on me nomme Duellé et qui va, paraît-il, se jeter dans le Nkoni. Ce Duellé est assez profond et rapide ; il coule dans un vallon dominé par une petite hauteur où se trouve le village batéké de Lissako.

J'atteignis ce village, où je voulais passer la nuit, et dès mon arrivée, je demandai à parler au chef. Lissako est grand et maigre ; il est borgne et aussi mauvais de caractère que laid au physique. Il me fit attendre une heure et demie pour me donner comme logement une case délabrée et comme vivres deux boules de manioc. Je ne tardai pas à éprouver les désagréments que me promettait une pareille réception. Il pouvait être dix heures du soir, et j'étais couché depuis longtemps, lorsqu'un grand tumulte de paroles et de vociférations confuses me réveilla. Sorti de ma case pour connaître le motif de ce tapage, je vis un grand nombre de Batékés qui brandissaient leurs zagaies et leurs flèches, et Achimbo Faba m'expliqua qu'ils voulaient faire la guerre parce que mon Gabonais Ogandaga, ayant à satisfaire un besoin, s'était placé trop près de la case des femmes. L'interprète avait à peine terminé son récit que Lissako accourut vers moi en criant et en secouant une zagaie, et me dit que mes hommes venaient dans son village pour voler ses femmes. J'essayai de faire comprendre à Lissako qu'il montrait une susceptibilité démesurée, et que l'humeur par trop belliqueuse des gens de son village pourrait leur attirer des désagréments; bref, je fis si bien, en criant plus fort que lui et tous ses Batékés réunis, qu'ils finirent par se calmer. Ils se retirèrent, et Lissako rentra dans sa case en grommelant, plus effrayé peut-être de mes éclats de voix que rassuré sur la pureté de nos intentions. Avant de me recoucher, je recommandai à mes hommes (pour la dixième fois peut-être) une grande prudence, et surtout un grand respect à l'endroit des dames de ce pays, sachant que la femme est chose sacrée pour les Batékés, sachant aussi que ces gens de mauvaise foi se contentent du moindre prétexte pour molester les blancs, surtout quand ils les reçoivent pour la première fois.

Au petit jour, Lissako, complètement radouci, vint me voir dans ma case et me demande un cadeau : je lui donne en présent des perles et une glace. Il est devenu d'une amabilité parfaite, et je me montre aussi aimable que lui; nous faisons véritablement assaut de politesse. Il pousse l'obligeance jusqu'à vouloir m'accompagner, offre dont je le remercie d'abord, ayant déjà un guide; mais devant son insistance, je finis par y consentir. Nous quittons le village, et nous marchons dans la direction de l'est. En route, la conversation s'engage. Lissako, qui est un bavard, me demande quel est le but et le motif de mon voyage, ce que je ne lui révèle qu'en partie; il me dit aussi que les blancs, lorsqu'ils reviendront dans le pays, feront bien de passer par son village, les Batékés que l'on rencontre sur les autres routes étant très méchants. Tout en causant, nous étions arrivés à un endroit où la route que nous suivions se bifurque; l'un des embranchements conduit vers une montagne en dos d'âne, et l'autre suit la plaine. Ashimbo voulait prendre le premier, mais Lissako, intervenant, déclara que ce chemin était le plus long, et qu'en le suivant nous nous exposerions à manquer d'eau. Ashimbo, interrogé, répondit qu'il ne connaissait pas la route prônée par Lissako, ayant suivi l'autre pour venir à Franceville, mais que le Batéké pourrait bien avoir raison, et dans l'espoir d'arriver plus vite, je fis prendre le chemin de la plaine. Au bout de quelques centaines de mètres, Lissako me demanda un cadeau pour prix de son renseignement, et quand il l'eut reçu, il me quitta pour retourner à son village, après m'avoir donné une vigoureuse poignée de main.

Trois heures de marche nous amenèrent à un village de Batékés que ma visite étonna fort, car ils n'avaient jamais vu d'homme blanc. Je leur demandai de vouloir bien m'indiquer le chemin conduisant à Ngakia, et je vis à leur réponse que cet affreux gredin de Lissako m'avait indignement trompé; ils me dirent en souriant que Ngakia était très éloigné, et que la route conduisant à ce village ne passait pas chez eux. Ashimbo, absolument dépaysé, voulait retourner en arrière, mais, pensait-il, nous n'atteindrions Ngakia que le lendemain, tandis que si les braves gens chez qui nous étions voulaient nous conduire, nous pourrions peut-être arriver avant le soir. Je choisis ce dernier parti, et je proposai à deux hommes de bonne volonté de nous servir de guides, moyennant payement. Le chef du village et son fils s'offrirent aussitôt, mais à la condition de recevoir chacun une glace et cinquante perles blanches qui leur seraient données avant de partir. Après avoir longtemps marchandé, je finis par leur donner les cinquante perles, mais la glace fut retranchée, et nous quittâmes, à la suite de nos nouveaux guides, ce village qui s'appelle Okani.

Le pays que le chemin traversait était assez uni, mais le sol, très sablonneux, était rendu brûlant par un soleil de feu. La végétation se réduisait à quelques arbres rabougris épars sur le penchant de petites collines. Depuis une heure à peine nous avions quitté Okani, lorsque notre guide me fit dire qu'il fallait faire une halte où nous étions, parce que, pendant ce temps, il voulait retourner au village avec son fils et y prendre une poule et du manioc qu'il voulait nous offrir en cadeau. En le remerciant de sa bonne intention, je lui fis remarquer qu'elle était un peu tardive, et la halte n'eut pas lieu. Bientôt après, mon guide, qui me parut décidément un homme très ingénieux, me fit dire que sa marche étant trop rapide pour le blanc, il allait rester en arrière avec son fils pour nous laisser prendre de l'avance. Avec de nouveaux remerciements, je lui déclarai que mes jambes n'étaient pas encore assez fatiguées pour m'empêcher de le suivre aisément. Il parut énormément contrarié de ma réponse, et, au détour d'une petite colline, désespérant sans doute de me faire agréer tous les nouveaux prétextes que sa fertile imagination lui aurait certainement fournis, il fit mine de vouloir fuir. Prenant alors mon revolver, je dis au chef : « Tu as promis de me conduire chez Ngakia, et maintenant tu veux m'abandonner sur une route inconnue. Prends garde, car voici un petit instrument qui te rattrapera vite, si tu essayes de te sauver. » Je lui donnai alors une cartouche en lui disant : « C'est la paix ou la guerre ! » Il prit la cartouche en souriant, et me promit de nous conduire, mais il me pria en même temps de cacher le « petit instrument ». A partir de ce moment, ce fourbe émérite devint tout à fait complaisant, poli et même obséquieux; à chaque difficulté du terrain, il s'arrêtait pour m'en avertir, et quand il paraissait méditer une mauvaise action, je n'avais, pour le remettre dans la bonne voie, qu'à remuer mon revolver.

Vers une heure de l'après-midi, nous traversons une grande vallée; au fond, coule une rivière importante, le Nkoni, qui n'a en cet endroit qu'une faible profondeur; nous la franchissons avec de l'eau jusqu'aux hanches, et nous arrivons, sur la rive opposée, à une sorte de falaise d'une grande hauteur et remarquable par les nombreux clochetons qu'ont formés dans les parois les ravins creusés par l'eau de pluie. Il y avait au pied de cette falaise une allée de sables mouvants et de fondrières. Les deux guides m'assurèrent que le chemin était très dangereux, et, me prenant par la main, me firent gravir l'escarpement par un chemin obliquant vers la droite. Bientôt après, un orage violent nous obligea de chercher un abri dans un village voisin où se trouvait à ce moment, par un hasard heureux pour moi, un parent de Ngakia. Quand la pluie eut cessé, c'est-à-dire vers deux heures et demie, nos deux guides s'en retournèrent chez eux; je partis de mon côté, et à quatre heures du soir j'arrivai chez Ngakia, conduit par son parent.

Ngakia est un vieux chef batéké à cheveux blancs, dont l'âge commence à affaiblir les facultés intellectuelles. Il me reçut cependant très bien, en m'assurant que le « commandant » était son grand ami. Il voulait même à toute force me faire coucher dans son village, mais je lui promis de revenir plus tard, et je continuai mon chemin, escorté par les gens des environs qui accouraient en foule; telle était leur curiosité qu'après m'avoir dépassé, ils s'arrêtaient devant moi pour me regarder.

Vers cinq heures je fais halte pour camper au pied de la montagne où est situé Ngakia. Un grand nombre de Batékés viennent me voir et me vendent des ananas et du manioc. Quelques-uns même me proposent de leur acheter de la viande; offre que j'accepte avec grand plaisir, et ils m'apportent aussitôt la viande en question, soigneusement empaquetée dans des feuilles. J'ouvre le premier paquet : il en sort de gros crapauds vivants qui se mettent à sauter de tous côtés; dans le second paquet, je trouve d'énormes chenilles d'une couleur jaunâtre. Les Batékés, voyant que je laisse échapper leur gibier avec dégoût, se jettent dessus pour le rattraper et demandent à l'interprète si les blancs n'aiment pas la viande. Ashimbo leur dit que non, ce qui paraît leur causer une stupéfaction profonde, et ils repartent pour leur village. La nuit fut pluvieuse, mais à part ce désagrément, rien ne vint troubler notre sommeil.

Le jour venu, nous quittons le campement. L'espoir d'atteindre bientôt le but de mon voyage me faisait oublier la fatigue et les soucis qui me tourmentaient, et la marche en avant fut continuée sans arrêt. Vers neuf heures du matin, nous traversons de grandes prairies, où nous rencontrons plusieurs groupes de villages dont les habitants accourent en foule pour voir le blanc, et à onze heures, nous arrivons au village du chef Mpaka, grand ami de M. de Brazza. Ce chef me dit que le commandant était malade, mais ne put me renseigner sur la gravité de la maladie. En quittant Mpaka, nous atteignons vers midi la rivière Lékila, qui a huit mètres de large et environ cinquante centimètres de profondeur. Cette rivière traversée, nous grimpons au sommet d'une montagne d'où l'on me fait voir enfin le village de Ngampaka. C'est là qu'était M. de Brazza.

Quelques coups de fusil furent tirés pour annoncer notre arrivée, et au bout d'une demi-heure de marche, je distinguai une case portant le pavillon français. Un Sénégalais, nommé Seydiou Kassé, vint à notre rencontre et me conduisit à cette case. Elle était assez vaste, mais n'avait comme mobilier qu'une toile de hamac suspendue et servant de lit. Dès mon entrée, j'éprouvai une douloureuse émotion en voyant M. de Brazza pâle et décharné; sa figure tirée et jaunie, ses bras amaigris lui donnaient l'aspect d'un cadavre. Il me remercia d'être venu et ajouta qu'il espérait être bientôt guéri; il éprouvait toujours des douleurs vives dans le foie et la rate, mais la fièvre avait cessé, et il se sentait un peu mieux depuis quelques jours. Je lui donnai ce que j'avais apporté, et quand il vit l'importante provision de cartouches, il parut très étonné; je lui fis part des bruits de guerre qui avaient couru à la station sur le rapport de Michaud, et j'appris que ces rumeurs n'avaient aucun fondement.

Je pris quelques jours de repos chez Ngampaka. M. de Brazza allait de mieux en mieux; il souffrait toujours du côté; mais les forces lui revenant, il désira bientôt retourner à Franceville. Sur ses instances, un chef influent des Batékés, nommé Adjou, qui était venu le voir souvent, ainsi que plusieurs chefs du voisinage, consentit à nous accompagner pour visiter le village des blancs, et quand les préparatifs furent terminés, nous nous mîmes en route.

Il était à peu près midi quand nous quittâmes Ngampaka. La rivière Lékila franchie, nous arrivâmes vers trois heures chez Mpaka. M. de Brazza, après de longs palabres, finit par décider ce chef à nous suivre à Franceville.

Pendant les trois jours d'arrêt que nous fîmes chez Mpaka, un douloureux événement vint nous attrister. Un de nos serviteurs, jeune enfant pahouin nommé Cyprien, était malade depuis plusieurs jours, et dans la deuxième nuit passée chez Mpaka, il fut pris de violentes douleurs d'entrailles. J'allai le voir plusieurs fois : il ne cessait de gémir en disant : « Mal, mal. » M. de Brazza, prévenu, vint aussitôt; mais au moment où il arrivait, Cyprien rendait le dernier soupir. D'après les symptômes de la maladie, M. de Brazza assura qu'il était mort d'un abcès aux intestins. On enveloppa le petit corps dans un pagne; quatre de nos compagnons le prirent, et le funèbre cortège se mit en marche, précédé d'un homme portant un pavillon français. A cinq cents mètres du village, une fosse profonde avait été creusée. On y déposa le corps, et quand il fut recouvert, on mit sur la tombe une branche d'arbre en forme de croix, puis nous tirâmes, comme adieu suprême, trois salves de coups de fusil. Cette mort nous avait profondément impressionnés : Cyprien était le premier serviteur des blancs qui mourait chez les Batékés.

En une journée de marche nous arrivâmes, en compagnie de Mpaka et d'Adjou, au village de Ngakia, pour y passer la nuit. Le lendemain, nous quittions Ngakia, et après avoir marché jusqu'au soir, nous arrivions au village de Nhempini, près de la rivière Nkoni. Nhempini était un ami de M. de Brazza, ce qui ne l'avait pas empêché en plusieurs circonstances de mal agir à son égard : quelques mois auparavant, Londo, un chef des environs, avait promis de venir à Franceville, et c'est Nhempini qui l'en avait empêché par ses menaces. Aussitôt arrivé, M. de Brazza fit appeler Nhempini; après divers compliments, il lui dit qu'Adjou et Mpaka venaient à Franceville, et il lui proposa de les accompagner; il l'invita aussi à ne plus agir comme il l'avait fait avec Lendo. Nhempini protesta de ses bonnes intentions et promit que, loin de détourner Adjou et Mpaka de leurs projets, il ne ferait au contraire que les encourager; il ajouta même qu'il s'engageait à venir avec nous à Franceville.

Le lendemain, M. de Brazza fait venir Nhempini et l'invite à tenir sa promesse de la veille. Celui-ci, en maître fourbe qu'il est, répond qu'Adjou et Mpaka ont changé d'avis, et que, renonçant à nous suivre, ils ont repris le chemin de leur village; d'ailleurs, ajoute-t-il avec impudence, Londo et lui sont toujours disposés à nous accompagner. Furieux d'une pareille fourberie, M. de Brazza résolut d'en punir Nhempini. Tous les Sénégalais avaient été avertis de se tenir prêts. M. de Brazza sortit de sa case, et, sur son ordre, Damba, l'interprète en chef, saisit Nhempini qu'il contint en lui tenant les mains derrière le dos. A ce spectacle, tous les gens du village poussèrent le grand cri de guerre et s'armèrent de leurs zagaies et de leurs flèches empoisonnées. Leur nombre s'accroissait d'instant en instant, et au bout de quelques minutes, il y en avait autour de nous plus de trois cents, l'arc bandé et la lance en arrêt. M. de Brazza leur fit dire de poser leurs armes s'ils ne voulaient pas mourir, et prenant son winchester des mains de Fino, il alla au milieu des Batékés, où je le suivis, de crainte qu'on ne le frappât par derrière; il avisa alors une branche de la grosseur du bras, et après l'avoir montrée à ceux qui l'entouraient, il l'abattit en trois coups de fusil. Quand les cris d'étonnement des Batékés eurent cessé, M. de Brazza dit à Nhempini : « Nhempini, tu m'as vu plusieurs fois dans ton village; j'étais ton ami, et tu m'as trompé une fois; je t'ai pardonné, et aujourd'hui tu me trompes de nouveau. Je ne veux point te faire de mal, mais je veux te punir. Pour m'accompagner à Passa, je t'ai donné quatre pagnes d'étoffe, rends-moi ces étoffes. » Plus mort que vif, Nhempini envoya chercher les étoffes par un de ses guerriers qui les porta à M. de Brazza; il lui fit même apporter deux fusils qu'il avait dans sa case. « Je prends les étoffes, dit alors M. de Brazza, et je vais les brûler parce que ces marchandises ne doivent pas me profiter; quant aux fusils, ils ne m'appartiennent pas, et comme vous n'êtes pas assez forts pour faire la guerre au commandant, je vous les rends. » Et là-dessus, il fit remettre les fusils aux guerriers en armes. Quand les pagnes furent réduits en cendres, on relâcha Nhempini, qui, à peine libre, se mit à crier à ses Batékés de poser leurs zagaies et leurs flèches, qu'il ne fallait pas faire la guerre aux blancs. Telle fut la punition de Nhempini. M. de Brazza, n'ayant plus rien à faire dans ce village, donna le signal du départ.

Nous étions bientôt arrivés à la rivière Nkoni, qu'on passe en cet endroit sur un pont de lianes; mais à la suite des menaces de guerre qu'on nous avait faites chez Nhempini, les Batékés des environs avaient défait le pont pour nous couper la retraite. Nous parvînmes sans trop de peine à le rétablir, et le passage put s'effectuer. La rivière, beaucoup plus éloignée de sa source qu'au point où je l'avais franchie en venant, avait un lit plus large et plus profond; son courant était très rapide. De l'autre côté du Nkoni, nous suivimes un plateau assez élevé, et à la nuit nous arrivâmes au village batéké Mpimi.

J'y entrai un des premiers avec quelques Gabonais. Les Batékés nous reçurent fort mal; ils eurent même l'insolence de menacer de leurs zagaies un de nos interprètes, et, pour empêcher une rixe, je dus intervenir. Nous étions réduits à attendre au milieu du village l'arrivée de M. de Brazza, qui ne tarda pas à nous rejoindre. Mis au courant de ce qui se passait, il fait appeler Mpimi et lui demande une case que celui-ci refuse net. M. de Brazza lui dit : « Je ne suis pas une bête, pour coucher dehors; d'ailleurs, je suis malade et j'ai besoin d'un abri. » Mpimi finit par donner deux cases, l'une pour M. de Brazza et moi, et l'autre pour nos hommes. Les Batékés campèrent au milieu du village devant un grand feu, ayant à côté d'eux leurs zagaies fichées en terre et leurs flèches empoisonnées. Le lendemain matin, M. de Brazza appela Mpimi, et, après lui avoir donné des perles et de l'étoffe, lui demanda le motif de la réception peu cordiale qu'il nous avait faite. Mpimi répondit que des gens du Nkoni étaient venus à son village, et lui avaient annoncé que le commandant faisait la guerre; mais il voyait bien maintenant, à notre manière d'agir, que ces gens-là étaient des menteurs. M. de Brazza lui acheta une provision de millet et de manioc, et aussi quelques sabres et couteaux, comme objets de curiosité qu'il voulait envoyer en Europe.

Vers neuf heures du matin, nous quittons le village, et nous marchons jusqu'à trois heures. Un orage nous surprend avant que nous ayons pu atteindre un village situé à quelques kilomètres, et nous sommes obligés de nous abriter sous des couvertures de laine soutenues par quatre piquets. La pluie passée, nous allons au village acheter du manioc, puis nous nous remettons en route et nous arrivons à cinq heures à un plateau où deux rivières, le Duellé et l'Ikabo, prennent leur source. Nous passons la nuit dans un vallon près de l'Ikabo; le temps était pluvieux et désagréable, ce qui ne nous empêcha pas de bien dormir à côté d'immenses feux.

Le lendemain, de très bonne heure, nous nous remettons en marche en suivant les hauteurs. Dans la matinée, nous eûmes une alerte : une centaine de Batékés s'étaient postés près d'une petite brousse, et, à notre approche, ils s'avancèrent au-devant de nous. M. de Brazza avait fait préparer les fusils. Les Batékés, voyant ce mouvement, crièrent qu'ils ne venaient pas pour faire la guerre, mais seulement pour voir les blancs, et, se rapprochant de nous, ils nous donnèrent même des renseignements sur la route à suivre. Vers midi, nous faisons un arrêt sur le plateau, où nous recevons la visite de plusieurs Batékés qui nous vendent des vivres et quelques objets de curiosité. Jusqu'au soir, nous marchons sans relâche, et, la nuit venue, nous campons dans un bouquet d'arbres près du Duellé. Un âne et une ânesse, que mon ami Michaud avait eu l'honneur singulier et la tâche difficile de conduire à Franceville, et que M. de Brazza avait emmenés avec lui chez les Batékés, sont mis au milieu de notre campement, et nous allumons de grands feux pour éloigner les lions, fort communs dans ces parages.

Pendant toute la matinée du lendemain, nous suivons la route des hauteurs. Cette marche est pénible, parce qu'un soleil de feu rend le sable brûlant. La fatigue et une douleur vive dans le côté obligent M. de Brazza à faire halte plusieurs fois. A quatre heures, nous descendons enfin la dernière montagne des Batékés pour entrer dans la forêt vierge; c'est avec un bien vif plaisir que je quittai ce sable brûlant, où j'avais marché sans souliers, les pieds couverts de plaies. Encore deux petites rivières à traverser, et nous sommes sur la route que M. de Brazza a fait établir entre Franceville et les montagnes des Batékés. A cinq heures, nous arrivons chez Niamanashoué, chef umbété que M. de Brazza connaît depuis longtemps.

Dans notre huitième et dernier jour de marche depuis le départ de Ngampaka, nous quittons à huit heures Niamanashoué, et, toujours en suivant la route presque terminée à cette époque, nous arrivons le soir au plateau de Nghémi. De ce point pour atteindre la Passa, il fallut encore marcher jusqu'à huit heures : il faisait donc tout à fait nuit quand nous y arrivâmes; plusieurs coups de fusil furent tirés pour demander une pirogue, et, la rivière franchie, en quelques minutes, nous étions de retour à la station.

Telle fut ma première expédition chez les Batékés; j'avais commencé à faire connaissance avec ce peuple et le pays qu'il habite. Je devais bientôt y retourner et y faire cette fois un séjour assez prolongé pour me permettre d'étudier en détail les mœurs et les usages de cette curieuse nation.

CHAPITRE VIII

VOYAGE A KINKOUNA.

Accès de fièvre et de chagrin. — Divers projets de MM. de Brazza et Mizon. — Départ pour l'Alima. — Nghêmi. — Mon séjour à Niamanasboué. — Un type curieux d'oganga, ou médecin féticheur. — Départ avec des porteurs batékés. — Des moutons qui se font porter. — Exigences de mes porteurs. — Les mésaventures de mon équipement. — De l'humanité mal placée. — Désobéissance active de mes porteurs.— Des sangsues au propre et au figuré. — Njayolé. — J'exerce illégalement la médecine. — Un pont entre deux eaux. — Bataille manquée par ma faute. — Opendé; je rejoins M. Mizon.

A peine revenu à la station, tous les malheurs vinrent m'assaillir à la fois. Depuis mon arrivée à la côte d'Afrique, j'avais échappé à la fièvre : je fus atteint d'un violent accès. J'eus en même temps un accès de chagrin. Pendant mon voyage à Ngampaka, on avait formulé contre moi les accusations les plus injustes, on avait répandu sur mon compte les plus odieuses calomnies. Leur auteur ayant plus tard renié ses paroles en présence de M. de Brazza, je n'essayerai pas de les relever et je tairai son nom, parce que j'ai promis au lecteur de ne pas l'initier au détail de mes contrariétés personnelles, lorsqu'il n'aura à en tirer aucun renseignement utile sur les pays que je me propose de faire connaitre. Aussitôt remis de ces secousses diverses, je dus travailler sans relâche à confectionner des ballots d'étoffes qui devaient servir à l'approvisionnement du poste de Brazzaville. Il avait été convenu, je crois, entre M. de Brazza et M. Mizon qu'ils voyageraient de compagnie jusqu'au village de Ngango, chef des Bakouyas. De là, M. de Brazza voulait aller à Ngampéré, village dépendant du roi batéké Mokoko, pour y conduire les hommes qui devaient renforcer le poste de Stanleypool (appelé plus tard Brazzaville). Avec l'affût de la mitrailleuse et les roues d'un chemin de fer Decauville, on construisit un chariot qui devait servir à transporter les bagages jusqu'à Ngampaka. L'absence de routes suffisamment carrossables empêcha d'utiliser ce véhicule, qui, d'ailleurs, avait été surchargé, et l'on dut l'abandonner au village de Nghêmi. Mais si je n'ai pas à raconter ici les voyages de MM. de Brazza et Mizon, qui, je l'espère, dans l'intérêt du public, en feront bientôt le récit, je dois encore moins m'arrêter sur des projets qui ne furent pas mis à exécution. Je me contenterai donc de dire que M. Mizon, modifiant ses plans, résolut de se rendre chez le roi Makoko en suivant la rivière Alima : je devais l'accompagner dans ce voyage.

Dans les premiers jours de décembre, M. de Brazza, qui était allé à Niamanashoué, envoya à M. Mizon des hommes qui travaillaient à la route pour se charger des ballots qui n'avaient pu prendre place sur le chariot. Deux jours après, nos préparatifs terminés, nous partîmes dans la direction de l'Alima.

Après un jour de marche, nous couchons chez Nghêmi; le soir du deuxième jour, nous nous arrêtons dans un village bakanighé; enfin, le troisième jour, nous arrivons chez Niamanashoué, où nous trouvons M. de Brazza occupé à préparer l'achèvement de sa route. Le lendemain, M. Mizon partit pour le pays des Batékés, où il allait chercher des porteurs; je devais surveiller ses bagages en son absence, avec l'aide de Touké.

Pendant mon séjour chez les Umbétés de Niamanashoué, j'eus l'occasion de constater qu'ils ont à peu près les mêmes mœurs et le même langage que les Obambas leurs voisins. J'observai aussi un type curieux d'*oganga* ou médecin féticheur. L'oganga en question est accoutré de la façon la plus bizarre. Il a sur la tête un bonnet fait d'une peau de renard dont la queue lui pend sur le dos; sa figure est barbouillée de cette terre blanche dont j'ai déjà parlé plusieurs fois; son habillement est fait en feuilles de bananier. Il porte sur le dos un instrument qui ressemble en petit à une « herminette »; à sa ceinture sont attachées des peaux de bêtes fétiches; à son épaule est suspendu un sac en fil d'ananas; ce sac contient toutes les matières et panacées concernant son état, et capables (suivant lui, bien entendu) de guérir toutes les maladies : c'est-à-dire de l'huile de palme, des fientes d'animaux, des fragments d'os, des plumes d'oiseaux, de la cire, de la sciure d'un bois qui a un goût alliacé, du piment broyé, diverses graines, et notamment des graines de *mboundou*, etc.; car cette longue énumération est encore incomplète. Le médecin parcourt les villages, où il annonce sa présence en sifflant dans une corne d'antilope. Il est hébergé par le chef, et mendie en outre divers cadeaux qu'on n'ose jamais lui refuser, car l'oganga jouit de l'estime générale et en même temps inspire une crainte superstitieuse, surtout aux femmes. En somme, l'oganga que j'ai vu chez Niamanashoué m'a fait l'effet d'un rusé compère.

Le 2 janvier 1882, M. de Brazza revint d'une excursion

qu'il avait faite pour voir où en étaient les travaux de la route.

Le 3 janvier, je vis arriver cinquante-huit porteurs batékés envoyés par M. Mizon, qui m'informait par un billet que malgré tous ses efforts, il n'avait pu réunir un plus grand nombre d'hommes. Il me chargeait en même temps de réclamer à M. de Brazza les ballots qu'il lui avait donnés pour porter à Brazzaville, parce qu'il avait l'intention de les y porter lui-même. Sur ma demande et en échange d'un reçu, M. de Brazza me remit aussitôt neuf ballots d'étoffes et marchandises diverses et deux ballots de sel; avec les cinq ballots de M. Mizon, c'était tout ce qui était destiné à l'approvisionnement de Brazzaville.

Le 4 janvier, à sept heures du matin, je dispose les bagages au milieu du village, et j'invite les porteurs batékés à s'en charger. Mais ces hommes ont l'habitude de porter les fardeaux dans un appareil en bois de palmier qui ressemble à nos crochets, et ils firent beaucoup de difficultés pour prendre de grosses dames-jeannes d'eau-de-vie et d'autres objets qu'ils trouvaient trop lourds et surtout incommodes à porter. Grâce à l'intervention de M. de Brazza, ces difficultés s'aplanirent, et je partis avec mes cinquante-huit porteurs, n'ayant que trois hommes pour m'aider à les diriger.

Au bout d'une heure de marche, nous avions atteint la prairie où commence la région sablonneuse; les porteurs avaient fait halte, et un grand nombre d'entre eux étaient retournés en arrière, les uns pour ramasser des cailloux d'agate qu'ils avaient remarqués dans le lit d'un ruisseau, les autres pour chercher du miel ou des fruits de liane à caoutchouc. Quand il fallut reprendre la marche, les retardataires me firent perdre une bonne demi-heure, et je dus les réprimander sévèrement. Les porteurs marchaient d'un pas rapide; pour les surveiller, je pris les devants avec le Sénégalais Ahmet, laissant à Malal, autre Sénégalais, le soin de diriger quelques retardataires. Il avait avec lui l'interprète Touké; mais celui-ci, qui s'était chargé de conduire trois moutons, ne pouvait lui être d'un grand secours, car ces animaux suivaient avec peine l'allure rapide et régulière des porteurs; à chaque instant, ils s'écartaient du chemin pour aller brouter au voisinage des arbres une herbe plus verte, et plus d'une fois le malheureux Touké fut obligé d'en porter un qui ne pouvait plus marcher.

Après plusieurs heures de marche, nous arrivons à un plateau élevé surmonté d'un arbre isolé qui se voit à une très grande distance, et les porteurs demandent un repos que je leur accorde. Ils ne perdent pas de temps pour le mettre à profit : après avoir causé et s'être concertés entre eux, ils me font dire par un des leurs que si je ne leur donne pas un petit payement, ils ne continueront pas le voyage et me laisseront là. Je leur réponds que s'ils refusent de porter mes bagages, j'irai chercher des porteurs à Njayolé et à Okani, villages que j'avais visités lors de ma première expédition chez les Batékés; enfin, sur leurs instances, je finis par leur promettre pour le soir une petite quantité de sel.

Vers cinq heures, nous pénétrons dans une vallée couverte de forêts vierges et entourée comme un cirque d'une vaste ceinture de montagnes. Pendant que les porteurs s'occupent de couper du bois pour les feux et d'aller prendre de l'eau dans les mares des environs, je vois arriver Malal, que j'avais laissé en arrière avec les trainards. Comme je m'étonne de le voir seul, il me dit avec flegme qu'il a laissé ses compagnons bien loin derrière lui, et qu'il ne les a pas vus depuis longtemps. Je les attends en vain pendant plusieurs heures, et je finis par envoyer Malal à la découverte. Peu de temps après son départ, j'entends un bruit de voix qui se rapproche, et je suppose que ce sont enfin mes trainards. Nouvelle déception! Malal apparait en compagnie du Pahouin Calixte et du Gabonais Siplanaoué. Ces deux hommes m'étaient envoyés par M. de Brazza, qui me les avait promis pour m'aider à conduire les porteurs. Calixte m'apprit alors que mon fusil, mes cartouches et mon chapeau de feutre, que j'avais confiés à un homme de l'arrière-garde, se prélassaient au beau milieu du chemin, à peu de distance de Niamanashoué; de plus, les nommés Lébonda et Njéoué, deux hommes auxquels on avait mis les menottes à la suite d'une mutinerie, et que je devais conduire dans cet état à M. Mizon, avaient pris la clef des champs. Je dois dire que, par humanité, je les avais débarrassés de leurs menottes, après leur avoir fait promettre de se bien conduire. Je passai une fort mauvaise nuit : aux désagréables nouvelles que Calixte m'avait annoncées venaient s'ajouter, pour m'empêcher de dormir, de grandes inquiétudes au sujet de mes Batékés. Déjà, il m'avait fallu leur promettre un cadeau pour les retenir, et je prévoyais, pour un avenir rapproché, de nouvelles exigences.

Le 5 janvier au matin, je chargeai Malal d'une lettre pour M. de Brazza, que je priais de faire prendre par ses hommes les objets qui avaient été abandonnés sur la route; je lui demandais aussi de faire arrêter les déserteurs. Puis, je donnai le signal du départ. J'avais bien recommandé au nommé Ossiah, qui marchait en tête, de prendre la route des hauteurs, et non celle de la forêt vierge. Ossiah n'eut rien de plus pressé que de désobéir, et quand les porteurs furent engagés dans la forêt, il me fut impossible de les faire revenir sur leurs pas. Nous avions à parcourir plusieurs kilomètres dans une vallée parsemée de collines et couverte d'une épaisse forêt vierge. Le sentier était mal tracé, surtout dans les gorges les plus profondes. On suivait des chemins d'éléphants, embarrassés de branches rompues et de lianes pendantes, et il m'était bien difficile de surveiller les porteurs. Seul avec Touké, qui conduisait à grand'peine ses trois moutons, je formais l'arrière-garde, et bien m'en prit d'avoir adopté cet ordre de marche : des porteurs peu consciencieux s'étaient allégés sans façon en jetant çà et là divers objets que je dus ramasser et porter moi-même pendant plus d'une heure, c'est-à-dire le temps qu'il nous fallut pour traverser la forêt. Cette heure écoulée, nous gravissions une hauteur qui limite la vallée de ce côté-là, et nous nous retrouvions en pays sablonneux. Au sommet de la colline, les porteurs s'étaient arrêtés; j'en profitai pour adresser de vifs reproches à ceux qui avaient jeté en route une partie de leur fardeau; je finis en les menaçant de les punir comme M. de Brazza avait puni autrefois un chef de Nkoni (Nhempini), et là-dessus, après avoir ri, ils me promirent de se mieux conduire. Nous eûmes encore à traverser une vallée couverte de forêts; au delà, la route devenait plus facile. Vers onze heures, nous faisons halte près d'une grande mare où je vais puiser de l'eau; mais j'ai bientôt les jambes couvertes de sangsues qui m'obligent à battre en retraite. D'autres sangsues sont les Batékés, qui renouvellent leurs réclamations et demandent comme la veille un payement supplémentaire. Je refuse énergiquement, en les traitant de menteurs et de méchantes gens; je leur rappelle leurs promesses, et j'ajoute que leurs plaintes et leurs menaces me sont indifférentes, et leurs cris ou leurs paroles bruyantes, loin de m'effrayer, sont pour moi une distraction. Ils se décident alors à continuer la marche en maugréant, pendant que je chante, sans en avoir envie, pour les narguer.

A une heure, nous arrivâmes au premier village des Batékés : celui de Njayolé. J'y rencontrai deux Sénégalais de M. Mizon, Matoufa et Mahmadou. Ce dernier avait la dysenterie depuis trois jours et ne s'était pas soigné, faute de médicaments; je lui administrai le soir même vingt gouttes de laudanum pour lui rendre le sommeil, et une infusion de racine d'ipécacuana. Je fis tuer un mouton, et tout mon monde, y compris les porteurs, en eut sa part. Pendant toute la soirée, il y eut chez Njayolé une grande fête, avec chants, musique et danses; je décrirai ces cérémonies en détail dans le chapitre consacré à une étude sur les coutumes des Batékés.

Le lendemain, 6 janvier, j'engageai quelques hommes du village pour porter de la poudre laissée en dépôt chez Njayolé par M. Mizon. Cette poudre, qui était renfermée dans deux barils, fut répartie dans plusieurs sacs que mes nouveaux porteurs se distribuèrent. Mahmadou souffrait beaucoup, mais il ne voulut pas rester plus longtemps dans ce village, et il partit avec nous, marchant lentement et restant souvent en arrière. A quatre heures nous traversons le Duellé, et à cinq heures un quart le Nkoni. Le passage de cette rivière fut difficile; le tronc d'arbre qui servait de pont était couvert d'un mètre d'eau. Craignant quelque accident pour le Sénégalais malade, je l'attendis jusqu'à la nuit avant de passer la rivière. Il arriva et traversa le Nkoni, soutenu par Ahmet et Matoufa; mais l'eau froide aggrava son mal, et je dus lui donner pour le réchauffer ma chemise de laine et ma ceinture de flanelle. Les porteurs avaient pris les devants pour chercher un campement. Quand je les rejoignis, ils recommencèrent leurs doléances, se plaignant que la journée avait été rude, et finirent par me demander un cadeau; je leur donnai une cuillerée de sel par homme.

Le 7 janvier, nous repartons de bonne heure, laissant Mahmadou très malade à la garde de Matoufa; je leur promets de revenir les chercher ou de leur envoyer l'âne que M. Mizon avait emprunté à M. de Brazza. Nous avions à escalader une pente assez raide, lorsque nous entendîmes derrière nous des gens qui couraient et qui nous appelaient. Ossiah nous dit que c'était peut-être M. de Brazza avec ses hommes. Pour m'en assurer, je résolus de les attendre et je criai à Ahmet de faire arrêter les porteurs qui marchaient en tête. Celui-ci y courut, mais les porteurs, entendant courir derrière eux, redoublèrent le pas. Ahmet les devança et leur barra le chemin avec son fusil; aussitôt, une douzaine de Batékés, posant lestement leurs ballots à terre, prirent leurs zagaies et leurs flèches. Ahmet venait de glisser une cartouche dans son fusil, et la bataille allait commencer, quand j'arrivai à temps pour faire cesser tout ce désordre. Sur ces entrefaites, nous fûmes rejoints par ceux qui couraient derrière nous. C'étaient tout simplement des Batékés d'une brousse voisine qui voulaient nous vendre des ananas. A midi, nous rencontrâmes plusieurs villages, et entre autres celui de mon ami Londo, où Calixte et Siplanaoué s'arrêtèrent, car c'était là qu'ils devaient attendre M. de Brazza. Enfin, à une heure et demie de marche de Londo, nous arrivâmes à la brousse d'Osiri, puis au village d'Opendé, où je trouvai M. Mizon. Je lui racontai les incidents de mon voyage depuis Niamanashoué, et je lui fis part de mes inquiétudes au sujet de Mahmadou, que j'avais laissé en arrière à la garde de Matoufa; M. Mizon donna aussitôt l'ordre de l'envoyer chercher avec l'âne.

J'étais depuis quatre jours chez Opendé, quand M. de Brazza y arriva à son tour. Il avait quitté Niamanashoué un jour plus tard que moi et s'était rendu à Mpaka sur la rivière Lekila. Ayant à faire diverses communications à M. Mizon, il revint sur ses pas et nous rejoignit chez Opendé. Presque en même temps, deux hommes arrivèrent de Brazzaville, le Sénégalais Jon et le Gabonais Marc; ils nous apprirent que Stanley avait lancé un vapeur et avait laissé quelques hommes au village de Ngaliémé, près des chutes de Ntamo. M. de Brazza partit quelques jours après, pour se rendre à la côte par Mayombé.

Le 18 janvier, M. Mizon, ayant fait tous ses préparatifs, donna le signal du départ pour le village de Kinkouna, près du confluent de l'Alima et du Ngambo. Ce voyage pouvait s'effectuer en deux jours, mais il en dura trois, parce que tout le long du chemin un ami d'Opendé, chef d'un village voisin, entretint d'interminables conversations avec les porteurs qui posaient leurs ballots pour l'écouter, et, avec ses harangues, nous fit perdre un temps précieux.

CHAPITRE IX

SÉJOUR A KINKOUNA.

Le village de Kinkouna.—Les ruses d'Adjou. — Sa Majesté Mbomo. Départ de M. Mizon pour l'Alima. — Combat avec les Njabi. — Retour de M. Mizon. — Menaces de guerre. — M. Mizon retourne à Franceville. — Pacification du pays. — Chasses et récoltes d'histoire naturelle. — Nouvelle tentative de M. Mizon.

Le village de Kinkouna est établi sur une hauteur, au milieu d'une oasis de forêt, à six kilomètres environ de l'Alima, qui porte en ce point le nom de Duelli, et à quatre kilomètres de son affluent le Ngambo. Nous nous installâmes dans ce village, où M. Mizon se proposait de séjourner quelque temps afin de préparer son voyage, c'est-à-dire se mettre en rapport, par l'entremise des Batékés, avec les Bakhourous, qui devaient lui fournir des pirogues pour descendre le cours de l'Alima.

M. Mizon avait eu l'imprudence de dire aux Batékés qu'il voulait construire un village sur les bords de l'Alima. Ceux-ci, craignant que les blancs n'allassent s'établir chez les Bakhourous, essayèrent, dans divers palabres, de dissuader M. Mizon de son voyage, en disant qu'il valait mieux faire un village dans leur pays, qu'ils iraient eux-mêmes chercher l'ivoire chez les autres peuples pour le revendre aux « moundele » (blancs marchands). M. Mizon ne tint aucun compte de leurs observations et s'adressa au chef Adjou.

En quittant Niamanashoué, M. Mizon s'était rendu au village d'Adjou et lui avait demandé des porteurs pour aller chez les Bakhourous. Adjou fit les plus belles promesses et présenta successivement à M. Mizon divers individus qu'il donnait comme des chefs très influents. Un jour que plusieurs de ces prétendus chefs étaient réunis dans une case, M. Mizon renouvela sa demande, et comme Adjou, suivant sa coutume, lui répondait évasivement, il fit cerner la case par ses Sénégalais, en leur recommandant de crier très fort et de brandir leurs fusils d'un air menaçant pour faire peur aux Batékés. Ce procédé réussit, et Adjou fournit immédiatement des porteurs, mais il n'oublia jamais les menaces que le blanc lui avait faites.

Dans tout le pays compris entre l'Oba et la Lékila, c'est Adjou qui est le chef le plus influent et le plus redouté; il a des rapports fréquents avec les Bakhourous, qui viennent souvent dans son village acheter du manioc et du vin de palme. A raison de ces circonstances, M. Mizon ne pouvait guère se passer de lui, et tous les jours, il lui envoyait un émissaire pour l'inviter à venir chez Kinkouna. Adjou trouva toutes sortes de prétextes pour retarder son départ : un jour, c'était une maladie; le lendemain, c'était un palabre; une autre fois, il était en voyage, ou bien il avait perdu un parent. Quand il eut épuisé son répertoire, il se décida à obéir; d'ailleurs, M. Mizon, impatienté, l'avait menacé de le faire enchaîner par ses hommes pour l'amener chez Kinkouna. Il vint donc avec Ossiah, qui avait été chargé de lui porter l'*ultimatum*.

Alors commencèrent de grandes comédies, où les talents d'Adjou comme metteur en scène se montrèrent dans tout leur éclat. Tous les jours, d'illustres chefs venaient nous rendre visite avec un pompeux attirail; les uns étaient chamarrés d'ornements et de plumes, les autres ne parlaient qu'en dansant. Déjà, un peu familiarisé avec les ruses des Batékés, j'essayai, mais en vain, de montrer à M. Mizon que ces gens-là se moquaient de sa bonne foi, et qu'à part Adjou et Kinkouna, ces personnages bariolés, malgré toutes leurs singeries, étaient des gens sans influence. Les événements qui suivirent se chargèrent de justifier mes appréciations.

Le jour fixé pour le départ de M. Mizon, vers onze heures du matin, un son de trompe se fit entendre, et nous vîmes paraître un enfant qui criait à tue-tête, suivi d'un autre portant une peau de panthère et enfin d'un troisième chargé d'un chien et d'une pipe à gros tuyau garni de cuivre. On annonça alors le grand roi batéké Mbomo. Sa Majesté parut, la tête ornée d'une couronne de plumes multicolores. Adjou présenta Mbomo comme son souverain et le plus grand roi du pays, et Mbomo promit à M. Mizon de lui vendre une pirogue. Pendant la conversation, qui dura longtemps, le souverain accompagnait ses paroles de gestes qu'il essayait de rendre majestueux, et les Batékés, derrière leurs cases, riaient de M. Mizon, qui prenait cet intrigant pour un grand roi.

Le palabre terminé, M. Mizon partit chez les Bakhourous avec Mbomo, Adjou et Kinkouna.

Je restai à Kinkouna, et j'ignore par conséquent le détail de ce qui se passa pendant ce voyage, mais j'appris par des gens du pays qu'Adjou avait fait de son mieux pour empêcher l'expédition de réussir. Dans tous les villages du parcours, il disait que le blanc était venu chez lui, et que, depuis cette époque, tout le monde était mort ou malade; enfin, que M. Mizon allait chez les Bakhourous pour leur faire la guerre et leur voler leurs pirogues[1].

Deux jours après le départ, Adjou revint et me remit un billet dans lequel M. Mizon me disait que les Batékés Njabi avaient de grands chefs qui ne lui parlaient qu'en dansant, et qu'il se préparait à aller voir une belle pirogue qu'on avait promis de lui vendre. Bref, il paraissait enchanté.

Je ne sais pas au juste ce qui arriva ensuite chez les Njabi; mais, un soir, on m'apprit que des coups de fusil avaient été tirés, et que M. Mizon était en guerre avec les Batékés. Inquiet, j'envoyai Ossiah jusqu'au Ngambo pour prendre des informations; mais il revint à la nuit, sans avoir rien appris. Le lendemain, M. Mizon arrivait à Kinkouna tout essoufflé et furieux. Il me raconta que les Batékés Njabi l'avaient indignement trompé; ils l'avaient annoncé aux Bakhourous comme venant faire la guerre, et ceux-ci, lorsqu'il s'était approché pour conclure l'achat de la pirogue, avaient pris la fuite. M. Mizon, voulant empêcher les Batékés de parler aux Bakhourous, avait tiré quelques coups de fusil en l'air; mais ceux-ci, loin de s'effrayer, étaient accourus en nombre, et il avait dû battre en retraite sur Kinkouna, après avoir commandé une décharge générale. A la rivière Ngambo, se voyant acculé, il avait tiré sur un chef qui conduisait les Batékés en brandissant un fétiche. Le chef tomba, et les Batékés poussèrent de grands cris. M. Mizon tira

[1] Je crois savoir que les Batékés avaient suivi la même tactique, pour empêcher M. de Brazza de s'entendre avec les Bakhourous, en 1878.

encore plusieurs coups de fusil, et à chaque coup un homme tombait comme s'il avait été atteint; mais ce n'était qu'un simulacre, ils se relevaient quelques moments après. C'est de cette échauffourée que provenaient les coups de fusil qu'on avait entendus la veille.

M. Mizon, renonçant à se rendre chez Mokoko avec l'aide des Bakhourous, et forcé de choisir un autre chemin, résolut de retourner d'abord à Franceville avec tous ses bagages. Mais, pour cela, il fallait des porteurs, et les chefs batékés, qui voulaient avoir chez eux un village de blancs et conserver le monopole du commerce des perles et des étoffes, trouvaient tous les prétextes imaginables pour refuser des hommes. On nous apprenait à chaque instant des nouvelles inquiétantes. On disait que les Bakhourous accusaient M. Mizon d'avoir pillé leur campement et traversaient la rivière pour venir faire la guerre aux blancs. Une autre fois, c'étaient les Batékés Njabi qui voulaient, disait-on, attaquer ceux de Kinkouna, parce qu'ils avaient amené chez eux un blanc qui leur avait tué un homme. Un soir, vers dix heures, je causais sous la tente avec M. Mizon, lorsque les gens de Kinkouna se mirent à pousser de grands cris, et le chef assura que les Bakhourous traversaient le Ouelli pour faire la guerre aux blancs. Une caisse de cartouches fut aussitôt ouverte; nous éteignîmes les feux et nous nous préparâmes au combat. Les habitants de Kinkouna parcouraient le village; un homme criait je ne sais quelles paroles, et toute la bande y répondait en chœur par un seul mot. Ce tapage dura toute la nuit, mais il n'y eut pas d'attaque, et un enfant, qui accompagnait Mbomo et qui portait le même nom, m'assura plus tard que jamais les Bakhourous n'avaient traversé l'Alima.

Deux jours après, M. Mizon partit pour Franceville, me laissant à Kinkouna pour garder les bagages, qu'il ne pouvait emmener faute de porteurs. Il n'emporta que son lit, qu'il distribua à Malal, Ahmet et Loïse, et me laissa une couverture de laine et huit ballots que je devais lui faire parvenir, si je pouvais décider les gens de l'endroit à les porter.

Quand M. Mizon fut parti, je fis appeler Adjou et Kinkouna, et j'essayai de leur démontrer qu'il était de leur intérêt de bien agir avec les blancs. Je leur parlai du commandant (M. de Brazza), envers lequel ils s'étaient ordinairement bien conduits; enfin, après leur avoir donné à entendre qu'un voyage à Passa leur procurerait en abondance du sel et d'autres richesses, je leur fis promettre d'engager les gens de leur village à entreprendre cette expédition. Au bout de six jours, à la suite d'entretiens fréquents que j'eus avec lui, Kinkouna se décida à partir avec sept de ses hommes. Je lui donnai pour l'accompagner un Sénégalais nommé André et le Batéké Ossiah.

Les vivres commençaient à devenir rares, et nous manquions absolument de viande. Je me mis donc à chasser dans la forêt. Heureusement les oiseaux y étaient abondants; des pigeons de plusieurs espèces voltigeaient en très grand nombre et s'offraient à mon plomb. Je tuai aussi deux espèces d'oiseaux de proie dont la chair, un peu coriace, fut trouvée excellente grâce aux circonstances; l'un, de la grosseur d'une poule, se nourrit de sauterelles, de petits oiseaux et souvent de poussins qu'il enlève dans les villages; l'autre, un peu moins gros, plane au-dessus des prairies, où il fait la chasse aux petits mammifères.

Dans mes excursions cynégétiques, je parcourus tous

les environs armé en chasse. Plusieurs fois aussi, je m'y promenai sans armes, et, au bout de quelque temps, je réussis à faire cesser les menaces de guerre qui nous avaient causé tant d'ennuis. On ne tarda pas à répéter dans les environs que le blanc était bon et ne faisait la guerre à personne, et les Batékés vinrent d'assez loin me faire de fréquentes visites. J'eus même l'occasion de régler un important palabre. Les chefs Antcha et Poumi des Batékés Njabi étaient venus me trouver, et, en présence d'Adjou, de Kinkouna, des Gabonais et Sénégalais de M. Mizon, avec Ogoula comme interprète, me demandèrent une indemnité pour un homme tué par M. Mizon[1]. C'était l'homme qui avait excité les Batékés à la poursuite en brandissant un fétiche et qui avait fait semblant d'être tué en se laissant tomber au coup de fusil. Je leur promis de les dédommager lorsqu'ils m'apporteraient la tête du mort. Là-dessus, ils se mirent à rire et me demandèrent seulement, pour récompenser leur visite, un cadeau que je ne leur refusai pas.

En somme, pendant toute la durée de mon séjour, j'eus d'excellents rapports avec les indigènes, et la tranquillité dont je jouissais de ce côté me permit de faire quelques récoltes d'histoire naturelle, consistant surtout en reptiles et en insectes. L'alcool et les récipients nécessaires pour la conservation des reptiles appartenant à M. Mizon, je lui remis à son retour les animaux de cette classe que j'avais récoltés, ne gardant pour moi que les insectes. Tout aurait donc marché pour le mieux si les

[1] Cet homme, ainsi que je l'appris lors de mon voyage chez les Batékés en octobre 1882, avait été simplement blessé à l'épaule. Il fit sa convalescence chez les Bakhourous, et, comme bien l'on pense, ne manqua pas de leur dire tout le mal possible des blancs. Il s'appelait Kelimi et était du village de Poumi.

hommes que M. Mizon m'avait laissés n'avaient pas été presque tous en même temps plus ou moins gravement malades. Mahmadou fut atteint d'une fluxion de poitrine; à cette époque, il pleuvait souvent, et la fraicheur des nuits, jointe à l'insuffisance des cases dont le toit laissait filtrer la pluie, occasionnait des refroidissements fréquents; de plus, pendant les voyages, les Sénégalais se déshabillaient quand ils se trouvaient dans les ravins échauffés par le soleil et n'avaient pas la prudence de se couvrir en atteignant les hauts plateaux, où règne un vent assez frais, surtout à l'approche des tornados. Le nommé Marc, un de ceux qui étaient revenus de Brazzaville, avait beaucoup souffert des privations endurées pendant ce long voyage; il tomba malade, et un médecin batéké, dont il avait réclamé les soins, lui fit prendre une infusion végétale; à partir de ce moment, soit par suite des progrès du mal, soit que le remède eût des propriétés nuisibles, il dépérit à vue d'œil. Marc avait les traits contractés, les yeux caves et presque toujours fermés; il se remuait avec difficulté; mais à peine l'avait-on couché dans son lit, il roulait à terre et se trainait jusqu'à la forêt, en disant d'une voix faible qu'il voulait mourir. Siplanaoué eut fréquemment la fièvre et la diarrhée. Enfin, Matoufa eut un violent accès de fièvre.

Un mois environ après son départ, M. Mizon revint au village de Kinkouna. Voyant la paix rétablie, il voulut renouveler sa tentative auprès des Bakhourous. Il envoya en avant Ossiah et Ogoula pour parler aux chefs de l'Alima, et quand ils revinrent, annonçant que ces chefs étaient bien disposés, il partit, accompagné seulement d'Ossiah, de Mahmadou et de Fouké. Les Batékés Njabi lui firent un bon accueil, et il se dirigea avec eux vers le campement des Bakhourous; mais, à son approche, ces derniers s'enfuirent, et les Njabi profitèrent de cette fuite pour mettre leur campement au pillage. Tout espoir de succès était perdu; M. Mizon dut revenir à Kinkouna.

A la suite de cette aventure, jugeant qu'il était presque impossible, en suivant la route de terre, de ravitailler le poste de Brazzaville, qu'il regardait d'ailleurs comme inutile, M. Mizon me proposa de partir pour aller relever Malamine et les deux hommes qui gardaient ce poste avec lui. Je ne me faisais aucune illusion sur les fatigues et les dangers qui devaient m'assaillir dans un pareil voyage; mais, poussé par le désir de voir des pays nouveaux, j'acceptai sans hésiter cette proposition.

Dans mon séjour à Kinkouna, j'ai eu l'occasion d'étudier de près les mœurs des Batékés et de compléter les notions que j'avais précédemment acquises sur ce peuple intéressant. Avant d'entreprendre le récit de mon voyage à Brazzaville, je consacrerai un chapitre spécial à une étude sur les Batékés, que leur situation géographique et leurs mœurs, curieuses à bien des égards, recommandent d'une façon toute particulière à l'attention du lecteur.

CHAPITRE X

LES BATÉKÉS.

Idée générale du pays; nature du sol et végétation: climat; situation géographique des Batékés. — Population; villages et habitations. — Physionomie et caractère des Batékés. — Costume et parure. — Plantations; agriculture. — Animaux et chasse. — Guerre. — Nourriture et cuisine. — Industrie et commerce. — Condition de la femme; mariage. — Fêtes; chant et musique. Enterrements et cimetières. — Fétichisme. — Pouvoir des chefs. — Palabres.

Le voyageur qui part de Franceville et marche dans la direction de l'est ne tarde pas à être surpris par un changement remarquable dans la nature du sol et dans l'aspect de la végétation. Avant de quitter le bassin de l'Ogooué pour entrer dans celui du Congo, quand on commence à gravir le plateau qui se trouve près de Niamanashoué, on remarque que le terrain devient très sablonneux, et il conserve ce caractère sur une immense étendue de pays, jusqu'aux rives du Congo. Dans les bas-fonds, au sortir des forêts qui bordent la plupart des cours d'eau, on peut trouver un sable presque pur, fin et blanc; sur les pentes des collines et des montagnes, dont la crête est souvent élargie en vastes plateaux, il est plus ou moins mélangé à la terre végétale qui lui donne une teinte grisâtre; c'est seulement sur les hauts plateaux des Bakouyas, des Babomas et de quelques autres peuples voisins des rives du Congo, qu'on trouve une terre noirâtre, où le sable fait défaut.

A cette composition du sol, la nature et la distribution des végétaux empruntent un caractère tout particulier. Les pentes et les vallées sont couvertes d'herbe, mais les graminées à tige fine qui la composent ne dépassent guère vingt-cinq centimètres de hauteur ; sur les pentes, les plantes à tige ligneuse sont très rares, et c'est seulement de loin en loin qu'on rencontre un arbre rabougri. Les hauteurs où le sable manque sont tantôt couvertes de graminées arborescentes qui atteignent près de trois mètres, tantôt couronnées de forêts peu étendues, isolées comme des oasis. Parmi les essences qui composent ces forêts, j'ai remarqué un arbre à écorce grise, dont le bois est tendre, et qui ressemble un peu à notre peuplier, et un autre arbre très gros, dont le bois est fort lourd. Les lianes à caoutchouc sont d'une extrême abondance et atteignent un beau développement ; elles se multiplient également dans les bas-fonds sillonnés par des cours d'eau. J'ai vu aussi sur les hauteurs quelques ébéniers, mais ils sont fort rares.

La région sablonneuse, dont je viens d'indiquer les principaux caractères, se trouvant dans la même zone équatoriale et sur le même versant de l'Afrique que le bassin de l'Ogooué, l'état de l'atmosphère et ses variations y sont à peu près les mêmes. Vers la fin du mois de mai, commence la saison sèche, pendant laquelle le ciel est toujours chargé de nuages grisâtres, laissant à peine transparaître quelques pâles rayons du soleil obscurci. Pendant cette saison, qui correspond à notre hiver, la pluie tombe très rarement ; la température est ordinairement pendant le jour de + 25° à + 28° ; la nuit, elle varie entre + 12° et + 20°; cette chaleur très supportable est encore tempérée par des brises fréquentes d'une agréable fraicheur. Pendant la saison des pluies, qui commence vers le 15 octobre, la chaleur est souvent torride; quand le temps est beau, un soleil de feu brille dans un ciel sans nuages; l'air raréfié est à peine respirable, et la terre brûle les pieds du voyageur; la pluie tombe fréquemment, tantôt fine et serrée et durant plusieurs jours, tantôt affectant la forme de pluies d'orage, durant une ou deux heures, mais souvent torrentielle. Les orages ou tornados, annoncés par l'obscurcissement du ciel, suivi bientôt d'éclairs et de tonnerre, se produisent ordinairement vers le déclin du jour; le vent tourbillonnant qui s'élève tout à coup fait tournoyer à une grande hauteur les herbes et les feuilles mortes, la température s'abaisse brusquement; la pluie, tombant d'abord en larges gouttes isolées, devient très abondante et met fin à l'orage. Le 8 mai 1881, un tornado violent s'abattit sur Franceville, avec tous les phénomènes que je viens d'indiquer, mais accompagné en même temps d'une chute de grêle; c'est la seule fois que j'aie vu de la grêle en Afrique.

A la description générale qui précède je dois ajouter quelques détails pour donner au lecteur une idée plus complète du climat dans le bassin du Congo inférieur. Avec la nature accidentée du sol, dont la plus grande portion est formée en plateaux élevés, séparés par des vallées souvent étroites comme des ravins, sont en rapport des différences particulières dans la température à la surface. On comprend facilement que les moyennes données ci-dessus d'après les indications thermométriques que j'ai observées à Franceville, doivent être beaucoup trop fortes pour les plateaux des Batékés, d'une altitude parfois considérable et souvent balayés par des vents qui rencontrent peu d'obstacles dans ce pays découvert. L'abondance du sable et sa distribution inégale ne sont pas non plus sans influence sur la température suffocante qui règne souvent dans les bas-fonds; dans les journées ensoleillées de la saison des pluies, ce sable devient brûlant et rend la marche très pénible.

En résumé, le climat de la région sablonneuse, qu'on trouve un peu froid quand on vient de voyager dans le bassin de l'Ogooué, est plus agréable aux Européens. Il est en même temps beaucoup plus salubre, parce que les vallées noyées et marécageuses sont moins nombreuses et moins étendues, et, par suite, les fièvres sont bien moins fréquentes. Les gens de l'Ogooué qui voyagent chez les Batékés sont souvent atteints de fluxions de poitrine ou d'autres maladies que peut occasionner un brusque refroidissement; mais c'est là presque toujours un résultat de leur imprudence; en quittant les vallons à température élevée, ils arrivent couverts de sueur sur les hauts plateaux, où le vent, sans être bien froid, est cependant assez vif pour produire une réfrigération dangereuse.

Les peuples désignés sous le nom de Batékés ne sont pas seuls à habiter le vaste pays arrosé par les affluents du Congo inférieur, et je donnerai dans la suite de ce récit des renseignements assez étendus sur diverses nations que j'ai rencontrées pendant mon voyage à Nkouna, mais il ne sera question dans ce chapitre que des Batékés voisins de Franceville.

Le pays de ces Batékés n'a pas de limites bien précises et bien naturelles; d'ailleurs, personne jusqu'ici ne l'a

VILLAGE BATÉKÉ.

Dessin de Moleyre, d'après un croquis de L. Guiral.

parcouru en tous sens, personne n'en a fait le tour. Cependant, la place qu'il occupe peut être facilement définie d'une manière satisfaisante. Du côté de Franceville, c'est-à-dire vers l'ouest, il commence à peu près en même temps que la région sablonneuse; il enferme donc dans ses limites de ce côté le cours supérieur du Nkoni, affluent de l'Ogooué; au sud, la rivière Lékéti, affluent de l'Alima, il le sépare du pays des Bakoas et de celui des Bakouyas; à l'est, il s'arrête un peu au delà du Ngambo, autre affluent de l'Alima, et enfin, vers le nord, d'après M. de Brazza, qui a été plus loin que moi dans cette direction, les Batékés s'étendraient jusqu'à la rivière Lebaï Ngouko, affluent de la Likona. Le pays des Batékés est donc traversé par la ligne de partage des eaux qui sépare les deux bassins de l'Ogooué et du Congo. Du côté de ce dernier fleuve, il est parcouru par l'Alima, appelée Duelli dans cette partie de son cours, et recevant à droite le Lékéti, à gauche l'Oba, la Lekila et le Ngambo; l'Alima traverse ensuite le pays d'un peuple de navigateurs, les Bakhourous, puis, sous le nom de Kounya, se jette dans le Congo. Dans l'autre bassin, les Batékés n'occupent qu'une région restreinte, mais de ce côté leur pays, arrosé par le Nkoni, grossi de plusieurs affluents, est très voisin de la grande rivière Passa et même de l'Ogooué en un point où ce fleuve est déjà un cours d'eau considérable. Enfin, je dois faire remarquer que la rivière Lalli, qui rejoint l'Atlantique presque en ligne droite, prend sa source à peu de distance du pays des Batékés.

La population des Batékés, disséminée sur un vaste pays, ne présente pas une grande densité, et en bien des endroits, on peut marcher plus d'une journée sans rencontrer une seule plantation; ce sont, en effet, les plantations avec leurs palmiers qui annoncent au voyageur la présence d'un village et la lui font reconnaître de loin. Cependant, l'agriculture est en honneur chez les Batékés; mais une grande partie de leur territoire est trop sablonneuse pour convenir à des plantations, et les terrains vraiment favorables à la culture forment en général des îlots restreints; de plus, pour être choisi et destiné à l'établissement d'un nouveau village, tout emplacement doit réaliser certaines conditions, dont la principale est de se trouver à proximité d'un cours d'eau. Aussi les villages sont-ils souvent groupés et quelquefois très serrés sur certains points, comme aux environs de Lhempini ou de Ngakia, sur la rive droite du Nkoni, tandis que d'autres portions du pays présentent l'aspect d'un désert, ou tout au moins d'une nature vierge.

Les cases dont l'agglomération constitue le village, sont disséminées çà et là, sans ordre, à l'ombre des palmiers que les Batékés cultivent. Elles sont en général assez vastes et bien construites. Les matériaux qui servent à leur construction sont les feuilles d'une espèce de palmier et des lattes tirées de l'écorce du même arbre, qui est très résistante. Il n'y a pas dans ces cases d'autre meuble que le lit, fait avec des lattes de palmier larges d'environ trois centimètres, reliées par des lianes très fines, et formant une sorte de natte semblable à certains de nos stores.

Comme tous les peuples de l'Ogooué et du Congo, les Batékés ont toujours pendant la nuit un feu allumé dans leurs cases. Ce feu, qui constitue pour eux l'éclairage en même temps que le chauffage, sert aussi à éloigner les moustiques, véritables bêtes féroces très abondantes en certains endroits, chez Lissako, par exemple. Seulement, la case étant dépourvue de cheminée, la fumée est réduite à sortir par les fissures, et elle ne s'y décide qu'après avoir longtemps séjourné à l'intérieur, ce qui fait que les vieilles cases sont tapissées, en guise de tenture, d'un enduit fuligineux d'un noir brillant. Les Européens sont à peu près aveuglés par la fumée des cases, mais les gens du pays, par suite de l'habitude, n'en paraissent pas le moins du monde incommodés.

Les cases des Batékés ont un autre inconvénient : la couche de sable qui sert de plancher est peuplée d'une foule de bêtes malfaisantes, appartenant, je crois, à tous les genres qui peuvent vivre aux dépens de l'espèce humaine; et il suffit d'entrer dans les cases de certains villages pour avoir aussitôt les jambes couvertes de ces parasites incommodes et malpropres. Il y a là des puces de petite taille, mais particulièrement sanguinaires; des punaises analogues à celles d'Europe, des poux gros et noirs, d'autres que je ne veux pas nommer parce que j'ignore leur nom latin, etc. Cette abondance de vermine oblige les Batékés à s'épiler complétement certaines parties du corps et à ne garder que le moins possible de leurs cheveux. C'est sans doute parce que je n'étais ni épilé, ni rasé, que j'ai été affreusement tourmenté par ces parasites. Volontiers, j'aurais payé au double l'impôt du sang que je leur servais, pour être débarrassé de leur voisinage. Dans mon premier voyage chez les Batékés, je passai plusieurs nuits dans la case occupée par M. de Brazza, au village de Mpaka. Deux jours après, dans la vallée de l'Ikabo, je dus faire halte pour me livrer à une chasse qui n'avait rien de noble. Certainement, mes lectrices frémiraient d'horreur et de dégoût si je leur disais le nombre de meurtres que je commis ce jour-là, et

M. de Brazza, avec toutes ses protestations indignées, n'expliqua pas les mouvements non équivoques qu'il faisait à chaque instant pendant ce voyage.

Les Batékés sont, en général, assez grands et très maigres; la teinte noire de leur peau est extrêmement foncée. Leur physionomie indique ordinairement un caractère rusé et méchant, mais leurs traits présentent souvent une finesse et une pureté qu'on ne rencontre pas chez les peuples de l'Ogooué. Leurs yeux, dont le blanc tranche étonnamment sur le noir intense de la peau, sont très vifs et très mobiles. Leur voix aiguë est un peu saccadée; ils parlent, avec une volubilité qui devient surtout remarquable dans les conversations animées et dans les discussions, une langue qui doit avoir de très grands rapports avec celle des peuples du haut Ogooué; car les Adhoumas, emmenés chez les Batékés, comprennent facilement ces derniers et s'en font comprendre dès le premier jour.

Les femmes sont presque toutes bien faites de corps et jolies de figure; lorsqu'elles sont très jeunes, elles pourraient dire sans trop se vanter : « *Nigræ sunt, sed formosæ* », si elles savaient le latin. Elles l'ignorent; mais ce qui est bien plus malheureux, c'est que les dures nécessités de leur condition s'ajoutent à d'autres causes qu'il ne m'appartient pas de discuter, faute d'une compétence suffisante, pour leur donner de bonne heure tous les caractères physiques d'une vieillesse prématurée.

Les Batékés ont l'intelligence très développée, mais l'usage qu'ils en font n'est rien moins que louable, parce que l'avidité, la mauvaise foi, l'esprit de ruse et de dissimulation forment le fond de leur caractère. Dans les rapports qu'ils ont entre eux, j'ai souvent observé une extrême défiance. Celui qui possède des étoffes, des perles, etc., en un mot, ce qui constitue la richesse dans ce pays, les cache quelquefois dans la forêt voisine de son village, ou bien il les donne à garder à un parent ou à un ami, de sorte que le voleur qui voudrait s'en emparer se ferait deux ennemis, le dépositaire et le propriétaire. Mais ces gens de mauvaise foi savent à merveille s'entendre et se liguer contre l'ennemi commun, c'est-à-dire l'Européen, qui paraît menacer leurs monopoles commerciaux, dont ils sont très jaloux. Si cet Européen commet quelque part un acte violent, une infraction quelconque aux usages du pays, la nouvelle en est immédiatement transmise par un messager aux villages voisins, et partout un accueil hostile est réservé à celui qui s'est fait ainsi une mauvaise renommée : cette renommée le suit, ou plutôt le précède partout. M. de Brazza a toujours montré une grande prudence dans ses rapports avec les Batékés, et s'est acquis une bonne réputation dans leur pays, mais il n'a jamais été pour cela à l'abri de leurs fourberies et de leurs mauvais procédés. Les projets les mieux combinés des blancs échouent souvent devant les ruses, les menaces, les comédies habilement jouées des chefs batékés, diplomates consommés, qui savent à merveille gagner du temps et en faire perdre à leur adversaire.

Le vêtement des Batékés est, pour les deux sexes, un pagne en étoffe du pays, tissée avec du fil de palmier, long d'environ un mètre et demi et large de quatre-vingts centimètres, qu'ils portent comme les peuples du bas Ogooué en manière de jupon, mais retenu par une ceinture de peau de bête et descendant jusqu'aux genoux.

En voyage, ils simplifient souvent ce costume et s'accoutrent comme les peuples voisins de Franceville, avec un morceau d'étoffe passant entre les jambes. Ainsi court vêtus, ils peuvent plus facilement marcher à grands pas, et ils évitent en même temps l'usure et les accrocs à leur habillement, qui, s'il n'est pas composé d'un grand nombre de pièces, n'a que plus de droits à leur sollicitude.

Les Batékés ont, en général, les cheveux courts et tressés en petites nattes qui forment divers dessins; quelques-uns ont cependant les cheveux assez longs, et, dans ce cas, les tresses retombent sur leur cou comme une sorte de queue; il y en a aussi qui se font quatre chignons, rassemblés au sommet de la tête. En résumé, j'ai observé la plus grande variété dans les modes que les Batékés adoptent pour arranger leur coiffure naturelle; ils n'en ont pas d'autre, si j'en excepte une coiffure fort curieuse que j'ai vue sur la tête du chef Adjou, à l'époque où M. de Brazza essaya de l'emmener avec lui à Franceville; c'était une espèce de grand bonnet en fil de palmier, garni d'une multitude de tresses pendantes et noirci à la fumée des cases.

Comme ornement de tête, les Batékés plantent quelquefois dans leurs cheveux une grande plume d'oiseau de proie. Ils aiment beaucoup à se parer des perles que les Européens leur procurent, et les prisent d'autant plus qu'elles sont plus grosses. Les couleurs qu'ils préfèrent pour ces perles sont le bleu foncé et le blanc. Plusieurs se suspendent au cou des cylindres ou grosses perles allongées en laiton qui leur viennent des commerçants du Congo; d'autres portent des colliers de dents de lion ou de panthère, de griffes de bêtes féroces ou de serres d'oiseaux de proie. Enfin, quelques-uns attachent sur leur pagne, en guise d'ornement, des peaux de petits mammifères.

Les Batékés s'enduisent le corps d'huile de palme; comme l'eau est rare en plusieurs endroits de leur pays, il n'est pas étonnant qu'ils aient pris l'habitude de s'en passer pour leur toilette. Je n'ai plus, pour terminer ce paragraphe, qu'à leur reprocher une mode bizarre : comme les Fans, comme aussi les peuples du haut Ogooué, les Batékés se font tailler en pointe les dents de devant.

Comme nous l'avons dit précédemment, l'agriculture est en honneur chez les Batékés, et, pour s'en convaincre, il n'est pas besoin de voyager longtemps dans leur pays. En arrivant chez eux, lorsqu'on vient de parcourir le bassin de l'Ogooué, on ne voit pas sans surprise, à l'approche de certains villages, de vastes plantations d'une régularité remarquable, où croissent en abondance le manioc, l'arachide, le millet et le maïs.

Pour commencer une plantation, on choisit naturellement les endroits où la couche de sable n'a pas une épaisseur trop grande et se trouve mélangée à une proportion suffisante de terre végétale. Avant le commencement des pluies, c'est-à-dire en octobre et quelquefois en septembre, l'herbe est arrachée et rassemblée en monticules régulièrement espacés; quand les pluies arrivent, cette herbe entre en décomposition, et donne au terrain une excellente fumure.

Il n'y a pas chez les Batékés de *durus arator,* car leurs femmes ne se contentent pas d'être charmantes, et c'est à elles que les travaux des champs sont entièrement dévolus; à certaines saisons, dans les plantations qui s'étendent sur le penchant des collines, on les voit bêcher avec ardeur sous la garde des hommes de leur village. L'instrument dont elles se servent pour remuer la terre sablonneuse et meuble, est formé d'une palette de fer arrondie, large de quinze centimètres, prolongée d'un côté en une pointe qui est enfoncée à angle droit dans l'extrémité d'un manche d'environ cinquante centimètres de longueur.

De toutes les plantes cultivées par les Batékés comme par les peuples de l'Ogooué, le manioc est la plus importante et constitue la base de l'alimentation, parce que la racine de cette plante présente, sous un petit volume, une proportion considérable de principes éminemment nutritifs. Sur le sol aride et sablonneux des Batékés, le manioc n'atteint pas le même développement que dans l'Ogooué; les rameaux de la plante sont moins élevés et plus grêles; la racine est aussi moins forte et atteint rarement vingt centimètres de longueur, avec un diamètre d'environ cinq centimètres.

Les Batékés cultivent en petite quantité des palmiers du genre *Elaïs* (*Elaïs Guineensis*), qui leur fournissent de l'huile et du vin de palme, ainsi que des matériaux pour leur industrie et pour la construction de leurs cases; mais les bananiers sont très rares dans leur pays, sans doute parce que le sol et peut-être aussi l'altitude sont défavorables à la culture de ce végétal.

Après les plantes utiles, il me reste à parler du tabac, pour dire que cette plante « d'agrément » est cultivée en assez grande quantité par les Batékés dits Njabi.

Le pays des Batékés étant très découvert, les grands mammifères y sont bien moins abondants que dans certaines parties de l'Ogooué, dans les forêts des Obambas

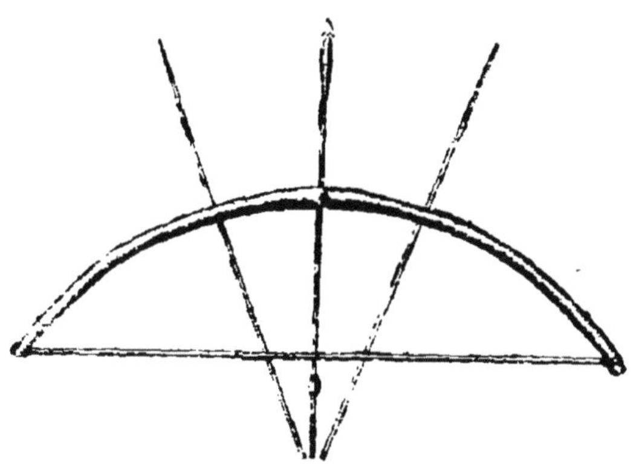

ARC ET FLÈCHES DES BATÉKÉS.

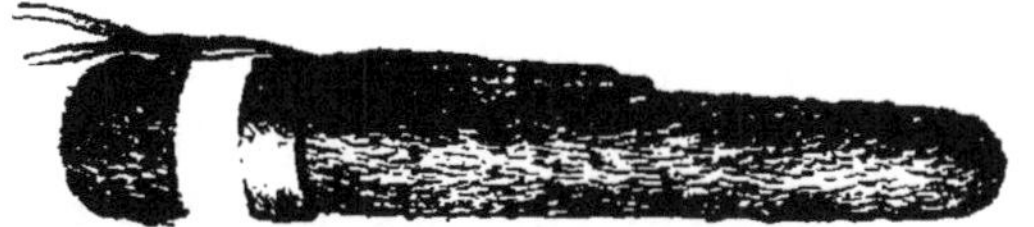

CARQUOIS DES BATÉKÉS.

PIPE DE RINKONNA.

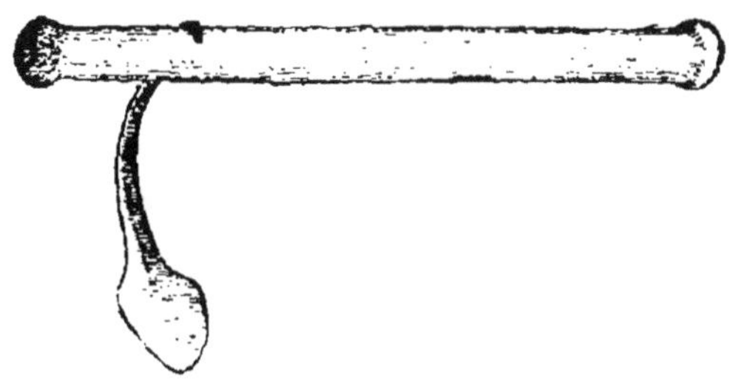

INSTRUMENT D'AGRICULTURE DES BATÉKÉS.

Dessins de L. MOLEYRE.

par exemple. Il y a cependant sur la rive droite de l'Alima, près de Lékéli, un plateau couvert d'herbe et de forêts clairsemées, où les buffles sont très nombreux. C'est au même endroit, m'a-t-on dit, qu'on trouve le plus de lions, remarquables par leur crinière noire et leur forte taille. Sur la rive opposée de l'Alima, la grande panthère d'Afrique paraît être assez commune. Les antilopes sont rares. Quant au gorille, si abondant à trois jours de marche au sud de Franceville, on ne le trouve pas chez les Batékés, parce qu'il n'y a pas chez eux de forêt vierge.

Les Batékés ont très peu d'animaux domestiques. Certains villages possèdent quelques cabris et quelques poules étiques; on y trouve aussi quelques porcs, dont la race existe également chez les Aoumbos et les Ondoumbos, voisins de Franceville. Ces porcs ont une moyenne de cinquante centimètres de hauteur; ils sont élevés sur pattes et assez maigres, parce qu'ils sont obligés de pourvoir seuls à leur nourriture (les plus gras que j'aie vu tuer n'avaient pas plus de deux centimètres de lard); leurs soies sont noires, assez longues et fines. Il y en avait un gros chez Opendé; les Batékés l'appelaient en criant « Ngou »; il accourait, se couchait par terre d'un air câlin et se laissait caresser en poussant d'énormes soupirs de satisfaction.

Le chien des Batékés est très petit; il a des formes grêles, un museau allongé, des oreilles longues et droites, le poil fin et court; son aboiement est un cri guttural qui ne ressemble en rien à celui des chiens d'Europe. Les Batékés tiennent beaucoup à leurs chiens; ils les portent sur le bras ou les conduisent en laisse, de peur qu'on ne les leur vole pour les manger. Ils leur mettent au cou une sorte de cloche en bois, qui a un petit os en guise de battant, quand ils veulent les employer comme chiens de chasse.

Lorsque la présence d'un gibier de quelque importance a été signalée dans la forêt qui avoisine leur village, les Batékés s'arment de zagaies et de flèches et vont tendre de grands filets, formant un circuit incomplet autour de l'endroit où les traces ont été reconnues. Plusieurs chasseurs se dispersent dans la forêt, de manière à former un cordon de rabatteurs, et marchent concentriquement vers le point où le filet a été tendu, pendant que le gros de la troupe, précédé de quelques chiens qu'on excite à aboyer, s'avance au milieu en frappant des mains et en poussant de grands cris. L'animal pourchassé, effrayé de ce tapage, est bientôt acculé vers le filet et massacré à coups de zagaie. La bête morte est dépecée sur place, et tous les chasseurs en ont leur part, plus ou moins grande suivant leur rang; la plus importante est attribuée à celui qui a découvert le gibier et mis les chasseurs sur la piste. On lui donne les dents ou la peau, si l'animal est de ceux auxquels on attribue certaines propriétés comme fétiche; les cornes, si c'est une antilope.

Les Batékés se livrent aussi à des chasses moins nobles. Vers le mois de septembre, quand les prairies sont desséchées par le soleil, ils mettent le feu aux herbes en ménageant, du côté d'où vient le vent, un petit espace où ils posent des filets maintenus dans une position verticale par des bâtons fichés en terre de distance en distance. Une foule de petits rongeurs, qui habitent les prairies, poussés par l'incendie, se rassemblent dans l'espace réservé où l'on a tendu les filets, et sont massacrés sans pitié.

On a vu dans un des précédents chapitres que, chez les Batékés, le mot « viande » a un sens infiniment plus général que chez nous, et que les crapauds et les sauterelles sont considérés par eux comme un gibier excellent; on ne s'étonnera donc pas que la chasse de ces animaux ait ses procédés et ses nemrods.

Pour s'emparer des crapauds, qui ressemblent comme taille et comme aspect à notre crapaud commun, on creuse, dans les endroits frais et ombragés que ces animaux fréquentent, des trous profonds à parois verticales. Les victimes qui tombent dans ces trous ne peuvent plus en sortir, bien qu'elles sautent désespérément jusqu'à ce que le chasseur, venant visiter son piège, les embroche toutes vives sur une petite baguette de bois.

Les sauterelles[1], que j'appelle ainsi parce que tout le monde connait sous ce nom ces insectes voyageurs et déprédateurs, qui appartiennent à la même famille, sont abondantes chez les Batékés. Il y en a d'espèces très variées; mais les plus estimées sont les plus grosses, qui ont environ dix centimètres de longueur et qui, pour voler, déploient comme un éventail des ailes d'une belle couleur rouge. Mais cette espèce n'est pas très commune, et son vol soutenu la rend difficile à prendre. Les Batékés prennent les sauterelles au moyen de pièges, qui sont des trous profonds, évasés par le haut et terminés dans le fond par un compartiment étroit. J'ai rencontré plusieurs fois de ces trous remplis de prisonnières, qui se débattaient sans pouvoir en sortir. Ce sont ordinairement les enfants qui visitent ces pièges. Penché sur le

[1] Ce sont des orthoptères de la famille des acridides, famille qui n'a rien de commun avec celle des locustides, à laquelle appartiennent les véritables sauterelles.

bord du trou et armé d'une espèce de cuiller faite en liane tressée, l'enfant « puise » les sauterelles une par une, les tue en leur tordant la tête et en forme des paquets qu'il enveloppe de feuilles. Quand on brûle les prairies, les femmes peuvent aussi ramasser de nombreuses sauterelles « toutes rôties », ou en prendre avec les filets en suivant la même méthode que pour les rats.

Enfin, on trouve sur un arbre peu élevé, à feuilles petites, d'énormes chenilles jaunes dont les Batékés font grand cas. Ce sont les enfants qui grimpent sur les arbres pour y rechercher ces chenilles et s'en emparer.

Pour tous les peuples primitifs, la chasse est l'image de la guerre; mais chez les Batékés comme chez tous les peuples cannibales, l'assimilation de l'ennemi à un gibier peut aller beaucoup plus loin, puisque *l'un et l'autre se mangent*. Cependant, de quelque réprobation que l'on doive frapper la coutume du cannibalisme, et quelle que soit l'horreur qu'elle nous inspire, nous sommes encore obligés de savoir gré aux Batékés de ce qu'ils ne mangent ordinairement que leurs ennemis tués à la guerre; je dis ordinairement, parce que plusieurs d'entre eux m'ont assuré qu'ils mangeaient quelquefois leurs prisonniers quand ils ne trouvaient pas à les vendre.

Je raconterai ici une curieuse anecdote, qui donnera au lecteur une idée de ce que peut être une guerre chez les Batékés, des causes qui la produisent et des scènes de cannibalisme qui en sont l'inévitable complément.

En 1882, au mois d'octobre, c'est-à-dire peu de temps après mon départ pour Nkouna, le chef Opendé apprit qu'un de ses parents avait été arrêté par des Batékés voisins de la Lékila, qui l'avaient surpris dans une case de femmes et s'apprêtaient en conséquence à le vendre comme esclave. Aussitôt informé de ce fait, Opendé réunit son frère, ses deux fils et plusieurs amis, et se mit en route pendant la nuit, de manière à arriver de bon matin au village où était détenu son parent. Devant une attaque aussi inattendue, les habitants s'enfuirent, mais Opendé réussit à en tuer deux. Le village fut mis au pillage et livré aux flammes, et le vainqueur délivra son parent; mais il n'eut garde d'oublier ses deux victimes sur le champ de bataille. Il les fit transporter à son village, où l'on en fit un mémorable festin. Les os doivent être encore devant la case d'Opendé, qui montre à tout le monde ce beau trophée en racontant son exploit.

Les Batékés qui partent en guerre se peignent en rouge. Ils portent le plus souvent comme armes offensives une dizaine de zagaies, un petit arc et un carquois en peau de bête rempli de flèches empoisonnées. Leur arme défensive est un grand bouclier qui peut avoir un mètre trente de hauteur. Dans le combat, ils poussent de grands cris en brandissant leurs zagaies, agitent leur bouclier en tous sens pour parer les coups, et, de temps en temps, lui impriment une brusque secousse pour faire tomber les zagaies ennemies qui s'y sont implantées. L'Européen qui se voit menacé la première fois par les démonstrations guerrières des Batékés, ne peut se défendre d'une certaine émotion, mais en pareille circonstance le sang-froid est la principale qualité qu'il doive montrer; en en faisant preuve, on peut en imposer à ces ennemis et se tirer d'un mauvais pas, beaucoup plus sûrement que si l'on s'apprêtait à se servir de ses armes.

J'ai dit que les villages des Batékés étaient composés

de cases placées au hasard et non de manière à former une enceinte continue, comme dans certains villages ossyébas; j'ai cependant à signaler ici un curieux essai de fortification, dû à l'esprit inventif du chef Opendé. A la suite de son expédition sur les bords de la Lékila, ce chef, craignant sans doute des représailles, fit entourer son village d'un double mur en paille. Des meurtrières sont ménagées dans la deuxième enceinte pour livrer passage aux flèches et autres projectiles de l'assiégé, et tout ennemi qui pénétrerait dans l'enclos sans en connaître le plan, après avoir passé dans un couloir hérissé de pieux empoisonnés, tomberait dans un cul-de-sac où il serait infailliblement perdu.

La racine du manioc est la principale ressource alimentaire des Batékés. Nos lecteurs savent sans doute que cette plante, comme beaucoup d'autres de la même famille, contient un suc extrêmement vénéneux. De même que les peuples de l'Ogooué, les Batékés enlèvent à la racine de manioc ses propriétés dangereuses en la laissant tremper dans l'eau pendant trois ou quatre jours, et, dans certaines parties de leur pays où l'eau est rare, ils sont obligés d'aller à plusieurs heures de marche de leur village, pour rencontrer les mares et les rivières où ils soumettent les racines à cette macération. Les femmes pétrissent le manioc avec du millet broyé, le moulent en boules ou en bâtons qu'elles enveloppent de feuilles, puis le soumettent à l'ébullition dans une marmite en terre. L'aliment ainsi préparé forme une nourriture excellente, correspondant à notre pain, dont elle possède à peu près toutes les qualités nutritives. J'ai eu le temps de les apprécier, mais l'amour de la vérité m'oblige ici, bien malgré moi, à faire un reproche aux dames dont les mains diligentes ont pétri le manioc que j'ai savouré : il m'est arrivé très souvent d'y rencontrer du sable, qui produisait entre mes dents la plus désagréable des sensations. La racine n'est pas la seule partie du manioc qu'on utilise comme aliment; on mange aussi les feuilles de la plante hachées, puis bouillies et assaisonnées d'huile de palme.

Ceci me conduit à donner quelques détails sur cette huile végétale, produit très important à raison des usages multiples auxquels on l'emploie; c'est en effet un assaisonnement recherché par tous les nègres; beaucoup de peuples ont l'habitude de s'en enduire le corps; enfin, elle sert aussi d'onguent pour les blessures et de pommade pour les cheveux. Ce sont les hommes qui cueillent les fruits du palmier *Élaïs,* et les femmes qui en extrayent l'huile. Pour y réussir, elles commencent par faire bouillir les noix de palmes; elles séparent ensuite le noyau des fibres extérieures, dont elles expriment l'huile en les pressant entre leurs doigts, au-dessus d'une marmite; le produit extrait de cette façon est soumis à l'ébullition pendant quelques minutes, puis enfermé dans les courges qui servent de bouteilles. L'huile de palme récemment préparée et froide forme une masse d'un jaune orangé qui a à peu près la consistance du saindoux. Il m'est impossible de donner une idée de son goût, faute de terme de comparaison, car elle ne ressemble en rien sous ce rapport aux huiles qu'on mange en Europe : je dirai seulement qu'elle a une certaine âcreté, qui pourrait devenir dangereuse pour celui qui en ferait un usage immodéré.

Chez les Batékés, la viande proprement dite n'est pas abondante; mais, dans le choix de leur nourriture animale, ces gens-là sont complètement dépourvus de préjugés. En parlant de la chasse, j'ai indiqué diverses sortes de gibier qui inspireraient aux Européens un insurmontable dégoût et dont les Batékés font cependant grand cas. C'est ainsi qu'ils mangent avec délices des rats grillés avec leur peau et leurs entrailles, des crapauds qu'ils ont exposés tout vivants à la fumée du foyer, des sauterelles séchées au soleil, de grosses chenilles jaunes qu'ils récoltent assez abondamment sur un arbre spécial. Souvent, lorsque je demandais à acheter de la viande, on m'offrait de ces animaux, en me promettant que j'en serais satisfait. Mais à côté de ces espèces, que les Batékés peuvent se procurer assez facilement et qui sont pour eux une ressource alimentaire à peu près assurée, il en est d'autres plus rares qu'ils sont loin de dédaigner. Par exemple, il y a chez eux de gros coléoptères de la famille des cétoines, magnifiques insectes dont les amateurs européens donneraient un prix très élevé : dépouillés des parties dures de leur carapace et cuits sous la cendre, ces insectes constituent une nourriture exquise, ce que nous appellerions un « extra », que les gourmets du pays tiennent en haute estime. Peut-être, après tout, les Batékés ont-ils raison d'estimer des aliments que nos préjugés nous font trouver aussi répugnants que bizarres ; mais je n'ai pas osé, pour m'en assurer, goûter à toutes ces bonnes choses, et je ne connais la « succulence » des crapauds et des chenilles que pour l'avoir entendu vanter.

Les Batékés ont une autre ressource alimentaire : à ce que j'en ai dit plus haut, je n'ajouterai qu'une phrase : celui qui se voit menacé par les Batékés et exposé à devenir leur victime a la consolation de penser (si les

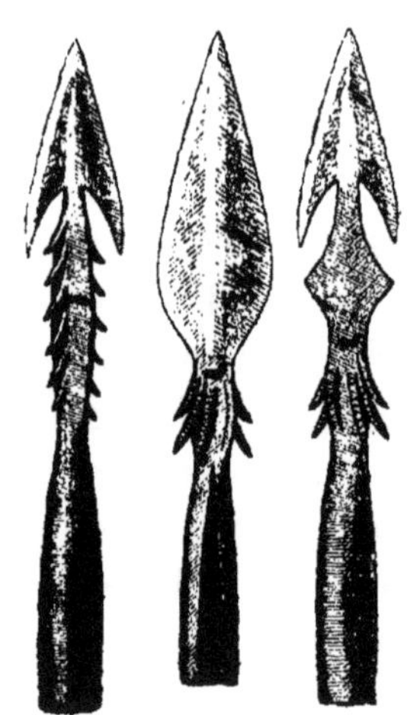

FERS DE SAGAIES DES BATÉKÉS.

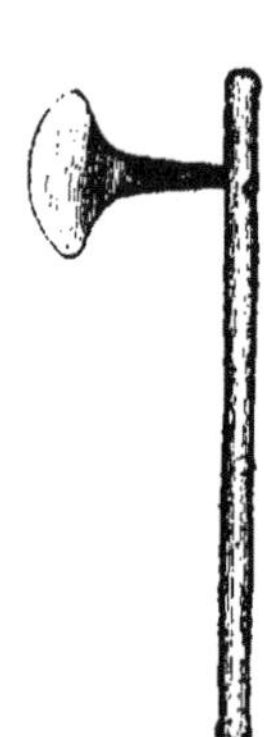

HACHE DE GUERRE.

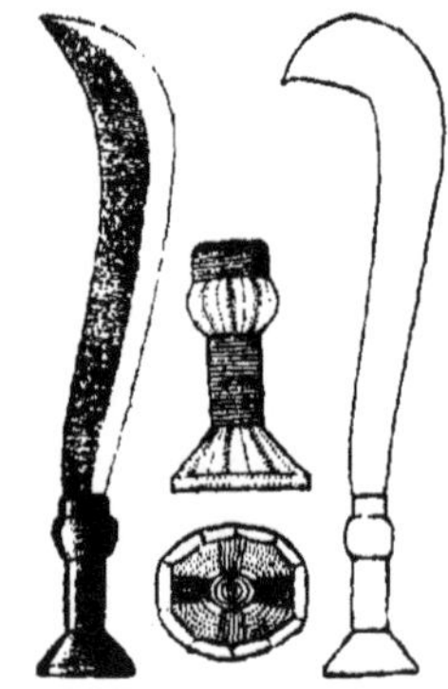

SABRES. — DÉTAILS DES POIGNÉES.

Dessins de L. Moleyre.

circonstances lui en laissent le loisir) que la chair humaine est regardée par ces gens-là comme infiniment plus savoureuse que toutes les autres.

Il y a chez les Batékés d'agréables boissons. Le vin de palme par exemple, qu'ils obtiennent en faisant un trou à une assez grande hauteur dans le tronc d'une espèce particulière de palmier et en suspendant une courge ou calebasse au-dessous de l'ouverture d'où le suc découle, est excellent lorsqu'il vient d'être recueilli. Les Batékés font aussi, avec l'écorce d'un arbre, une sorte de bière qui est très capiteuse.

La principale industrie des Batékés est la fabrication de leurs armes. Il y a parmi eux d'habiles forgerons; un de mes amis, le jeune chef Apillé, qui vint avec moi à Franceville lors de mon dernier voyage chez les Batékés, compte parmi les plus renommés. C'est ordinairement aux Obambas et aux Bakouyas que les Batékés achètent le fer sous forme de cylindres ou de gros clous. Ils en fabriquent plusieurs modèles de couteaux ou sabres recourbés très bien travaillés, dont la poignée est ornée de lamelles de cuivre et de laiton d'un bel effet, des haches dont le fer est très mince, mais qui sont pourtant dangereuses, et aussi l'instrument d'agriculture dont j'ai décrit précédemment la forme et qu'on ne trouve que chez eux. Ils font également des fers de zagaies et de flèches, mais souvent ils achètent des zagaies toutes forgées aux peuples du haut Ogooué[1].

[1] *La Fabrication du fer dans le haut Ogooué* (*Afrique équatoriale*), par le docteur Fernand Delisle. — Si l'on ignore encore quel est le peuple qui a introduit le fer en Europe et quelle direction il a suivie, s'il est venu de l'Afrique ou de l'Orient asiatique, le doute ne saurait être le même pour le continent africain. Le fer est peut-être le métal le plus abondant en Afrique, et les minerais

Les Batékés empoisonnent avec l'*onaï* la pointe de leurs zagaies et de leurs flèches de guerre ou de chasse.

de fer se rencontrent dans presque toutes les régions. Excepté les Bosjemans et les Hottentots qui ne possédaient pas d'instruments ni d'armes en fer lorsque les premières tentatives de colonisation furent faites dans le Sud africain, toutes les populations noires connaissaient le fer et savaient le travailler.

Le fer est partout en Afrique facilement exploitable, il se rencontre presque toujours à fleur du sol, et le travail d'extraction étant très-facile, le nègre n'a qu'à se baisser pour le ramasser et le porter à son fourneau pour le réduire. On dirait que la nature a compris que pour ces populations paresseuses, uniquement amies du plaisir et de la danse, placées dans un climat brûlant, il fallait supprimer l'effort, le travail pénible et fatigant. Et encore, quelle minime quantité de ce fer est exploitée, et combien y en a-t-il de perdu par suite de la manipulation défectueuse qu'il subit!

Les renseignements donnés par les voyageurs qui ont parcouru l'Afrique nous montrent les divers modes d'exploitation du fer dans les régions qu'ils ont visitées, et les méthodes plus ou moins perfectionnées en rapport avec le degré de civilisation de ces peuples noirs. Les uns savent construire des fourneaux assez compliqués et quelquefois de dimensions relativement considérables, tandis que d'autres se contentent de creuser un simple trou, variable dans ses dimensions, pour y réduire le minerai.

Dans cet article, nous ne nous occuperons que d'une région bien limitée, la région du haut Ogooué et de la rivière Passa jusqu'au nord du Congo. Les renseignements que nous allons exposer nous ont été communiqués par M. Léon Guiral, qui, comme quartier-maître de la marine, a fait partie de la mission française dans l'Ouest africain. Il a pendant deux années séjourné dans cette région, et à diverses reprises, soit avec les membres de la mission, soit seul, il en a visité les diverses tribus. M. Guiral a su récolter d'utiles et intéressantes observations, et nous lui sommes reconnaissants d'avoir bien voulu nous confier quelques-unes de ses notes.

Le fer est pour tous ces nègres un objet de première nécessité qu'il leur est facile de se procurer, et l'on s'explique ainsi que dès une époque très reculée ils l'aient utilisé à confectionner soit des armes, soit des ornements. Mais il était aisé de voir que cette industrie indigène ne pourrait lutter avec avantage contre les produits du même genre de l'industrie européenne, le jour où celle-ci, cherchant à s'ouvrir des débouchés, établirait des comptoirs sur la côte ou dans l'intérieur. C'est, en effet, ce qui a eu

Sur un arbre de moyenne grandeur, près du village ondoumbo de Madouma et de la route « de Brazza », je

lieu. Depuis que la France a fondé la colonie du Gabon, que des maisons de commerce ont été établies à Libreville, et que des comptoirs secondaires ont été créés plus avant dans le bas Ogooué, on a introduit partout le fer sous diverses formes, objets manufacturés ou fers en barre. Depuis ce moment, la fabrication des armes, des objets de parure et autres par l'industrie indigène a cessé dans les parties littorales de la vallée de l'Ogooué, pour ne se conserver que chez les populations suffisamment éloignées des côtes. Les forgerons nègres ont même à peu près entièrement disparu.

Le commerce d'échange procurant aux indigènes ce que leur paresse répugne à faire, non-seulement ils ne fondent plus le fer, mais ils ne transforment pas le fer en barre, en lingot pour confectionner les couteaux, armes, etc. En échange de leur ivoire ou de leur caoutchouc, ils obtiennent des traitants de tout ordre des couteaux de divers modèles, des sabres, des machètes, des bracelets, des pendants, etc.

Dans le Camma, pas plus que chez les Inengas, on ne travaille plus le fer, bien qu'on sache encore fabriquer des herminettes, des gouges, des haches pour creuser les pirogues. En remontant le cours de l'Ogooué, on remarque que les Okandas ont cessé également de travailler le fer, tandis que les Bakalais de Sam Quita, les tribus de la vallée de la N'Gouni, les Bangouens, les Ossyébas, les Simbas, les Obongos, etc., le fondent encore et le travaillent.

Plus on s'éloigne de la côte, plus on rencontre de forgerons nègres; mais il faut remonter assez haut le cours de l'Ogooué pour voir l'exploitation du fer pratiquée sur une échelle quelque peu considérable. Dans toutes les tribus, on retrouve alors des ouvriers souvent très habiles; mais chez toutes ces peuplades l'industrie du fer se montre fort inégale. Certains nègres font subir au minerai toutes les manipulations nécessaires, les autres achètent le fer en barre pour fabriquer les armes ou les ornements. Ainsi les Apinjis des bords de l'Ogooué, peuplade très nombreuse, fournissent de poignards, de couteaux et de tous les autres articles en fer les tribus voisines. Les Bandassas, les Aoumbos, les Ondoumbos sont aussi d'excellents forgerons; les Batékés ne fondent pas le fer, ils l'achètent sous forme de cylindres ou de gros clous aux Obambas et aux Bakouyas.

C'est dans ses pérégrinations chez les Aoumbos que M. Guiral a pu observer la méthode d'exploitation du fer. Les villages de cette peuplade qu'il a visités sont situés à trois journées de marche vis un jour cueillir des fruits de forme allongée, terminés par des filaments soyeux d'environ dix centimètres de longueur, et contenant de petites graines noires. C'est

environ dans le sud de la station de Franceville, en remontant le cours de l'Ogooué; ce sont les villages de N'doungou, d'Itamapécou, de Manja et de Villecoco.

Le premier soin du forgeron aoumbo est de réunir la quantité de bois nécessaire pour faire son charbon. L'essence choisie est en général très dure, très dense. On ne coupe pas les arbres verts de la forêt, on ne casse pas les branches; on prend de préférence les arbres abattus par des causes diverses, ou, si cela manque, on abat les arbres morts dont la base est fortement entamée par les insectes; les troncs refendus et les branches sont mis en gros tas dans l'intérieur du village. Le forgeron allume ces tas de bois et surveille attentivement le feu, ayant soin de jeter, en temps utile, de la terre sèche sur les tisons carbonisés pour empêcher leur combustion complète. Lorsque tout le bois est suffisamment brûlé, on éteint le feu en recouvrant de terre toutes les braises, et en aucun cas on ne jette de l'eau sur le charbon.

Ainsi qu'on peut le voir, d'après cette description sommaire, la méthode de fabrication du charbon est des plus primitives, et c'est, dans ces pays, la seule employée.

Après avoir réuni la quantité de charbon nécessaire, il s'agit de récolter le minerai. Dans les environs de Franceville et autour des villages voisins de l'Ogooué, le minerai de fer se trouve à fleur de terre. Il en est de même à Itamapécou et à N'doungou, mais on ne l'exploite guère.

C'est dans le lit des cours d'eau qu'on recherche principalement le minerai. Lorsque les eaux sont basses dans la rivière, ou que les ruisseaux sont desséchés, les femmes et les enfants vont choisir parmi les cailloux les fragments de minerai, qu'ils savent d'ailleurs très bien reconnaître à son poids et à sa couleur. C'est de cette façon qu'avaient été ramassés les échantillons que M. Guiral a bien voulu nous confier pour les faire analyser. Il les avait pris sur un four au village de N'doungoun au cours d'une excursion chez les Aoumbos, le 12 janvier 1883.

Il y a dans presque tous les villages de grands trous, d'environ un mètre carré sur un mètre de profondeur, qui sont destinés au traitement du minerai; les parois sont bien verticales, le fond est bien aplani.

Dans le fond de ce fourneau, on dispose une couche épaisse de charbon sur laquelle on place une couche de minerai divisé en fragments peu volumineux. On alterne les couches de charbon et avec ces graines qu'on fabrique l'onaï. On les écrase et on les enferme avec un peu d'eau dans une gourde qu'on

de minerai, on remplit entièrement le trou, mais toutes les couches sont loin d'avoir une épaisseur uniforme.

Avant de garnir le trou, on a pris soin d'y placer dans une position oblique des cylindres en terre séchée, assez analogues à des tuyaux de drainage, cylindres destinés à activer le tirage pour faciliter la combustion, et rendre ainsi plus complète la réduction du minerai. Ces cylindres ont une longueur qui varie de 2 mètres à $2^{m},50$, et leur diamètre est de $0^{m},07$ à $0^{m},08$; ils sont faits avec une argile grisâtre. Une extrémité appuie sur le fond de la fosse.

Ce fourneau primitif ainsi garni, lorsque la dernière couche dépasse légèrement le niveau du sol, tantôt on recouvre le tout d'une mince couche de terre, tantôt on laisse à l'air libre la couche superficielle. Les deux cylindres posés obliquement et appuyés sur les bords du trou dépassent seuls l'orifice.

Toutes les opérations que nous venons de décrire n'ont que la valeur de préliminaires. Il reste à mettre le feu au fourneau. Mais tous les moments ne sont pas également favorables. C'est la nuit, d'ordinaire, que les forgerons font leur opération de fonte. A ce moment, le grand fétiche du pays, disent-ils, vient participer à ce travail et apporter son influence favorable. On ne lui fait toutefois aucune offrande propitiatoire, aucune promesse, aucune invocation; on n'apporte même pas près du lieu de l'opération un seul fétiche, un seul gri-gri.

Le forgeron et son aide sont seuls présents pour surveiller et diriger l'opération. Par intervalles, le forgeron pousse de grands cris, vrais hurlements que le silence de la nuit rend plus étranges, et qui sont peut-être des invocations; puis il frappe à grands coups de marteau sur le bloc de pierre qui lui servira d'enclume.

Ces cris poussés ainsi pendant la nuit ont sans doute un autre but, celui d'éloigner les regards indiscrets, d'empêcher les attroupements d'hommes, de femmes et d'enfants qui, par leur présence, contrarieraient l'opération et chasseraient le fétiche. On sait combien le nègre est craintif et superstitieux, et comme dans tous les villages les forgerons, hommes très importants et considérés, souvent chefs de tribus ou de villages, sont aussi des féticheurs redoutés, ils usent de ces moyens enfantins pour assurer leur autorité sur le vulgaire; les femmes effrayées, prises de peur, se blottissent dans leurs cases.

Il n'est pas bien certain que pour cette circonstance il y ait un chant spécial; cependant, on chante quelquefois pendant tout le bouche hermétiquement au moyen d'un tampon enduit de cire, et quand les graines ont fermenté pendant

temps que le fourneau fonctionne ; mais comme les nègres chantent à tout propos, on ne peut dire s'il y a un hymne spécial pour ce moment-là.

Les forgerons du haut Ogooué ne cherchent gas à prolonger l'opération de façon à réduire la plus grande quantité possible de minerai, laissant se consumer la charge du fourneau, sans ajouter, comme cela se passe ailleurs, des charges successives de charbon et de minerai concassé.

Après la fonte, le fer, mêlé aux scories et aux cendres, se trouve réuni au fond du fourneau et se présente sous l'aspect de masses spongieuses, assez mal agglomérées, volumineuses et très lourdes. Il y en a qui pèsent de vingt à vingt-cinq kilogrammes ; M. Guiral en a vu de ce poids au village aoumbo de N'doungou. Pour le débarrasser de toutes les impuretés, on le repasse au feu avant de le marteler, opération qui achève de brûler les débris de charbon, les scories et les cendres. Ce sont ces masses de fer qui seront utilisées par le fondeur, vendues sous différentes formes, ou données en échange de marchandises. Dans plusieurs endroits, on a offert à notre voyageur le fer en rondins cylindriques ou en barres plates comme objets d'échange ou comme marchandise.

La principale industrie des forgerons est la fabrication des armes, des couteaux de toutes formes et de toutes dimensions, des haches, des pointes de flèches et de zagaies; mais ils font encore des objets de parure, épingles de coiffures, anneaux de bras et de jambes, etc., des fourneaux de pipes et quelques ustensiles agricoles.

L'outillage de ces forgerons est des plus rudimentaires. La forge est établie dans une case spéciale, appelée *Garde* [1], ordinairement composée d'un toit soutenu par quatre piliers, c'est-à-dire ouverte à tous les vents. Le foyer est un grand trou conique creusé dans le sol, d'environ 0m,60 de profondeur, et dans lequel on allume le charbon de bois.

Le tuyau du soufflet débouche dans cette cavité. Ce soufflet est le même que celui usité dans la plus grande partie de l'Afrique et qui a été si souvent décrit par les voyageurs. Il se compose de deux boîtes cylindriques en bois, percées d'un trou à l'une des extrémités pour l'insertion d'un tuyau, tandis que sur l'autre section est fortement attachée une peau munie d'un manche en bois.

[1] La *Garde* est en quelque sorte le cercle du village ; c'est là qu'on se réunit pour causer, fumer, etc. ; là que l'on règle les palabres ; là que se rendent les étrangers quand ils arrivent dans le village.

quelques jours, on les pétrit en ajoutant à la masse une matière huileuse; le poison peut alors servir, et l'on n'a

Les tuyaux des deux cylindres débouchent dans un tuyau unique en terre qui vient s'ouvrir dans le foyer. L'aide-forgeron, ordinairement accroupi, tient de chaque main les tiges des deux soufflets jumeaux et tapote alternativement et très vite pour produire un courant d'air continu et assez énergique pour activer la combustion du brasier.

La masse de fer rougie est saisie avec des pinces en fer doux de fabrication indigène ou avec des pinces en bois, puis martelée sur une pierre qui sert d'enclume. Ces pierres sont en général de couleur noire, ayant l'aspect de l'agate. Les marteaux sont tantôt en pierre, tantôt en fer, et quelquefois leur poids est de plusieurs kilogrammes. M. Guiral a pu voir un marteau fait avec la culasse d'un vieux fusil.

On comprend quelle quantité de fer doit être perdue quand on voit l'insuffisance des moyens employés pour le traiter, bien que le minerai soit riche, ainsi que cela résulte de l'analyse qu'en a faite un chimiste, M. Bouteloup :

Silice..............................	22,10
Manganèse (oxyde).....................	8,28
Peroxyde de fer......................	69,12
Eau et perte.........................	0,50
	100,00

On pourrait probablement, en le traitant par les procédés perfectionnés, en retirer cinquante-quatre pour cent de fer métallique au moins.

Indépendamment de la perte résultant de procédés de réduction aussi défectueux, il faut encore tenir compte de celle qui résulte des chauffes et des martelages répétés, nécessaires pour débarrasser le métal des crasses, des cendres, etc.

Enfin, quand le fer est suffisamment homogène et propre, il subit les dernières transformations ; il est mis en lames plus ou moins épaisses, en rondins de diamètres variables, puis sert alors aux échanges ou est vendu directement comme matière première.

Les objets d'ornementation en fer consistent principalement en bracelets, en petits cylindres de fer tordu, en anneaux, épingles de toilette, etc.

Les épingles en fer doux, assez minces et ciselées, rappellent par leur forme la plume d'un oiseau ; elles ont de 0m,10 à 0m,13 de long. C'est à froid qu'on pratique les ciselures, au moyen d'un plus qu'à y tremper les pointes de flèches. Les armes ainsi préparées produisent des blessures très dangereuses et probablement mortelles si on ne les soigne à temps[1]. Un Sénégalais, nommé Alexandre, marcha un jour sur une pointe de flèche et ne fit d'abord aucune attention à cette piqûre, mais au bout de quelques heures une enflure considérable envahit le membre blessé, et le Sénégalais aurait sans doute fini par succomber si un médecin du pays n'avait appliqué sur la blessure une plante connue de lui seul, qui neutralisa bientôt l'effet du poison.

Le bouclier des Batékés est construit de la même façon que celui des Obambas, des Umbétés, des Aouangis, etc., en un mot de tous les peuples du haut Ogooué. Il

burin ou poinçon en fer doux, qu'il faut aiguiser après chaque coup donné. Ces épingles ne sont guère usitées que dans les environs de Franceville.

Lorsque le forgeron nègre a confectionné une pièce, il lui donne le poli et le tranchant. C'est par l'usure qu'il y parvient, et pour cela il emploie des cailloux de quartz ou les roches noirâtres qui constituent la berge des ruisseaux. D'autres se servent de charbon et de sable mouillé qui agit comme le papier d'émeri. Ils obtiennent les reliefs, les nervures, aussi bien par le martelage que par l'usure.

Un grand nombre d'objets de fer, venant de cette partie de l'Afrique, présentent des parties brillantes, d'autres noires, les grands couteaux principalement. C'est avec un mélange d'huile de palme et de charbon pilé étendu sur la pièce chauffée qu'on obtient ce dernier résultat. L'artiste fait ainsi ressortir le brillant du tranchant et cache les défectuosités de la pièce, d'autant plus visibles que l'objet fabriqué est plus volumineux et plus considérable.

[1] M. Moleyre, du Muséum d'histoire naturelle, a fait quelques expériences sur divers petits animaux avec des flèches que je lui ai communiquées. Il a pu constater que le poison avait conservé une grande énergie et tuait en quelques minutes les animaux auxquels on en introduisait sous la peau une très petite quantité.

se compose d'un treillage serré de lianes divisées en plusieurs brins, amincies au couteau et finement tressées sur de minces baguettes. Le tissu est travaillé avec beaucoup de délicatesse et de manière à produire divers dessins. Le bouclier est bordé en peau de chèvre et muni, du côté interne, d'une poignée en bois fixée par des lianes.

Comme les Adoumas et les peuples voisins de Franceville, les Batékés savent aussi fabriquer en crochet à l'aiguille des paniers de fil d'ananas, appelés *pouka*, qu'ils portent suspendus à l'épaule, et où ils mettent une foule de petits objets dont ils peuvent avoir besoin en voyage. Ces sacs de voyage sont ornés de dessins en relief, qui dénotent chez ceux qui les font beaucoup d'adresse et même de goût.

Les poteries, bouteilles et marmites en usage chez les Batékés leur viennent en général de leurs voisins Bakoas, Obambas et Bakhourous. Ces derniers font de grosses bonbonnes en grès cuit pouvant contenir quarante litres, et aussi des bouteilles ou gargoulettes de dimension moindre. Mais pour conserver les liquides, les Batékés se servent ordinairement de courges de diverses formes, dont la capacité peut aller jusqu'à vingt litres. Il y a cependant, chez les Njabi par exemple, quelques villages qui fabriquent des poteries, mais en petite quantité.

Le seul commerce vraiment important des Batékés, et le seul qu'ils fassent en grand, est le commerce des esclaves. Vers le mois d'août, à la grande saison sèche, ils se réunissent au nombre de plusieurs centaines, et après avoir accompli diverses cérémonies pour assurer à la caravane la protection des fétiches, ils partent, armés en guerre, dans la direction du sud. Le voyage dure en moyenne de vingt à trente jours. Ils rejoignent d'abord le pays des Bakoas, traversent la rivière Mpama, et, au bout de cinq à six jours de marche, arrivent chez les Balallis. Chaque commerçant batéké va trouver aussitôt le Balalli avec lequel il est en relation d'affaires, et lui vend les esclaves, hommes, femmes et enfants, qu'il a amenés avec lui. Les Batékés vendent le plus souvent leurs esclaves pour se procurer du sel, et l'un d'eux, Ossiah, m'a assuré que les Balallis donnent en échange d'un homme un seul paquet de sel[1]; si l'esclave est une jeune femme, ils doivent payer en supplément dix ou quinze brasses d'une étoffe légère d'assez mauvaise qualité et quelques perles. A une autre époque de l'année, ce sont les Balallis qui viennent chez les Batékés avec diverses marchandises et repartent avec les esclaves qu'ils ont trouvés à acheter; mais en dehors des grands voyages périodiques dont je viens de parler, et dont je n'ai vu la coutume que chez les Batékés, j'ai rencontré souvent des groupes de quinze ou vingt Balallis emmenant des esclaves qu'ils étaient venus chercher chez leurs amis. Une fois, par exemple, j'en vis plusieurs qui emmenaient deux petits enfants. Ceux-ci tout honteux se cachaient derrière les jambes de leurs nouveaux maitres. J'aurais bien voulu délivrer ces petits malheureux, bien que je ne fusse accompagné que d'un Gabonais et d'un esclave libéré, avec un seul fusil pour nous trois; mais je craignis, par une action violente, de fermer aux Européens une route difficile à tenir ouverte, même en se conduisant prudemment.

D'après tous les détails que j'ai donnés précédemment

[1] D'environ 3 kilos.

sur l'agriculture, l'industrie et le commerce des Batékés, on voit que les hommes, abusant de leur force, ont imposé au sexe faible la plus lourde part des travaux qui assurent leur existence ou leur procurent le bien-être. Aux femmes sont dévolues la culture des plantations et la préparation des aliments; aux hommes, la chasse, qui n'est pas bien active, l'industrie qui est peu développée, les voyages de commerce en nombreuse compagnie, la cueillette des noix de palme et la récolte du vin. Les hommes, paresseux comme tous les nègres, ont donc de nombreux loisirs, qu'ils emploient à dormir, à fumer du tabac ou du chanvre, à faire des promenades aux villages voisins, à se réunir entre amis pour causer et discuter en buvant du vin de palme, et aussi à courtiser les femmes. Cette dernière occupation a pour les Batékés une importance exceptionnelle, mais les détails que je puis donner sur ce sujet brûlant, que je ne prétends d'ailleurs qu'effleurer, trouveront leur place dans le paragraphe qu'on va lire, où je traite de la condition de la femme.

Chez les Batékés, comme chez les divers peuples que nous avons rencontrés sur les rives de l'Ogooué, la femme est rarement un butin, le prix d'une victoire. Source de richesses par son assiduité aux travaux des champs et aux occupations domestiques, source d'influence par les enfants qu'elle peut donner à son mari, elle constitue pour celui-ci un véritable capital. Le mariage est donc nécessairement un achat. Un Batéké ne peut se marier s'il ne possède, en certaine quantité, certaines marchandises dont les plus importantes sont le sel, le fer et les étoffes. Comme les Batékés sont éloignés de la côte, et que leur mauvais caractère empêche leurs voisins de s'aventurer trop souvent chez eux, ils se procurent à grand'peine ces marchandises indispensables : ceux-là seulement peuvent se marier qui possèdent une certaine fortune et sont en un mot des Batékés « aisés ». Et comme ceux qui appartiennent à cette classe privilégiée ont la faculté de prendre plusieurs femmes dont le nombre n'est limité que par le chiffre de fortune de l'acheteur, il en résulte que, dans certains villages, les femmes appartiennent presque toutes au chef. Or, ces nègres sont affreusement jaloux et exercent sur leurs femmes une surveillance active, aussi active du moins que peuvent le permettre les travaux variés de celles-ci.

On conçoit qu'un pareil état de choses, avec toutes les conséquences qui en découlent, doive plaire médiocrement aux Batékés sans fortune, qui regardent trop volontiers les jeunes négresses, et par tempérament ou par caractère ne se contentent pas d'admirer en artistes des yeux brillants et des dents blanches dont une peau très foncée augmente singulièrement l'éclat. On conçoit aussi que certaines intrigues puissent s'esquisser, et que d'autres puissent dérouler successivement toutes leurs phases, jusqu'à ce que la forêt voisine du village en abrite le dénoûment dans ses mystérieuses profondeurs. Mais malheur au couple imprudent qui se laisse surprendre, au cours d'une intéressante conversation, par un mari jaloux, souvent escorté de vigoureux acolytes. La femme coupable court le risque d'être vendue, — ce qui arrive lorsqu'elle a cessé de plaire, — mais le séducteur est encore plus exposé : s'il se laisse prendre, on le vend comme esclave; s'il parvient à s'échapper, mais qu'on ait eu le temps de le reconnaître, on exige de lui un payement considérable. Lorsqu'il appartient à un village voisin et que ses ressources et celles de ses parents ne lui permettent pas de payer la somme réclamée, des palabres s'engagent d'un village à l'autre et finissent très souvent par amener des hostilités; ce sont même ces palabres à propos de femmes qui causent la plupart des guerres entre Batékés.

Cette manière de punir l'adultère a fourni un excellent moyen d'augmenter leurs richesses à quelques gens ingénieux, mais sans scrupule, et, si l'on en croit la chronique scandaleuse, et peut-être mensongère, du pays de Kinkouna, le fameux chef Adjou serait de ces gens-là. Je suis tenté d'attribuer ces propos à la jalousie, car il m'en coûte de formuler une accusation pareille contre un « dirigeant » aussi considérable qu'Adjou; mais on m'a assuré que ce chef avait employé la méthode suivante pour acquérir une grande fortune et augmenter rapidement le nombre de ses femmes et de ses esclaves : Il excitait quelques-unes de ses femmes à déployer toutes leurs qualités fascinatrices devant les habitants des villages voisins qui venaient le voir. Souvent le nouveau débarqué s'y laissait prendre, et l'on se dirigeait vers la forêt. Tout à coup, à un certain moment de l'entretien, paraissait Adjou, escorté de gaillards à mine rébarbative, et le pauvre diable, menacé d'être vendu, offrait un fort dédommagement, ou se rachetait en fournissant un « remplaçant », c'est-à-dire un esclave.

Dans les premiers jours de mars, en 1882, j'étais au village d'Oboula, à un mille environ de Kinkouna, lorsqu'un jeune Batéké de mes amis vint me prier d'assister à une fête qui se donnait entre deux villages, et je me rendis aussitôt à l'endroit qu'il m'avait désigné comme l'emplacement habituel de ces sortes de réjouissances.

J'éprouvai, en y arrivant, une agréable surprise. Un essaim de jeunes femmes, ceintes de leurs pagnes neufs, fraîchement imprégnées d'huile et ornées de bracelets de cuivre soigneusement astiqués, étaient rangées en demi-cercle; chacune d'elles tenait à la main son instrument de musique, c'est-à-dire une petite courge à long col remplie de graines sèches. Les hommes, jeunes et vieux, étaient assis par terre devant les femmes et munis comme elles de leur instrument. Le chef de musique tenait une énorme calebasse, percée d'une ouverture dans laquelle il soufflait, en frappant les parois avec ses mains. Cet instrument, qui est très bruyant, est en quelque sorte la basse de l'orchestre; quelques-uns sifflaient dans de petites calebasses; d'autres faisaient leur partie avec des morceaux de bois creusés qui avaient un son de fifre; il y avait aussi des guitares à trois cordes ou plutôt à trois lianes, dont la boîte est formée d'une moitié de gourde, des morceaux de bois dur imitant les castagnettes; enfin, je retrouvai dans cet orchestre le modèle de tambour employé par tous les peuples de l'Ogooué, formé d'un tronc d'arbre creusé recouvert d'une peau de chèvre bien tendue.

Tout à coup, le chef de musique pousse un cri auquel toute l'assemblée répond; après un moment de conversation, il donne un signal, et aussitôt les femmes se mettent à agiter leurs gourdes en chantant et en remuant alternativement la jambe droite et la jambe gauche. Les hommes répondent par d'autres chansons, et bientôt tout l'orchestre s'ébranle; au bruit de la musique, les têtes des exécutants et des auditeurs commencent à osciller en cadence tantôt d'une épaule à l'autre, tantôt d'avant en arrière et d'arrière en avant. A un certain moment,

MUSICIEN BATÉKÉ JOUANT DE LA CITHARE.

Dessin de MOLEYRE, d'après un croquis de L. GUIRAL.

l'orchestre se tait ; on se lève en brandissant les sabres et les couteaux au-dessus de la tête du plus vieux des musiciens ; celui-ci s'accroupit, étend les bras et feint une grande frayeur. Les menaces finies, il se relève et reçoit un présent des hommes qui l'ont menacé. C'est le premier tableau. Il y en a bien d'autres, que je ne décrirai pas en détail, parce qu'ils varient suivant les circonstances qui ont fourni le prétexte de la fête.

Bien que les Batékés aient une manière de parler rapide et saccadée, leurs chants ne sont pas dépourvus de charme. La voix des femmes est pleine d'agrément pour l'Européen qui a assisté plusieurs fois à leurs concerts ; il peut alors comprendre leur musique et se laisse entraîner à imiter leurs mouvements de tête cadencés. Les chansons ont un rythme tantôt lent et monotone, tantôt plein de vivacité. Les Batékés en empruntent le sujet à tout ce qui frappe leur imagination ; très souvent la présence d'un blanc et ses actions fournissent la matière d'une chanson, où quelquefois les sarcasmes ne lui sont pas épargnés. A la fête de Kinkouna, les paroles chantées répétaient souvent cette phrase me concernant : « Le blanc, enfant de lui, est venu » ; j'entendis aussi des chansons très compliquées où l'on commençait par des sons doux et qui finissaient par des cris retentissants : « *Bama oun oun, Bama oun oun aya* », et tous répondaient en criant : « *Aya!* »

Je possède peu de renseignements sur les cérémonies funèbres des Batékés. Je sais seulement qu'on enduit le mort d'une couche d'huile ou de peinture, qu'on met à côté de lui des fétiches et qu'on le garde trois ou quatre jours avant de procéder à l'enterrement, qui se fait la nuit avec beaucoup de mystère.

C'est par un grand hasard que j'ai vu un cimetière de ce pays. Un jour que j'avais été à la chasse aux pigeons du côté du Ngambo, près d'un groupe de villages qu'on voit de Kinkouna, j'aperçus dans un petit bouquet d'arbres deux hommes qui creusaient plusieurs trous cylindriques d'une grande profondeur. A mon retour chez Kinkouna, je voulus savoir à quoi ces trous pouvaient servir; mais les Batékés, au lieu de me l'expliquer, me demandèrent pourquoi j'avais été me promener dans cet endroit où ils ne vont jamais. A la fin cependant, devant mon insistance, un jeune homme me dit que les trous profonds étaient autant de tombes, où les morts sont enterrés debout, et que j'avais été me promener dans un cimetière. Je l'interrogeai alors sur la manière dont se fait l'enterrement et les cérémonies qui l'accompagnent, mais il me répondit en souriant que c'était fétiche, et il s'enfuit. J'ai su depuis qu'il existait dans le pays plusieurs cimetières de ce genre, où l'on ne voit pas le moindre tumulus. Rien n'indique au passant la place où des restes humains ont été ensevelis, si ce n'est une herbe plus vigoureuse et plus verte.

Les principaux fétiches des Batékés sont des cornes d'antilope, auxquelles ils attachent cinq ou six peaux de petits mammifères, et qu'ils remplissent de compositions variées dans lesquelles ils plantent quelques plumes d'oiseaux de couleur brillante.

Pour « fétiche » un homme ou un objet, on agite autour de lui une corne fétiche; puis on mâche une espèce d'herbe et, en soufflant, on en crache les débris sur la personne ou la chose qu'on veut préserver de toute mésaventure. Pour éloigner la pluie, les Batékés agitent en l'air leurs cornes d'antilope, et crachent dans la direction des nuages menaçants. Si la pluie n'arrive pas, ils courent au village se vanter de leur succès; mais si quelques gouttes d'eau viennent à tomber, ils cessent d'agiter leur talisman, sous prétexte qu'ils ont les bras fatigués, et donnent ainsi à l'orage la permission de venir.

A l'enfant qui vient de naître, on souffle à la figure des herbes mâchées; on lui applique sur certaines parties du corps des compositions diverses, dans lesquelles entrent des herbes pilées, des fientes d'animaux, etc.; ces opérations doivent le protéger contre toutes les maladies qui pourraient l'assaillir. Je n'étonnerai personne en ajoutant que ces diverses cérémonies sont plus longues et plus compliquées lorsqu'il s'agit d'un fils de chef; dans ce cas, le programme est très chargé, et les simagrées se renouvellent à la moindre indisposition de l'enfant. Le fils de Kinkouna fut malade plusieurs fois pendant mon séjour dans le village de ce nom, et chaque fois il dut subir ce traitement ridicule; mais, bien qu'on ne lui fît aucun mal, l'enfant hurlait comme un chien qu'on fouaille, ce qui nous empêchait tous de dormir.

Lorsqu'un Batéké tombe malade, la thérapeutique du pays ne peut se passer d'un certain nombre d'opérations fétichistes; car, presque toujours, chez eux, on attribue la maladie à ce que l'homme atteint a désobéi au fétiche en mangeant une chose défendue, fétiche elle-même. Pour chasser un hôte aussi dangereux, ils administrent souvent des drogues vénéneuses qui tuent le malade en même temps.

Enfin, les fétiches entrent en scène dans toutes les circonstances solennelles de la vie : à l'époque de la circoncision et du mariage, au moment du départ pour une expédition importante.

C'est le chef du village qui est le gardien principal des fétiches, mais chaque habitant en possède plusieurs: dents de lion, qui garantissent des bêtes féroces; graines trouées, qui préservent des maladies. On retire à tout animal mort ses dents, ses griffes et sa peau, et la personne qui porte sur elle ces objets n'a rien à craindre (suivant les Batékés, bien entendu) des animaux vivants de la même espèce.

Le pouvoir des chefs de villages a une influence d'autant plus grande que le chef est plus âgé ou plus riche, plus habile comme féticheur ou comme médecin, c'est-à-dire comme escamoteur ou charlatan. Le chef joue son rôle dans les circonstances les plus variées; aujourd'hui, il « pontifie » dans une cérémonie fétichiste; il sera demain arbitre dans un palabre; c'est à lui que le voyageur doit s'adresser tout d'abord pour acheter des vivres, pour louer des pirogues ou des porteurs.

A la mort du chef, ce sont les vieillards du village qui nomment son successeur dans un palabre solennel tenu à cet effet. Si le défunt a laissé un fils, c'est lui qui est ordinairement choisi et qui hérite de l'influence de son père, de ses richesses et de toutes ses femmes.

Les chefs ont pour insigne un bâton de commandement ou longue canne ornée de spirales de fer ou de cuivre et quelquefois armée d'une lame en fer doux, large et plate, de forme lancéolée, qui lui donne à peu près l'aspect d'une pointe de hallebarde.

Je ne crois pas utile d'entrer dans de plus longs détails au sujet des chefs de villages et de leur autorité, mes lecteurs n'ayant, pour y suppléer, qu'à se rappeler les divers récits où j'ai parlé jusqu'ici de mes rapports avec un grand nombre de chefs.

CHAPITRE XI

EN ROUTE POUR BRAZZAVILLE.

Départ de Kinkouna. — La Lékila. — Une panique. — La rivière Oba. — Yégbé. — La défiance d'Anshoulou. — Passage du Duelli. — Mpalianama. — Fuite de mes porteurs. — Marche dans les montagnes. — Un fétiche impuissant. — Un bain interrompu. — Pièges à crapauds et à sauterelles. — Nhempini Ier. — Un cadeau refusé. — Un malencontreux donneur d'avis. — Exigences et insolence de Nhempini. — Fin de journée digne du commencement.

Le 22 mars 1882, je quittai Kinkouna plein de courage et d'espoir. J'avais pour compagnons les Sénégalais Matoufa, Ahmet et Malal, le Kama Ogoula et dix-huit Batékés pour porter mes bagages et les marchandises diverses qui devaient me servir de monnaie. J'arrivai bientôt au village d'Adjou, dont le chef, me dit-on, était parti pour un voyage de commerce. Trois heures après, j'atteignais la rivière Lékila, grossie par des pluies récentes et dont les rives n'étaient qu'une vase noire et infecte, où l'on enfonçait jusqu'aux hanches. Au delà, un chemin en pente douce, sur un terrain couvert d'un sable fin et brillant, nous conduit au sommet d'une hauteur où est établi le village d'Akassa. Nous suivons une route qui côtoie à peu de distance le Duelli (Alima) et traverse plusieurs villages, et nous atteignons bientôt celui de Shayaba, dont les habitants, étonnés de voir un blanc, viennent en foule me rendre visite. C'est là que nous passons la nuit.

Le lendemain, je refuse poliment un cadeau que le chef Shayaba a la générosité de m'offrir, parce que j'ai déjà assez de bagages à transporter, et je me remets en route. En continuant de côtoyer le Duelli, nous arrivons au village d'Osho, dont les habitants prennent aussitôt l'alarme; les hommes poussent leur cri de guerre, et les femmes vont se cacher dans la forêt la plus voisine. Mes porteurs rassurent ces Batékés, qui manquent évidemment de sang-froid, et nous descendons bientôt dans une vallée arrosée par un affluent du Duelli, l'Oba, qui me paraît avoir la même importance que la Lékila. Nous traversons cette rivière bordée d'une forêt marécageuse, et, sur la hauteur qui domine la rive droite, je rencontre un chef qui m'invite à venir dans son village, situé à peu de distance. Je l'accompagne à ce village nommé Yéghé, où je trouve à acheter une forte provision de manioc, d'œufs et de cannes à sucre. Le chef m'offre en présent deux poules, et, à une heure, je quitte ce village pour continuer ma route. Nous suivons toujours le Duelli à travers un pays de plus en plus montagneux, toujours sablonneux d'ailleurs, et la chaleur du sol oblige mes porteurs à quitter le sentier pour marcher dans l'herbe. Cette marche, soutenue jusqu'à quatre heures, nous amène à un village nommé Anshoulou, établi sur une hauteur qui domine le Duelli. Je ne voulais pas m'y arrêter, mais les porteurs m'assurèrent que, dans les autres villages, je ne trouverais pas de pirogues pour passer le Duelli; ils ajoutèrent que le village de Nhempini, l'objectif de mes premières étapes, n'était pas très éloigné, et ces raisons me décidèrent à rester chez Anshoulou pour y passer la nuit.

Le 24 mars, une pluie fine et serrée commença à tomber dès quatre heures du matin. Je craignais qu'elle ne durât toute la journée; mais vers neuf heures, le temps s'éclaircit, et je manifestai au chef Anshoulou mon désir de traverser rapidement le Duelli. Pendant que les porteurs descendaient sur la rive, deux hommes du village partirent pour aller chercher les pirogues, remisées dans la forêt à une certaine distance. Un cri se fit bientôt entendre du côté où ils étaient allés, et Anshoulou me réclama le prix du passage. Je lui promis de le lui donner, avec un cadeau supplémentaire, lorsque tout mon monde serait sur l'autre rive; mais Anshoulou, qui appartient à l'école de saint Thomas, ne voulait commencer le passage qu'après avoir reçu son payement. Je mis fin à ce débat en lui offrant de rester le dernier pour le payer, lorsque tous mes hommes seraient sur l'autre bord. Anshoulou y consentit; il poussa une espèce de cri, auquel un cri semblable répondit immédiatement, et je vis bientôt arriver trois pirogues. Des plantes marécageuses, qui encombrent le Duelli en ce point, rendent le passage assez dangereux; il s'effectua cependant sans accident, et quand j'eus payé le chef et ses piroguiers, ils me passèrent à mon tour sur la rive droite. En suivant un chemin montagneux longeant le Duelli, nous atteignîmes vers trois heures un sommet assez élevé, et, sur une pente de cette montagne, j'aperçus un village que mes porteurs affirmèrent être celui de Nhempini. Arrivés à ce village, on dépose les ballots et l'on s'assied.

Je demande à Ogoula si ce village est celui de Nhempini; il me répond qu'il n'en sait rien et qu'il n'a jamais suivi cette route; profitant de cette ignorance, les porteurs renouvellent leur affirmation; mais peu de temps après, ils s'esquivent les uns après les autres, sous divers prétextes, avant l'arrivée du chef qu'on m'avait dit être absent. Ce chef, un beau vieillard d'aspect tout à fait vénérable, ne tarda pas à venir; je le saluai et lui touchai les mains en l'appelant Nhempini, mais il secoua la tête en souriant et me dit qu'il n'était pas Nhempini. Il m'expliqua que j'avais été trompé par les porteurs, et que le village dont je parlais était à deux jours de marche du sien, sur les bords du Lékéti; il finit en m'offrant de me fournir des porteurs, si je voulais rester deux jours dans son village pour donner le temps à ses gens de préparer du manioc.

Le 25 mars, je passai donc toute la journée dans le village de ce chef appelé Mpalianama, avec lequel je « palabrai » pour avoir des porteurs; mais je n'en obtins qu'un nombre insuffisant, et il fallut en envoyer chercher à Anshoulou pour réunir dix-huit hommes.

Le lendemain, je fais sortir tous les ballots de ma case et je les aligne devant la porte. Quelques porteurs viennent les soupeser et me déclarent qu'ils sont trop lourds; on vient ensuite me dire que le manioc n'est pas prêt et que les porteurs d'Anshoulou ne sont pas encore arrivés; enfin, vers dix heures, toutes ces difficultés sont aplanies; les hommes que Mpalianama devait me procurer sont chargés et prêts à partir, je n'ai plus qu'à payer le chef, et nous nous mettons en route. Nous descendons dans la vallée du Duelli, que nous suivons pendant trois heures; après avoir franchi deux collines qui ont des villages à leur sommet et traversé une prairie semée de quelques rares bouquets d'arbres, nous marchons pendant une heure et demie dans le fond d'un couloir étroit et profondément encaissé qui nous conduit au sommet d'une montagne élevée, d'où l'on aperçoit une vaste étendue de pays. Cette région est très pauvre en végétaux; les montagnes sablonneuses sont couvertes d'un maigre herbage, et, de certains côtés, on n'aperçoit, aussi loin que la vue puisse s'étendre, ni un arbre ni même un arbuste. Sur les hauteurs qui se succèdent jusqu'à l'horizon, je vois plusieurs troupeaux de buffles de quinze à vingt têtes. Le plus rapproché de nous est au moins à un kilomètre; je réussis cependant à blesser un de ces animaux, mais la fatigue, la chaleur du sable et surtout l'indocilité de mes porteurs, m'empêchent de le poursuivre. Vers cinq heures, un orage violent s'approche de nous; le chef de mes Batékés a beau agiter sa corne d'antilope, qui est, suivant lui, un excellent fétiche pour éloigner la pluie, elle arrive quand même, et nous sommes tous trempés jusqu'aux os.

Après une assez bonne nuit passée sur la rive gauche d'un petit ruisseau qui parcourt une vallée profonde et étroite, nous levons le camp vers huit heures du matin. Nous pénétrons bientôt dans un couloir très encaissé, où un mince filet d'eau courante relie un véritable chapelet de petites mares; l'eau de ce ruisseau était très bonne à boire, quoique un peu chaude; mais la prodigieuse quantité de sangsues qui peuplent les mares nous obligea d'interrompre vivement le bain que nous avions commencé d'y prendre. Il y avait aux environs des pièges à sauterelles et à crapauds, remplis de prisonniers qui s'y morfondaient visiblement. En continuant la marche en avant, vers dix heures et demie, nous voyons d'un endroit élevé un village batéké voisin d'une forêt assez fournie. Cette forêt couvre le penchant de collines qui bordent une rivière importante. Nous l'atteignons vers midi. La rivière, grossie par les pluies, avait à peu près douze mètres de large sur deux mètres de profondeur, et un courant très rapide. C'est un affluent du Lékéti qu'elle rejoint à peu de distance du point où nous étions arrivés. Après avoir traversé la rivière devenue torrent, et suivi pendant un quart d'heure, à travers la forêt inondée, un sentier fangeux où l'on enfonce quelquefois jusqu'aux reins, nous quittons enfin ce chemin ultra-désagréable pour gravir une pente assez raide, et nous sommes sur un plateau, où quelques minutes de marche nous permettent d'atteindre un village. C'est celui de Nhempini. Le chef, qui arriva bientôt, n'a aucun rapport de parenté avec son homonyme du Nkoni. Il est grand; sa figure, aux traits réguliers, ornée d'une longue barbe en éventail, a une remarquable expression d'intelligence; il est tatoué et porte comme vêtement un long pagne en fil de palmier. Nhempini numéro 2 arriva donc et me dit qu'il était Nhempini, et que ce village lui appartenait; il eut même le soin d'ajouter qu'il n'était pas menteur, et cette précaution me fit demander à Ogoula, qui le connaissait, s'il disait la vérité. Ogoula confirma le dire du chef: devant un pareil certificat d'identité, il ne me restait plus qu'à payer les porteurs de Mpalianama. Je donnai à chacun quatre mètres d'étoffe, six mesures de sel et de poudre, un mauvais couteau et une bonne ceinture taillée dans une sorte de bure rouge, et ils partirent satisfaits.

Je passai la journée du lendemain au village de Nhempini. On voit de là, dans la direction du sud, le haut plateau des Bakouyas qui domine le pays. Tous les environs sont couverts de montagnes élevées, et les forêts sont plus nombreuses et plus fournies que dans les autres parties du pays batéké. Les habitants de Nhempini sont aussi plus grands et plus forts que les autres Batékés, leur peau est plus claire, et ils portent sur le front et sur les joues un tatouage composé de petites raies verticales.

Je fais appeler le chef pour lui demander les porteurs qui doivent me conduire jusqu'au village de Nhango, chez les Bakouyas. Dans sa réponse, il commence par me faire de belles promesses et finit en me demandant *son* cadeau. Je lui offre quatre pagnes, des perles, des sonnettes et d'autres petits objets, mais il trouve que ce n'est pas suffisant et refuse; il veut absolument que je lui donne une grande couverture blanche, dont M. de Brazza m'avait fait autrefois cadeau. Je lui fais dire par Ogoula : « Nhempini, tu me demandes une chose que je ne puis te donner. Tu vois ma pauvreté et tu sais que je vais bien loin. Comment ferai-je, si tous les chefs que je dois rencontrer sur ma route sont aussi exigeants que toi? » Nhempini répondit : « Ton père le commandant a passé ici il y a quelque temps; il m'a donné une couverture et beaucoup d'autres objets, puis, il m'a dit qu'il avait laissé derrière lui quatre blancs et son frère le commandant, qui avait beaucoup de marchandises et qui me ferait de grands cadeaux. Et tu viens me dire maintenant que tu es pauvre! Je vois bien que les blancs veulent me tromper. » Le fils de Nhempini, se mêlant à la conversation, dit alors à son père : « Il faudrait que tu sois fou pour conduire ce blanc chez les Bakouyas; on t'offre un tout petit cadeau, et aux chefs des autres pays on donne des balles entières. » J'eus le temps de maudire à mon aise le donneur d'avis et son père, car ils se retirèrent aussitôt, apparemment pour me laisser le temps de réfléchir.

Le lendemain, je fais appeler Nhempini, qui met à se rendre à mon appel une mauvaise grâce visible. Je lui demande de me dire s'il veut ou ne veut pas me conduire chez Nhango. Il se montre encore plus exigeant que la veille et insolent à proportion. J'ai beau lui dire que je suis venu dans son village croyant y trouver un ami, et que je vais être forcé d'aller ailleurs chercher des porteurs : il me répond sans se déconcerter que, seul, il possède des pirogues pour traverser le Lékéti; il prétend qu'il est tout aussi grand chef que les autres, et finit par demander un ballot d'étoffe pareil à celui que M. de Brazza a donné à Nhango. Mais il serait trop long de raconter toute la discussion que j'eus avec Nhempini. A force de « palabrer », je réussis à lui faire agréer six pagnes, et il me promit des porteurs pour le lendemain. A la suite de cette ennuyeuse séance, j'eus la fièvre le soir, et mes hommes, Matoufa et Ogoula, tombèrent malades. C'est ainsi que finit ma dernière journée de voyage dans le pays des Batékés.

CHAPITRE XII

CHEZ LES BAKOUYAS.

Passage du Lékéti. — Arrivée sur le plateau des Bakouyas. — Nganyolé. — Lâcheté d'Ogoula. — Nganyolé m'oblige malgré moi. — Un singulier compliment. — Arrivée chez Nhango. — Une ficelle usée. — Dernier démêlé avec Nganyolé et premier démêlé avec Nhango. — Manière curieuse de découvrir les voleurs. — La paix ou la guerre. — Le digne frère de Nhango. — Les belles promesses de M. de Brazza et les miennes. — Je sors enfin des griffes de Nhango.

Le lendemain, c'est-à-dire le 30 mars, les porteurs arrivent de bonne heure, et nous quittons, vers sept heures du matin, le village de Nhempini. De là, il faut trois quarts d'heure pour atteindre le Lékéti. Cette rivière a un grand débit et un courant assez rapide. Les porteurs s'arrêtent sur la rive gauche, et nous voyons bientôt paraître le piroguier, nommé Oundélé, homme à la figure défiante et sinistre. Il veut recevoir son payement avant de commencer le passage, mais je refuse de lui donner quoi que ce soit avant que tous mes hommes et tous mes bagages soient sur l'autre bord. Je reste le dernier à passer et je demande le prix; c'est une vraie rançon que ce passeur exige; après un palabre d'au moins une heure, il finit par se contenter de deux pagnes et de quelques pacotilles, et me fait traverser à mon tour le Lékéti. Après avoir franchi la plaine peu étendue qui borde le Lékéti, nous arrivons à la crête des collines qui forment les contreforts du plateau des Bakouyas. Le chemin, assez escarpé, oblige les porteurs à s'arrêter fréquemment, et ce n'est qu'au milieu de la journée, après avoir reçu une pluie fine des plus désagréables, que nous atteignons l'extrémité du chemin tortueux qui aboutit au sommet du plateau. Il règne dans cette région élevée une brise fraîche et même froide. Au sable a succédé une terre noire et dure, et le plateau est presque entièrement couvert d'immenses graminées très compactes, atteignant parfois trois mètres de hauteur. Au premier village que nous rencontrons, les porteurs me disent que c'est Nhango et demandent leur payement pour retourner chez eux; mais rendu méfiant par mon aventure de Mpalianama et par d'autres, j'interroge Ogoula, et celui-ci m'ayant répondu que Nhango est à une demi-journée de marche, je refuse de payer les porteurs. Leur chef m'adresse alors un long discours, où il me conseille d'être bon et de payer ses hommes, sans quoi, assure-t-il, les gens du pays diront que le blanc est mauvais et refuseront de le servir; d'ailleurs, ajoute-t-il, M. de Brazza s'est toujours arrêté chez Nganyolé, et ce sont les gens de ce dernier village qui l'ont porté chez Nhango. Comme j'ignorais ce que M. de Brazza avait fait dans le pays, et comme j'avais promis d'éviter à tout prix de rester en chemin et de tout souffrir pour arriver au but, je payai les gens de Nhempini et je m'arrêtai dans le village qu'on m'avait dit être Nhango et qui n'était que Nganyolé. Le chef Nganyolé m'offrit sa propre case, qui était propre, en effet, et bien construite. Le soir, on m'apporta des vivres, et je reçus la visite d'un grand nombre de gens curieux, venus des environs pour voir un blanc.

Après une nuit tranquille, je fis appeler Nganyolé, qui vint me trouver escorté de son frère, chef d'un village voisin, et je lui réclamai des porteurs. Il commença par me développer la série de mauvaises raisons auxquelles j'étais habitué : il n'y avait pas d'hommes au village; le manioc n'était pas prêt, etc. Comme je lui répondais que je n'étais pas disposé à me contenter de tous ces prétextes, une poule qui m'appartenait s'échappa et courut au milieu du village; on se mit à sa poursuite sans pouvoir l'attraper; je pris alors mon winchester, et soit hasard, soit adresse, j'eus la chance de partager l'oiseau en deux; je fis ensuite remarquer à Nganyolé qu'il était heureux de ne pas s'être trouvé à la place de la poule. Ce petit incident, venu tout à fait à propos pour montrer au chef ce que pouvaient les fusils des blancs, lui donna à réfléchir, et il me promit de me trouver des hommes pour le lendemain. Mais je lui déclarai que j'aimais mieux faire prévenir Nhango de ma visite et lui faire demander des porteurs qui viendraient me chercher. Nganyolé parti, je chargeai Ogoula, qui avait déjà parcouru cette route avec M. de Brazza, d'aller chez Nhango, en compagnie du Sénégalais Malal, et ils se mirent en marche immédiatement. Le Sénégalais marchait très vite; il ne tarda pas à prendre une bonne avance. Ogoula, resté seul, fut attaqué par quelques rôdeurs, et il eut la lâcheté de se laisser dépouiller de ses armes et de son petit ballot de marchandises. Fort heureusement, Malal, qui me raconta plus tard cette aventure, entendit les cris qu'il poussait, et, revenant sur ses pas, mit en fuite les voleurs qui abandonnèrent tout leur butin.

Pendant l'absence de Malal et d'Ogoula, je fis la morale à Nganyolé : je lui reprochai ses mensonges et je lui donnai à entendre qu'ayant mal agi avec moi, il ne recevrait plus la visite des blancs. Chose étonnante! cette morale parut produire sur lui une vive impression. Craignant tout à coup que Nhango ne m'envoie des hommes, il veut se charger de mon transport et court appeler son frère, avec lequel il revient bientôt escorté d'une vingtaine d'hommes. Les rôles sont donc intervertis, et c'est à mon tour de refuser; mais Nganyolé, qui s'était obstiné à me retenir au passage, veut maintenant à toute force me transporter chez Nhango, et il prend mes bagages qu'il distribue à ses hommes. Je le laisse faire, et après quelques minutes de préparatifs, nous partons.

Sur le plateau, les routes sont nombreuses, surtout aux abords des villages, où les chemins sont spacieux, bien aplanis, la terre et les déb[illegible], rejetés de chaque côté, formant un véritable parapet. Nous rencontrons des champs très bien cultivés et des villages nombreux, dont les habitants se portent en foule sur notre passage. A l'un de ces villages, un vieillard, s'étant approché pour me regarder, s'écria tout à coup : « Regardez ce blanc, surtout celles qui ont des petits dans le ventre, pour en faire d'aussi jolis. » (Traduction de Matoufa.) Une jeune femme, qui portait un enfant dans ses bras et un autre ailleurs, entendit ces paroles : « Je souhaite que le vœu du bon vieillard se soit réalisé. » A ce compliment excessif autant que singulier, le bonhomme voulut joindre un cadeau, et il envoya une de ses femmes me chercher une poule; mais je lui dis, en le remerciant, que j'étais trop pressé pour l'attendre, et j'invitai les porteurs à hâter le pas. Les gens du pays, me voyant prendre cette allure rapide, criaient et menaçaient Nganyolé de leurs fusils, l'accusant, lui et ses hommes, « de laisser fuir le blanc ». Je dus même m'arrêter plusieurs fois pour les calmer. Je leur achetai en même temps de l'eau qui, malheureusement, n'était pas d'excellente qualité.

Vers quatre heures, j'arrivai chez Nhango, où Ogoula était arrivé depuis quelques minutes seulement, et je me félicitai vivement de ne pas l'avoir attendu. Il y avait environ deux cents personnes dans le village, et les hommes avaient tous des fusils. Les porteurs venaient à peine de déposer les ballots lorsque j'entendis un son de trompe mêlé à des cris et à des chansons. Je vois bientôt paraître un personnage, porté par huit hommes sur une sorte de palanquin ou de brancard. Un enfant étale sur le sol, à côté de moi, une peau de panthère et un gros coussin de bure rouge rempli de paille, et Nhango (car c'était lui) descend du palanquin d'un air nonchalant et majestueux, et vient s'asseoir sur la peau de panthère. Pendant cette opération, un enfant chantait à tue-tête, et les sonneurs de trompe soufflaient à pleins poumons dans leurs instruments. Lorsque je vois Nhango bien installé, appuyé sur un coussin rouge, je m'approche de lui et je lui serre les mains en l'appelant par son nom. La musique vocale et instrumentale cesse son vacarme, l'enfant qui chantait prend une sorte d'ombrelle qu'il étend au-dessus de la tête de Nhango, et la conversation commence. La physionomie de Nhango a quelque chose de juif. Grand et maigre, il a la figure allongée, des yeux vifs, le nez mince et droit, le menton couvert d'une petite barbe grisonnante. Il portait sur la tête une espèce de couronne en bure rouge ornée de perles et de cauries, et un collier en fil de cuivre supportait une énorme perle qui lui pendait sur la poitrine. Le cérémonial qui avait accompagné son arrivée me rappela immédiatement les ruses d'Adjou et de Mbomo; je supposai que Nhango voulait se faire passer pour un grand souverain afin de m'extorquer des présents plus considérables, et je me tins sur mes gardes. Je commençai par lui dire : « Mon père le commandant est venu dans ton village, et il a trouvé en toi un bon camarade. Je viens te trouver à mon tour dans l'espérance que tu feras avec l'enfant ce que tu as fait avec le père. » Nhango, heureux et fier de ce compliment, fait un signe d'approbation; nous nous serrons les mains, nous nous frappons sur l'épaule, et nous voilà grands amis. Je lui demande alors la permission de le quitter un moment, parce que j'avais à payer les hommes qui m'avaient conduit chez lui, et un deuxième acte de comédie commence.

Je sors les étoffes, le sel et la poudre, et je mets de côté ce que je destine à Nganyolé; mais, suivant l'usage, celui-ci refuse les objets offerts, qu'il déclare insuffisants. « Nganyolé, lui dis-je, tu veux donc toujours mal agir; eh bien, moi aussi. Si tu refuses ce que je te donne, tu n'auras rien du tout. » Mais tout le monde se mit à crier, à agiter les fusils d'un air menaçant, et Nhango intervient pour me conseiller de donner à Nganyolé ce qu'il demande. Mais je crie plus fort qu'eux, je leur dis qu'ils peuvent agiter leurs couteaux tant qu'ils voudront et démener leurs fusils, et que, s'ils le désirent, je prendrai aussi le mien. Ce que voyant, Nhango me dit que « c'est pour rire », et que mon payement est suffisant. Le calme renait, Nganyolé s'en va, et me voilà l'hôte de Nhango.

Je ne perdis pas de temps pour entamer avec lui des négociations que je prévoyais longues et laborieuses.

Quand je lui eus expliqué le but de mon voyage, sans dire toutefois que j'allais relever Malamine, et que je lui eus demandé des porteurs pour me conduire chez Nhemp'hourou, chef badjinyou, il me répondit qu'il était en palabre avec Nhemp'hourou, dont une femme s'était réfugiée chez lui, et que les hommes qu'il me donnerait seraient certainement tués par les Badjinyous.

J'eus beau lui affirmer qu'avec moi ses hommes ne risqueraient rien, il refusa de m'en promettre, et il consentit seulement à me faire conduire chez d'autres Badjinyous, avec lesquels il faisait du commerce, mais par une route toute différente, qu'il m'assurait d'ailleurs être plus courte. J'avais déjà éprouvé assez d'ennuis en suivant la route déjà parcourue par M. de Brazza, et je n'étais guère disposé à en suivre une nouvelle, où aucun Européen n'avait passé. Je refusai donc les offres de Nhango, et la suite du palabre fut renvoyée au lendemain.

A la comédie du 31 mars faillit succéder un drame le 1er avril. Il vint le matin un grand nombre de Bakouyas, poussés, les uns par la curiosité, les autres par l'espoir de tirer quelque chose des marchandises apportées par le blanc. Bientôt, Matoufa me rejoignit dans ma case pour me dire que, pendant la nuit, un homme était venu lui voler son pantalon. Je courus chez Nhango pour me plaindre, mais celui-ci fit l'incrédule et me soutint que ses gens n'étaient pas des voleurs. A dix heures, ce fut le tour d'un autre Sénégalais, Amhet, qui faisait la cuisine; il vint me dire qu'on lui avait volé un couteau. Je retournai chez Nhango. Cette fois, il feint de se mettre en colère, et, prenant une cloche du pays, il se met à parcourir le village en choquant son instrument avec un bâton et en demandant à tout le monde quel est celui qui a volé le blanc. Cette singulière façon de découvrir les voleurs amusait beaucoup, à mes dépens, ceux qui entendaient Nhango, et l'auteur de la plaisanterie était naturellement le premier à en rire. Je sortis de ma case furieux, je courus au milieu du village reprocher à Nhango sa misérable conduite, et, pour l'empêcher de croire que le blanc avait peur, je vidai à côté de lui un sac de cartouches; ensuite, comme les gens du village, armés de leurs fusils, assistaient à la scène, j'allai prendre dans ma case un ballot que je jetai dans les jambes des rieurs, et je saisis mon winchester que j'armai : ce mouvement mit fin aux rires, et les crosses de fusil cessèrent de résonner sur le sol. Je mis ce silence à profit pour faire crier par Ogoula : « Vous me voyez venir ici avec quatre hommes et quelques petits ballots, et vous espérez me voler comme un enfant. Eh bien, je vous avertis qu'à la première tentative, celui qui essayera de me voler recevra un coup de fusil, et ce sera la guerre. Maintenant, réfléchissez. » Nhango répondit : « C'est un esclave qui a volé le couteau, il voulait voir ce que dirait le blanc; mais reprends ton ballot et tes cartouches, et remets ton fusil dans ta case; on ne te touchera plus rien. » Le soir de cette aventure, j'allai trouver Nhango pour causer et remettre sur le tapis l'éternelle et agaçante question des porteurs, qui me donnait tant d'inquiétude; mais il venait de recevoir des parents et ne voulut pas causer affaires devant eux.

Dans la matinée du 2 avril, je me présente de nouveau chez Nhango, avec Malal et Ogoula, et nous causons de diverses choses. Il m'énumère longuement, en me les montrant, les cadeaux que lui a faits M. de Brazza; il y a surtout un journal illustré représentant l'amiral la Roncière-le Noury, qui paraît lui avoir causé un immense plaisir. Il me fait voir aussi des couvertures, une marmite de campement, une grande caisse en fer-blanc et une quantité d'autres objets dont M. de Brazza voulait se débarrasser, mais qui constituaient dans ce pays un véritable trésor. Nhango me demande ensuite de lui donner un cadeau, mais sans que personne du village s'en aperçoive; car, dit-il, on le tuerait pour le voler; c'est pourquoi il me prie de lui préparer ce cadeau dans ma case, où il viendra le voir. Je retourne donc chez moi et je mets à part les objets que je lui destine, c'est-à-dire dix brasses d'étoffe, une brasse de bure rouge, une ceinture, un bonnet rouge, une grande caisse de bois, cinq à six kilos de sel, un kilo de poudre, des glaces, des colliers, des bracelets et du fil de cuivre. Nhango vient mesurer de l'œil ma générosité, et il me témoigne sa satisfaction avec une amabilité qui me surprend, parce que je la trouve excessive de sa part. Il me dit qu'il ne comptait pas sur une caisse; mais puisque j'en ai une à lui offrir, il désire l'emporter, et il m'y fait mettre tous les objets que je lui donnais. Il emporte sa caisse, et je ne le revois plus de la journée. Le soir, où, par parenthèse, il y eut un orage et une pluie torrentielle, j'allai voir Nhango pour régler la question de mes porteurs; mais il me dit que ses hommes ne pouvaient pas partir, parce que le village n'avait pas de manioc prêt; mais qu'on allait en faire, et que nous partirions le surlendemain.

Le lendemain, je voulus savoir combien on me donnerait de porteurs. Nhango me déclara qu'il ne pouvait me donner que dix hommes pour me conduire à

Nkouna[1], et comme j'ouvrais la bouche pour récriminer, il me conseilla de m'adresser à son frère, qui me fournirait cinq hommes de plus. J'allai donc trouver ce frère, qui me dit : « Tu me demandes des hommes, et tu ne me donnes rien! Tout est pour Nhango. Apprends que j'ai plus d'autorité que lui dans le village, et que je serais chef si mon frère n'était pas plus vieux que moi. » Tout en maudissant en moi-même Nhango et toute sa famille, je ne trouvai rien à répliquer à un discours aussi éloquent, et je dus faire pour ce nouveau personnage une nouvelle saignée à mes ballots. Le frère me promit alors des hommes qui partiraient le lendemain, mais qui devaient se réunir le soir même pour recevoir leur payement.

Effectivement, vers quatre heures, je vis arriver mes futurs porteurs. Mais Nhango m'informa que deux d'entre eux seulement me conduiraient jusqu'à Nkouna; tous les autres devaient s'arrêter à deux jours de marche, chez les Badjinyous du Nkoro. Devant un pareil manque de parole, j'accablai Nhango de reproches qui ne l'émurent guère et d'injures qu'il ne comprit pas du tout; mais à tout prix je voulais quitter ce juif maudit, digne pendant de son compatriote Nganyolé, et je me résignai à payer les hommes. Chaque porteur reçut deux brasses d'étoffe, quatre mesures de sel et autant de poudre, un couteau, une ceinture rouge et des perles. Je devais donner en plus deux brasses d'étoffe aux hommes qui m'accompagnaient jusqu'à Nkouna. Il y eut encore ce soir-là un orage violent.

[1] Nkouna ou Stanleypool est une sorte de lac formé par le Congo, qui présente en ce point un élargissement considérable. C'est sur la rive gauche de Nkouna que se trouvait le poste de Brazzaville.

Le 4 avril, jour convenu pour le départ, je sors tous les ballots de ma case et je les porte au milieu du village. Aussitôt, Nhango accourt furieux. Il me fait dire par Matoufa que je ne lui ai presque rien donné, que je suis bien pressé de partir, qu'il veut me rendre les cadeaux que je lui ai donnés, parce que M. de Brazza lui a fait un grand, très grand cadeau, et lui a dit que les blancs qu'il laissait derrière lui avaient beaucoup de marchandises et lui en donneraient beaucoup. Le commandant lui a dit aussi, à ce qu'il parait, que les blancs passeront toujours dans son village, parce que c'est la seule route. Je conclus de toutes ces histoires débitées par Nhango et traduites par Matoufa que M. de Brazza, pour se débarrasser des importunités de Bakouya et pour en obtenir des porteurs, lui a fait des promesses magnifiques. Je suis si heureux de quitter ce rapace personnage, que j'écoute sans me fâcher toutes les inepties et les sottes réclamations dont il m'accable; je lui fais même à mon tour des promesses hyperboliques, et à trois heures de l'après-midi je quitte le village, laissant Nhango ébloui des brillantes perspectives que je lui ai fait entrevoir.

Au moment où j'écris ces lignes, n'ayant plus le souci d'arriver le plus vite possible à Brazzaville, je n'en veux pas trop à Nhango des pertes de marchandises et surtout de temps que son avide ténacité m'a causées, parce que ce séjour au milieu des Bakouyas me met à même de donner au lecteur des renseignements assez étendus sur un peuple intéressant à connaître et méritant, à plus d'un titre, un chapitre spécial.

CHAPITRE XIII

CHEZ LES BAKOUYAS (SUITE).

Le pays des Bakouyas. — La culture. — La fabrication de la bière. — Une fantasia. — Cérémonie de deuil. — Comment on embaume. — Le fétiche de Nganchou. — Ce qu'on est obligé de faire quand on a eu l'honneur de toucher un fétiche.

La région qu'habitent les Bakouyas offre une suite d'immenses et hauts plateaux séparés par de larges vallées. Il faut quelquefois une journée de marche pour aller d'un plateau à l'autre. Le sol, plus riche que celui des Batékés, produit une végétation vigoureuse. Au lieu de l'herbe fine que j'avais rencontrée jusque-là, je trouvai de belles graminées disposées par touffes, dont les tiges ont de deux à trois mètres de hauteur, mais dont les feuilles, effilées et tranchantes, déchirent les parties du corps que ne protègent pas les vêtements.

L'eau est rare dans ce pays, et celle qu'on y boit, de mauvaise qualité. Pour s'en procurer, les habitants sont obligés d'aller aux ruisseaux qui descendent des montagnes; mais le plus souvent, ils creusent des mares, où les eaux de pluie viennent se réunir. Ils placent aussi sur le sol, en guise de citernes, des marmites en terre cuite.

Les villages sont bien aménagés et solidement construits : généralement, une bordure de bananiers et de grands arbres, au feuillage touffu, en marque la limite et en défend l'accès. Les cases, spacieuses et propres, sont faites de paille. Elles affectent la forme d'un dôme. Elles reposent sur un sol ferme et uni, qui se balaye facilement et qui ne recèle pas, comme le sol des Batékés, une innombrable vermine. Les cases des chefs ne diffèrent des cases ordinaires que par leur dimension et par une palissade en paille dont elles sont entourées. Il y en a de spéciales pour les femmes des personnages influents; celles-là s'élèvent au cœur du village. L'ameublement de la case se réduit au lit; mais le lit ne sert pas seulement pour le repos. On lui confie tous les objets auxquels on attache du prix; c'est le coffre-fort de la maison. Le lit des Bakouyas ressemble au lit des Batékés, que j'ai précédemment décrit.

Les Bakouyas sont plus grands que les Batékés : leur peau est moins noire. Ils parlent une langue moins dure et moins saccadée que celle de leurs voisins. Mais ils rappellent les Batékés par le vêtement, la coiffure, la parure et le tatouage. J'ai constaté avec plaisir qu'ils n'avaient pas, comme d'autres peuplades, l'habitude de se tailler les dents en pointe : c'est-à-dire qu'ils ne mangent pas leurs semblables. Ils rejettent même les crapauds, dont les Batékés font leurs délices; mais ils apprécient les sauterelles et les chenilles! Il est vrai qu'ils n'en font pas leur ordinaire. Ils ont le manioc, les bananes, les arachides. Ils possèdent aussi quelques poules et de rares « cabris ». Seulement, ils ne les mangent que dans les grands jours, parfois même ils ne les mangent pas; le Bakouya ne se décide qu'avec peine à manger l'animal qu'il a élevé! Est-ce parce qu'il veut garder pour les temps de disette une suprême ressource, ou parce que la disparition d'un hôte de la maison peut devenir une cause de « fétiche »? Je ne sais. En tout cas, il faut bien se garder de chercher dans sa sensibilité l'explication d'un fait aussi anormal.

Chez les Bakouyas, la culture n'a ni procédés particuliers, ni produits spéciaux. Ils récoltent en abondance du tabac, qu'ils exportent chez les Bakhourous de l'Alima. Ce tabac, d'une couleur noirâtre, contient beaucoup de nicotine. Je mets leur bière bien au-dessus de leur tabac. Elle est agréable au goût, quoique acidulée et très capiteuse. Aussi amène-t-elle facilement l'ivresse. On lira peut-être avec intérêt des détails sur la fabrication de cette boisson.

La bière des Bakouyas est tirée du maïs. On égrène le maïs sur des nattes que l'on a soin d'étendre dans les cases dont le sol est humide. Au bout de quelques jours, la graine est ramollie; on l'écrase alors, puis on la place dans des gourdes de vingt à trente litres que l'on remplit d'eau; la fermentation s'opère, et la bière est faite. Quand on veut lui donner plus de force, on ajoute au maïs de la canne à sucre.

Pour purger le liquide des impuretés de l'eau ou des détritus de la graine, on le filtre. Pour cette opération, les Bakouyas se servent de calebasses fendues par le milieu et dont un côté est revêtu d'un tissu quelconque. Ils versent la bière dans ce récipient et arrivent à obtenir un liquide d'une couleur grise, mais d'une pureté très grande.

Ce sont d'intrépides chasseurs. Les buffles traversent leur région en troupes nombreuses. On sait combien ces animaux sont méfiants et comme il est malaisé d'en approcher. Les Bakouyas parviennent à surmonter la difficulté. Ils se postent pendant la nuit, ou au point du jour, auprès des cours d'eau et à l'endroit où le troupeau passe ordinairement. Dès que les buffles apparaissent, les chasseurs glissent en rampant à travers les herbes et tirent l'animal lorsqu'ils le touchent pour ainsi dire avec leur fusil.

Il y a deux espèces de buffles : les buffles aux cornes droites et menaçantes, les buffles aux cornes recourbées en arrière. La viande des premiers est bonne, celle des autres exhale une odeur très forte. Ces animaux n'ont pas la taille des bœufs d'Europe : le mâle est noir, la femelle roussâtre.

Les naturels m'ont dit qu'il y avait dans les forêts qui s'étendent du côté de Nhempourou des « ngoubous »; c'est ainsi qu'ils appellent le lion. Les ngoubous seraient même nombreux et viendraient la nuit rôder autour des villages. Ce qui prouverait que les fauves (lions et panthères) se rencontrent dans ces parages, ce sont les précautions que l'on prend pour protéger les animaux domestiques contre leurs agressions. J'ai vu dans plusieurs villages, et notamment chez Nhempourou, la case où l'on enfermait les porcs entourée de gros troncs d'arbres, et l'on m'a toujours assuré que c'était le voisinage des ngoubous qui commandait ces mesures.

La supériorité à la chasse ne va pas chez les peuples primitifs sans les qualités guerrières. Les Bakouyas offrent la preuve de cette loi. Ils se livrèrent un jour devant moi à une fantasia militaire, dans laquelle je constatai, non sans étonnement, une certaine entente des règles du combat. Les hommes marchent sur un rang en poussant de grands cris, autant pour effrayer l'ennemi que pour soutenir leur courage, et en agitant leur fusil. Ils font feu tous ensemble et se reportent aussitôt en arrière, afin de recharger les armes. Dans la retraite, ils brandissent le fusil d'une main, le couteau de l'autre, et hurlent, si c'est possible, plus fort qu'au moment de l'attaque. Arrivés à une certaine distance, ils font volte-face, se reforment et courent de nouveau à l'ennemi.

La plupart des combattants sont armés de fusils; mais les esclaves n'ont que la zagaie. Ils achètent les fusils aux peuples de Stanleypool. Les armes viennent de Mayombé, sur le Congo inférieur. Elles sont vendues aux tribus de la côte par les traitants européens et passent au moyen des échanges de peuplade à peuplade, jusqu'à ce qu'elles parviennent au centre de l'Afrique. Les Bakouyas fabriquent eux-mêmes leurs couteaux, sortes de sabres-baïonnettes à deux tranchants, dont la lame est en fer battu et la poignée en cuivre.

Pendant mon séjour chez eux, un décès, dans lequel la guerre n'était pour rien, se produisit, et me permit de voir comment on procédait à l'embaumement des corps. Le neveu de Nhango, un tout jeune enfant, mourut le jour même de mon arrivée; on l'embauma aussitôt. Après avoir été recouvert de plantes aromatiques et enduit d'huile de palme, le cadavre fut enveloppé dans des feuilles de bananiers larges et sèches. On le saupoudra ensuite de terre; après quoi, on le roula dans plusieurs nattes jusqu'à ce que le tout revêtit une forme cylindrique. Cette opération terminée, on place le corps contre une des parois de la case, où il resterait, s'il faut admettre les renseignements qui m'ont été fournis, pendant un mois. Mais aussitôt après l'embaumement, commencent les honneurs funèbres. J'ai assisté aux cérémonies, dont je vais donner la description.

A l'aube, les esclaves, hommes et femmes, entrent dans

la case et s'assoient en rond autour du rouleau. Un vieillard entonne un chant plaintif, et les assistants l'accompagnent d'une voix que les sanglots entrecoupent. Ces lamentations cessent dès que le soleil apparait; elles reprennent au soleil couchant. La mort des chefs donne lieu aux mêmes manifestations, avec cette particularité que les assistants répandent sur leur corps, en signe de deuil, de la terre jaune. Le cadavre est inhumé dans des endroits affectés à l'ensevelissement, mais sur l'emplacement desquels, malgré tous mes efforts, je n'ai pu obtenir des indications précises. J'ai tout lieu de croire cependant que les Bakouyas déposent leurs morts verticalement dans des fosses qu'ils recouvrent ensuite de terre. Leurs cimetières doivent se trouver au sein des forêts vierges, dans des clairières auxquelles conduisent des sentiers à peine tracés, que le voyageur ne saurait se flatter de découvrir.

Mais s'il ne m'a pas été donné de voir un cimetière de Bakouyas, j'ai eu l'honneur insigne de tenir dans mes mains le fétiche de Nhango. Les fétiches pullulent chez les Bakouyas comme chez tous les peuples de l'Ogooué et du Congo. Les cornes remplies d'ingrédients divers, les plumes de certains oiseaux, certaines peaux d'animaux sont autant de fétiches. Mais à côté de ces divinités du second ordre, il y a les fétiches influents et terribles, dont le chef du village est le gardien et le seul ministre. Nhango est le grand féticheur des Bakouyas.

Sur le sol, contre le mur et au plafond même de sa case, les fétiches reposent sous forme de calebasses ou se balancent sous forme de peaux. Mais le fétiche qui, par excellence, protège ou tue, est adossé contre un des piliers de l'habitation : c'est une petite idole en terre.

Nhango paraissait très empressé auprès de ses fétiches. Je trouvais même qu'il l'était trop, et j'ai toujours soupçonné ce nègre malin de jouer avec moi du fétiche comme il avait joué déjà du parasol. Plusieurs fois, en allant lui rendre visite, je l'avais vu faire la toilette des dieux. Il me priait par signes de ne pas parler. Un jour, j'arrivais au moment où la toilette battait son plein. Après les calebasses qu'il essuya les unes après les autres et sur lesquelles il cracha une herbe qu'il mâchait, vint le tour de l'idole. Il la prit dans ses mains avec des précautions exagérées, la tourna dans tous les sens et lui envoya, dans tous les sens aussi, l'herbe mâchée dont sa bouche semblait recéler une provision inépuisable. Après quoi, il remit le fétiche à sa place habituelle. La curiosité me poussant ce jour-là davantage, je priai Ngango de me laisser « toucher » l'idole. Il me regarda avec des yeux où se peignaient l'inquiétude et l'hésitation; mais au bout d'un instant : « Tu peux « toucher » le fétiche, dit-il, parce que tu es blanc; si un noir le « touchait », il mourrait. » Je pris l'idole. C'était un bloc de terre noirâtre séché au soleil, auquel on avait essayé de donner la forme humaine. La figure était tatouée, les bras et les jambes mal faits; enfin, l'abdomen se terminait par un phallus outrageusement développé.

« Comment appelles-tu ce fétiche? dis-je à Nhango.

— C'est, me répondit-il, le fétiche qui nous garde; s'il venait à se briser, je mourrais, ainsi que ma femme. »

Je m'empressai de rendre à mon hôte une divinité si précieuse, et Nhango la déposa contre le pilier.

Mais ce ne fut pas tout. Comme s'il se repentait déjà de m'avoir permis de « toucher » l'idole, et afin de conjurer la colère du dieu, il me pria d'imiter les signes qu'il allait faire.

Il se livra d'abord à des mouvements de bras désordonnés; ensuite, il prit mes mains et les agita. Enfin, il leva les bras au ciel, frappa des mains quatre fois et termina la pantomime en étirant les jambes. Je l'avais imité de mon mieux.

Il était écrit que j'aurais, ce jour-là, le spectacle de toutes les cérémonies par lesquelles se traduit le culte des fétiches. A peine venais-je de quitter Nhango, que j'entendis, du fond de ma case, un concert des plus bizarres. Je sors, et Ogoula, auprès de qui je m'informe de la cause de ce bruit, m'apprend que ce sont les porteurs qui, avant de se mettre en route, implorent les fétiches.

Je pénétrai dans la case. Il y régnait un vacarme effroyable. Des hommes soufflaient dans des dents d'éléphant; d'autres, dans des cornes d'antilope; un troisième battait du tam-tam.

Soudain, le tapage cessa. Alors, s'éleva la voix lente et grave d'un vieillard : c'était le chef des esclaves du frère de Nhango. Quand il eut fini, il trempa ses doigts dans une corne remplie d'un liquide noir et les promena sur la joue et les sourcils des porteurs, sans préjudice de l'herbe mâchée qu'il crachait sur leur figure et dans leur dos.

Tout cela avait pour but d'attirer la protection des fétiches sur les porteurs et d'assurer à ceux-ci un voyage heureux et surtout lucratif. On va voir que le bon vieillard avait oublié de demander aux fétiches de donner aux porteurs le respect de mes marchandises.

CHAPITRE XIV

DANS L'INCONNU.

La descente du plateau. — Abris provisoires, mais instantanés. — Traversée de la Mpama. — La rivière Nkoro. — Village des Badjinyou-Nkoro. — Visite de dames badjinyous. — Des porteurs qui coûtent cher. — Je pars seul pour Nkouna. — Passage du Léfini. — Inquiétude, fatigue, faim et soif. — Excellente hospitalité du chef Monjalomé. — Je suis le bon Dieu! — Un fétiche heureux de me voir. — Le comble de la prévenance — Je revois enfin mes compagnons. — La dernière méchanceté des Bakouyas. — Un cadeau embarrassant. — Prévenance de Monjalomé. — Mabio, village de Babomas. — Un chef « de claque ». — Injuste défiance. — Rencontre de deux Balallis. — Une grosse affaire! — Village de Bassissés. — Nouvelles du Congo et de M. Stanley.

Le 4 avril, une demi-heure après avoir quitté Nhango, nous arrivions au bord du plateau des Bakouyas, et, avant d'en descendre le versant méridional, je pouvais contempler l'immense panorama qui s'étend à perte de vue vers le sud, dans la direction du fleuve Congo. Le pays qui s'offrait ainsi à ma vue, c'était l'inconnu; nul Européen n'avait encore parcouru cette route, où j'allais m'engager par la volonté toute-puissante de Nhango. M. de Brazza, dans ses voyages au Congo, avait pris la route qui passe chez Nhemp'hourou et qui se dirige vers le village de Mokoko. Cette route, par laquelle je revins, est plus courte pour aller de Franceville à Mokoko, mais plus longue quand on veut, de Franceville, se rendre à Nkouna (Stanleypool).

Je crois, d'ailleurs, que les voyages de la station de Franceville à la station de Brazzaville s'effectuent, aujourd'hui, par la voie que j'ai suivie. Au premier coup d'œil, je prévis un voyage pénible : cette succession de collines, de plateaux et de ravins, très pauvres en verdure, me fit l'effet d'un désert.

Nous commençons à descendre la pente du plateau, où je remarque des rochers bizarrement entaillés et pareils à d'immenses sentinelles ; je n'avais pas vu un seul rocher depuis près d'un an, c'est-à-dire depuis que j'avais quitté l'Ogooué. La descente fut fatigante pour les porteurs, qui avaient peine à garder l'équilibre dans un sentier aussi raviné ; nous arrivons ainsi à une gorge profondément encaissée, mais nous l'abandonnons bientôt pour marcher sur la crête d'une chaîne de hauteurs qui la bordent. Nous entrons dans le pays montagneux que nous avons aperçu du plateau; mais si ce pays a un relief très accidenté, la nature du sol, sablonneux comme celui des Batékés, et la végétation, composée d'une herbe maigre et de quelques rares forêts dans les bas-fonds marécageux, présentent une uniformité désespérante. Le soir, vers cinq heures, nous nous arrêtâmes pour camper dans une gorge étroite, où deux petites mares nous fournirent une eau tiède et de mauvais goût. Ce premier campement avec les Bakouyas me procura une surprise. A peine arrêtés, mes porteurs prirent chacun une branche d'arbre qu'ils piquèrent dans le sol; puis ils appuyèrent contre cette branche les herbes les plus longues qu'ils purent trouver dans la prairie, et, reliant le sommet de la tente ainsi formée par une sorte de chapeau fait en paille, ils eurent en quelques minutes des abris provisoires assez commodes, mais surtout peu coûteux et vite faits. Nous eûmes toute la nuit un temps brumeux et désagréable; la pluie menaçait de nous inonder, et le chef des porteurs, pour l'éloigner, fit les diverses opérations que j'avais vu exécuter chez les Batékés : il agita en l'air sa corne fétiche et se mit à cracher et à souffler dans la direction des nuages.

5 avril.

Nous partons à six heures du matin; il règne à ce moment un vent violent et froid. Après avoir traversé deux cours d'eau qui se jettent dans la Mpama, nous arrivons près de cette rivière, et nous la côtoyons jusqu'à cinq heures du soir. Le campement est établi sur une prairie de la rive gauche. Mes hommes, Sénégalais et Gabonais, n'avaient pas voulu se charger d'une provision de manioc et commençaient à souffrir de la faim. En allant chercher de l'eau dans la Mpama, Ahmet rencontra bien un buffle, dont nous n'aurions pas dédaigné les biftecks, mais il eut la maladresse de le manquer.

6 avril.

Après avoir suivi la rive gauche de la Mpama depuis sept heures du matin jusqu'à trois heures de l'après-midi, nous traversons cette rivière, qui n'est, à proprement parler, qu'un ruisseau profond et rapide. Il y avait, pour le passer en cet endroit, un tronc d'arbre servant de pont et une liane servant de rampe; mais ce pont élémentaire était pour le moment démoli, et, en travaillant pour le rétablir, je tombai à l'eau. « Ces rivières sont bien ennuyeuses à traverser », dit mon journal; en effet, l'arbre qui sert de pont est souvent submergé d'un mètre, et quand le courant est fort, on a beau se retenir à la liane, il est bien difficile de garder l'équilibre. Effrayés de ma mésaventure, qui pourtant n'avait pas eu de suites graves, mes porteurs refusèrent de passer avec leurs ballots; à la fin, pourtant, l'un d'entre eux, plus hardi que les autres, passa l'un après l'autre tous les ballots, et les hommes traversèrent seuls. Au delà de la Mpama, nous franchissons deux chaînes de hauteurs séparées par un vallon, et nous apercevons bientôt une gorge encaissée où coule, en serpentant au milieu d'une étroite forêt, une rivière appelée Nkoro. C'est près de cette rivière, suivant l'avis de mes porteurs, que nous devons rencontrer le premier village de notre route; mais, paraît-il, nous en sommes encore assez éloignés.

Dans la vallée du Nkoro, où nous commençons à descendre, je remarque une végétation particulière qui contraste d'une manière frappante avec celle des pays que je viens de parcourir. Je vois d'abord un arbre tout nouveau pour moi, de moyenne taille, à feuilles luisantes, couvert d'épines et produisant des fruits qui ressemblent à des oranges. Je retrouve le *combo-combo* [1], que je n'avais pas rencontré depuis mon départ de l'Ogooué; mais je n'aperçois pas l'*okoumé*, le grand arbre à pirogues de l'Ogooué, et je suppose que s'il en existait dans cette région, les peuples qui l'habitent connaîtraient l'usage des torches faites avec la résine de ce végétal. Cepen-

[1] Le combo-combo, qui vient ordinairement au voisinage des cours d'eau, est commun jusqu'à Franceville, où il est très-abondant sur les rives de l'Ogooué et de la Passa. On en rencontre encore à trois jours de marche au sud de Franceville, et il est probable qu'il existe dans tout le bassin de l'Ogooué jusqu'à la source de ce fleuve qui doit se trouver dans le massif d'où sort le Nkoro. Le bois de cet arbre est très léger; on en fait des pirogues moussik, et les Ossyebas, qui ne savent pas faire de pirogues, en construisent des radeaux pour traverser les rivières.

dant, cette présence du combo-combo près du Nkoro, tributaire du Congo, mérite d'attirer l'attention; on dirait qu'elle a pour but d'indiquer au voyageur qu'il n'est pas éloigné du bassin de l'Ogooué, dont la flore déborderait en ce point sur le bassin du Congo, de même qu'auprès de Njayolé, les sables des Batékés envahissent quelque peu le pays arrosé par le Nkoni, affluent de l'Ogooué.

Au moment d'atteindre le « village promis », le chef des porteurs me prie de m'arrêter, parce qu'il veut d'abord prévenir les chefs de l'arrivée d'un blanc. Il s'acquitte de cette mission et revient bientôt nous dire que le blanc est attendu. Il n'était que temps d'arriver : mes Sénégalais n'avaient rien mangé depuis la veille. Je pénétrai dans le village, dont les habitants vinrent en foule m'examiner, car ils avaient bien entendu parler des blancs, mais ils n'en avaient jamais vu. Ces Badjinyous du Nkoro sont de petite taille et me rappellent quelque peu les Bakanighés voisins de Franceville. J'employai la soirée à causer avec le chef, qui m'offrit du manioc et deux poules; mais l'heure étant trop avancée, la question des porteurs fut remise au lendemain. J'étais d'ailleurs exténué par deux jours et demi de marche dans les montagnes, presque sans arrêt, presque sans vivres et quelquefois sans eau.

7 avril.

Le chef vient me voir, et nous causons. Je lui dis où je me propose d'aller, et il me promet d'en parler à ses hommes qui sont absents, mais qui doivent revenir le lendemain. Le reste de la journée est consacré au repos; j'en ai tellement besoin, que le soir, une pluie torrentielle, précédée d'éclairs et de tonnerre, ne trouble pas du tout mon sommeil.

8 avril.

La nuit a été délicieuse. Quand je m'éveille, les hommes du village sont partis pour la chasse au singe; il ne reste plus que les femmes. Vers neuf heures, plusieurs d'entre elles viennent me faire une visite; elles s'assoient en rond et se mettent à chuchoter. Il y en a de fort jolies, et j'en remarque une surtout, coiffée d'une couronne d'herbe dentelée du plus gracieux effet et qui lui sied à ravir. Les instincts d'économie que la nécessité m'impose ne peuvent résister à tant de charmes, et j'offre à chacune de ces dames, en guise de dragées, une cuillerée de sel.

Mais les promesses du chef ne se réalisent pas. Jusqu'au soir, j'attends la fin de cette fameuse chasse au singe, que je commence à soupçonner de n'être qu'une chasse au canard, parce que j'ai déjà été trompé bien des fois, et je trouve singulier que des nègres abandonnent leur village, quand il y a chez eux un étranger qu'ils ne connaissent pas, et surtout un blanc, dont ils n'ont jamais vu la « couleur ». Enfin, à la nuit, le chef m'annonce que les hommes sont prévenus et doivent venir me trouver le lendemain matin pour régler les conditions du voyage et aussi du payement.

9 avril.

A sept heures du matin, averti par le chef, je me rends au milieu du village, où les hommes m'attendent. Avec Matoufa et Ogoula comme interprètes, je commence le palabre, et le payement est fixé à quatre brasses d'étoffe par porteur; mais avant de les donner, je fais répéter les conditions du voyage. Aussitôt, avec un ensemble admirable, tous les porteurs se récrient et ne veulent me conduire pour ce prix qu'au plus prochain village, c'est-à-dire à un jour de marche. Je m'emportai en reproches contre ces hommes, contre leur chef qui s'avouait incapable de les forcer à me conduire jusqu'à Nkouna; enfin, ne sachant plus sur qui tomber, je reprochai violemment aux hommes de Nhango de m'avoir conduit dans un village de voleurs. Puis, me ravisant, je m'adresse au plus vieux des deux pour l'engager à plaider ma cause auprès des Badjinyous. Un moment après, Ogoula vient me dire que ces deux hommes sont des Batékés de Nkouna qui, étant allés chez les Bakouyas pour faire leur commerce, profitaient de notre voyage pour gagner quelques marchandises en retournant dans leur pays. Cette nouvelle me fit un grand plaisir, et j'imaginai aussitôt un plan pour en tirer parti. Je fis appeler le plus jeune de ces hommes, qui me confirma l'assertion d'Ogoula à son sujet, et je lui expliquai que mes bagages étaient destinés à son père Ntaba et aux autres chefs de Nkouna. J'annonçai en même temps aux Sénégalais que j'allais partir seul pour tâcher de me procurer des porteurs, mais que si je n'en trouvais pas, je pousserais jusqu'à Nkouna.

Malal, Ahmet et Ogoula restèrent pour garder les bagages. Je donnai quarante brasses d'étoffe au plus jeune des porteurs, et, vers onze heures et demie, chargé d'un ballot considérable, je quittai le village des Badjinyous du Nkoro. La rivière traversée, je gravis une colline de la rive opposée et je perdis bientôt de vue mes compagnons, que je laissai en arrière; mais je n'étais pas sans inquiétude sur leur sort, bien que j'eusse fait crier par Ogoula que si l'on faisait le moindre mal à mes hommes, je reviendrais exprès pour punir les Badjinyous.

La route passait sur des collines couvertes de sable brûlant et très pauvres en végétaux. Le combo-combo et l'arbre épineux étaient restés sur les bords du Nkoro. Bientôt nous traversons de grandes prairies où serpente une étroite bande de forêts, que nous atteignons vers trois heures. Les arbres sont grands et beaux; il en est un surtout que je trouve remarquable parce que je ne l'ai encore rencontré nulle part. Au milieu de ces arbres coule la rivière Léfini, qui peut avoir en ce point vingt-cinq mètres de large; elle est rapide, mais n'a guère qu'un mètre cinquante de profondeur. Les lianes à caoutchouc sont très abondantes sur les rives, et souvent elles nous barrent le chemin. En continuant notre route au delà du Léfini, nous arrivons le soir sur les hauteurs qui limitent la vallée du côté du sud, et nous y installons nôtre campement. Il ne nous restait plus de vivres, et il tomba toute la nuit une pluie torrentielle.

10 avril.

Vers sept heures, nous reprenons notre marche sur l'herbe mouillée. Nous apercevons bientôt un troupeau de six buffles; j'en tire un qui tombe au coup de fusil, mais il se relève presque aussitôt, rejoint ses compagnons, et j'empêche mes porteurs de le poursuivre parce que je suis pressé d'arriver. Cette journée est une de celles où j'ai éprouvé le plus de souffrances physiques et morales. Nous n'avions plus ni vivres, ni eau; les pieds en sang et les membres brisés de fatigue, je chancelais sur la route et je m'appuyais à tous les arbres que je rencontrais; plusieurs fois, je me laissai aller à terre. De temps en temps, je demandais de l'eau à mes porteurs, et ils me répondaient « Bientôt » ou se taisaient. Matoufa marchait à côté de moi, portant mon havresac et quelques-unes de mes hardes. Lui aussi était fatigué et découragé, car les porteurs annonçaient toujours le village, et nous n'y arrivions jamais. A cinq heures pourtant, nous voyons à nos pieds un massif de verdure, et les porteurs m'annoncent une rivière et le village de Badjinyous. La rivière surtout me causa une indicible joie, dont on ne peut se faire une idée que si l'on a voyagé dans un désert. Aussi, quoique couvert de sueur, je me jette à l'eau en y arrivant. Ce n'est heureusement qu'un ruisseau, dont l'eau fraîche me ranime et me rend toute mon énergie. Nous nous reposons un moment près du ruisseau, puis, en suivant la vallée, nous atteignons le village établi sur une colline de la rive gauche.

Je m'assieds dans le village en attendant le chef, qui ne tarde pas à arriver. Ce chef, appelé Monjalomé, est un beau vieillard à cheveux de neige. Aussitôt qu'il me vit, il courut à moi, et, me serrant les mains, il dit à quelques hommes qui l'accompagnaient : « Je ne mourrai pas sans avoir vu le bon Dieu, car ce blanc l'est. » (Traduction de Matoufa.) Il donne immédiatement des ordres pour qu'on me prépare une case et me fait présent d'une poule. Je n'étais pas habitué à un pareil accueil; aussi m'empressai-je de donner à ce bon vieillard quelques menus objets, qu'il reçut avec reconnaissance; puis je lui racontai la méchante action des gens du Nkoro, qui m'avaient mis dans l'impossibilité d'emporter mes bagages. Il se leva aussitôt et dit à tous les hommes de son village qu'il fallait partir sur-le-champ pour aller chercher les bagages du blanc. Ses gens lui répondirent qu'il était trop tard, et que le manioc n'était pas fait; mais ils s'engagèrent à partir le lendemain matin.

11 avril.

Je reçois de bonne heure la visite du vénérable Monjalomé. Il s'excuse de ce que ses hommes ne sont pas partis, parce que le manioc n'était pas encore prêt; puis il m'annonce que son frère, prévenu de mon arrivée, va venir me voir. Effectivement, je reçois vers midi la visite de ce chef, beaucoup plus jeune que son frère. J'accepte un présent qu'il a eu la générosité de m'apporter, et je demande si l'on voudra me conduire jusqu'à Nkouna; les chefs me le promettent sans faire la moindre objection. Cette facilité m'étonne parce que je n'en ai pas l'habitude, et les mauvais procédés dont j'ai été si souvent victime m'ont rendu défiant, malgré le titre de bon Dieu que Monjalomé m'a décerné. La conversation fut laborieuse, parce que Matoufa, avec toute sa bonne volonté, comprenait assez mal le langage de ces Badjinyous, et quand elle fut terminée, j'eus quelque peine à me débarrasser des curieux qui venaient troubler le repos dont j'avais grand besoin.

12 avril.

Le matin, grande fête avec musique et chansons; on m'annonce le départ pour le Nkoro. Les deux soi-disant Batékés que m'avait donnés Nhango viennent me dire que je suis trop fatigué pour retourner au Nkoro, et ils m'offrent d'escorter les porteurs de Monjalomé, promettant d'être de retour le lendemain; sans défiance je consens à les laisser partir.

Je jouis chez le bon Monjalomé d'une tranquillité parfaite. Il me fait une visite et m'apporte son fétiche, afin que ce fétiche (heureux fétiche!) contemple le blanc; il me dit que des gens d'un pays éloigné, qui se sont arrêtés chez son frère, viendront me voir le lendemain. L'excellent homme fait ensuite abattre les hautes herbes qui entourent son village, « afin, dit-il, que le blanc puisse se promener plus à l'aise ». J'étais vraiment confus (et l'on conviendra qu'il y avait de quoi) de toutes ces prévenances.

Les gens des villages voisins accourent en foule parce qu'ils ont appris mon arrivée chez Monjalomé. J'ai le bonheur de trouver parmi eux un homme de Nkouna, venu chez les Badjinyous pour faire du commerce, et cet homme précieux m'apprend qu'en cinq jours de bonne marche j'atteindrai Nkouna; il me donne même des indications sur la route à suivre.

13 avril.

Journée passée chez Monjalomé. Ce chef me promet pour le soir une poule et du manioc; mais, en attendant, je déjeune avec une banane et un œuf qui n'en est plus un, sans être encore tout à fait un poulet. Le soir, je reçois les vivres promis et j'abandonne, pour ce jour-là, mon habitude de ne faire qu'un repas par jour.

14 avril.

Les gens de Monjalomé sont de retour avec tous mes bagages, et ce n'est pas sans émotion que j'ai revu mes compagnons de misère, Malal, Ahmet et Ogoula. Malal me raconte ce qui s'est passé chez les Badjinyous du Nkoro après mon départ. Il parait qu'on a refusé de vendre des vivres à mes hommes, et qu'ils ont été obligés, pour ne pas mourir de faim, de voler du manioc dans les plantations. On a voulu aussi piller mes bagages, mais mes braves compagnons les ont défendus avec courage et dévouement. J'apprends aussi une nouvelle qui m'exaspère : les deux prétendus Batékés, qui devaient me guider jusqu'à Nkouna et qui ont reçu de moi un payement de quarante brasses d'étoffe, ont dit de ma part à Malal qu'il fallait retourner chez Nhango avec toutes les marchandises; ils ont ensuite disparu en me volant des perles et quantité d'autres objets. Me voilà donc sans guides dans un pays inconnu. Dans cette triste condition, je ne pouvais trop ménager les gens chez lesquels je me trouvais; aussi je payai généreusement les hommes qui avaient été chercher mes ballots.

15 avril.

Je « palabre » longuement et sérieusement avec Monjalomé et son frère. Leurs hommes se plaignent d'être fatigués et craignent de mourir avant d'arriver à Nkouna; le manioc n'est pas prêt, etc.; en un mot, je leur vois dérouler, monotone comme un chapelet, la kyrielle ordinaire de mensonges et de mauvais prétextes. Le soir, le palabre est repris, et les hommes demandent un jour de repos, pendant lequel les femmes pourront préparer ce manioc tant désiré.

16 avril.

Monjalomé me dit que ses hommes ne peuvent aller jusqu'à Nkouna; mais il me promet de me faire porter jusqu'à Mabio, village de Babomas, où, m'assure-t-il, je trouverai facilement à me faire conduire jusqu'au terme de mon voyage. J'offre un cadeau à Monjalomé, et je lui donne en même temps un pavillon français, en lui expliquant ce que signifie ce morceau d'étoffe. Enchanté surtout de ce dernier présent, l'excellent homme veut me donner son pays, afin que les blancs protégent bien ses hommes. Le frère du chef ne fut pas moins satisfait du cadeau que je lui fis, et tous deux me prièrent de ne pas leur en vouloir s'ils ne me faisaient conduire que jusqu'à Mabio. Ils me firent promettre que les blancs reviendraient chez eux, et terminèrent la conversation en me donnant un petit cabri.

17 avril.

Aussitôt éveillé, je prépare mes bagages, et, suivant l'usage invariable, les porteurs commencent à montrer leur mauvaise volonté. A ma considération, Monjalomé saisit une trique et se met à poursuivre les plus récalcitrants, qui finissent par se décider à prendre leur fardeau. Je donne non sans émotion une poignée de main au vieux chef qui m'avait si bien traité pendant mon séjour et qui paraissait fort triste de mon départ, et nous nous remettons en route pour franchir collines et vallons.

Nous eûmes bientôt à traverser deux rivières dont je n'ai pu savoir le nom; l'une des deux, assez considérable, large d'environ quinze mètres, a un fort courant. Le soir, j'avais pris les devants avec Matoufa, et nous arrivâmes, près d'une rivière, au village de Mabio. Nous y entrons, et nous nous asseyons en attendant les porteurs qui arrivent bientôt, déposent leurs ballots et s'assoient à leur tour. Le chef, que je fais appeler, accourt et s'assoit, ainsi que les hommes qui l'accompagnent.

Voilà bien des gens assis. La comédie commence. Le chef frappe des mains, et ses gens applaudissent comme lui. Il dit quelques mots, et son monde les répète également. Je me demande ce que signifie cette scène, lorsque le chef « de claque » se met à interroger mon interprète Ogoula : « D'où vient ce blanc? Par quelle route est-il venu? Qui l'a amené de si loin? Comment s'est-il comporté dans tous les villages où il a passé? » Pareil à un écolier studieux que rien ne peut embarrasser, Ogoula répond victorieusement et point par point à toutes ces questions. Le chef, satisfait de ses réponses, recommence son exercice d'applaudissements, auquel ses hommes répondent comme la première fois; puis il vient me serrer les mains. La cérémonie de réception, qui m'aurait énormément amusé si j'avais eu moins de soucis, était terminée; on me fournit une case en me promettant, pour le lendemain, grande abondance de provisions.

18 avril.

Je passe cette journée dans le village Mabio, où j'apprends avec joie que Nkouna n'est qu'à trois jours et demi de marche; d'ailleurs, le chef, en m'offrant un gros cabri, me promet de me conduire à ce but tant désiré qui semble fuir devant moi. A la louange du chef Mabio, je dois dire dès maintenant qu'il a tenu parole, car j'avoue m'être défié de lui et avoir écrit dans mon journal : « Je n'ai pas grande confiance en ce chef. » Le soir de ce jour, mon Sénégalais Matoufa eut un violent accès de fièvre.

19 avril.

Je vois chez Mabio une foule de gens attirés par la curiosité. Il y a parmi eux deux Balallis, venus dans ce village pour acheter des esclaves. Comme taille et comme tatouage, je leur trouve une certaine ressemblance avec les Bakouyas. Le plus jeune de ces Balallis me dit que M. de Brazza a passé dans son village, et me raconte même une singulière aventure. Il paraît que l'âne de M. de Brazza a fait des siennes. Une frayeur subite lui a fait prendre le galop, et, dans sa course folle, il a mis en fuite deux femmes de Balallis qui, n'ayant jamais vu d'animal de cette espèce, se sont sauvées avec tant de précipitation, qu'elles sont tombées l'une sur l'autre dans un fossé. Il en est résulté pour l'une d'elles diverses contusions, dont M. de Brazza l'a dédommagée par un beau présent, bien que l'accident ne fût pas arrivé par sa faute; aussi les Balallis portent-ils aux nues le caractère généreux du commandant[1]. Le jeune Balalli me donne, avec la plus grande complaisance, des renseignements sur son pays; c'est chez lui, m'assure-t-il, que le Lébaï (Ogooué) prend sa source. Il me propose de me conduire à son village, qui n'est qu'à un jour et demi de marche; mais je le remercie de son offre obligeante, et je lui fais un cadeau en retour des renseignements précieux qu'il vient de me donner.

Dans la soirée, grand palabre avec les porteurs, qui demandent quatre brasses d'étoffe; ils finissent par se contenter de deux brasses, mais j'en donne dix au chef avec six kilos de sel, toute la poudre qui me reste, des perles et des glaces. Il est très content de ce cadeau, et le départ est fixé au lendemain matin. Mais mon Sénégalais Ahmet se laisse surprendre en tête-à-tête avec une femme du chef, et j'ai beaucoup de peine à étouffer

[1] Cette histoire m'a été répétée par d'autres Balallis, que je rencontrai dans le village d'Opendé, en octobre 1882.

cette affaire, qui a vivement surexcité tous les habitants du village.

20 avril.

A dix heures, nous quittons Mabio, et à onze heures, nous traversons une petite rivière, large tout au plus de six mètres. Nous commençons à gravir sur un sable brûlant une pente assez raide. La chaleur est torride, et nous sommes bientôt tourmentés d'une soif ardente; pour l'apaiser, nous trouvons fort à propos des fruits rouges, d'une saveur fraiche et acidulée, dont je mange avec excès. Vers deux heures, en escaladant sous un soleil de feu une montagne très escarpée, je suis atteint d'un affreux mal de tête et de palpitations violentes qui m'obligent de me coucher un moment; mon fidèle Matoufa, parasol vivant, me fait ombre de son corps. A peine remis de cette indisposition, je continue l'ascension jusqu'au sommet, où l'ombre de quelques arbres et une légère brise me procurent un grand soulagement. Jusqu'au soir, la route suivie traverse un pays de montagnes, et nous arrivons à la rivière Dotini, près de laquelle j'aperçois quelques huttes de marchands d'esclaves, pareilles à celles des porteurs bakouyas. Mes douleurs de tête ont complétement cessé, et la fraicheur qui règne en ce lieu, augmentée par une pluie de longue durée, me permet de passer une assez bonne nuit.

21 avril.

Nous partons de bonne heure pour continuer le voyage à travers un pays montagneux et qui parait tout à fait désert; il est cependant sillonné en tous sens de sentiers nombreux tracés par les éléphants et les buffles. La végétation est très maigre, si ce n'est dans les ravins les plus profonds. Arrivé au sommet d'une montagne très élevée, j'aperçois, pareille à un serpent sans fin, une forêt longue et étroite près de laquelle, au dire de mes porteurs, doit se trouver un village; et effectivement, vers quatre heures, nous arrivons à cette forêt que borde un mince filet d'eau large au plus d'un mètre et demi, et bientôt après à un village appartenant au peuple bassissé, dont les habitants accourent en foule, très étonnés de voir un blanc. Suivant les habitudes de leur corporation, les porteurs veulent m'abandonner dans ce village; je suis obligé de les menacer de mon winchester; le chef des Bassissés, qui est venu m'offrir en présent deux poules et du manioc, joint à mes menaces des exhortations et des considérations morales, et mes porteurs reviennent à de meilleurs sentiments. J'apprends dans ce village des nouvelles de Nkouna : on me dit que Bolimantari (M. Stanley) a fait construire une maison en pisé chez Ngaliémé, près des chutes de Ntamo.

22 avril.

Après une bonne nuit, je fais un cadeau au chef, je quitte le village bassissé, et nous marchons dans la direction du sud. Vers neuf heures, un village, appartenant encore aux Bassissés, se rencontre sur notre chemin, et mes porteurs, déposant leurs ballots, s'y rendent immédiatement. Impatienté de leur absence, qui me paraît en voie de s'éterniser, je vais moi-même les chercher, mais ils me suivent en murmurant et demandent à retourner chez eux. Les exhortations bienveillantes que je leur adresse ne produisant d'autre effet que de les rendre de plus en plus insolents, je suis obligé de recourir au winchester et de leur faire répéter par Ogoula les menaces de la veille, c'est-à-dire : « Celui d'entre vous qui voudra fuir et atteindra le sommet de la montagne sans avoir reçu une balle dans la tête, pourra se vanter d'avoir de la chance. » La menace produit son effet, et ils se remettent en marche sans nouvelle réclamation.

La route, toujours montagneuse, est semée de quelques rochers. J'aperçois cinq antilopes, que je n'ai pas le temps de poursuivre. Plus loin, c'est un éléphant que nous rencontrons; il fuit rapidement à notre approche et prend bientôt une avance considérable sur mes Sénégalais, qui se sont lancés à sa poursuite. Vers quatre heures du soir, nous campons au pied d'une haute montagne.

23 avril.

Ce jour-là, nous avons marché jusqu'au soir sur un terrain sablonneux d'une aridité désolante, lorsque nous apercevons au loin un plateau élevé couvert d'une végétation abondante, et mes porteurs me disent que c'est le plateau des Babomas. A cinq milles environ de ce plateau, nous nous arrêtons pour camper sur une lisière de forêts. A en juger par les sentiers nombreux tracés par les éléphants et couverts de leur fiente, ces animaux doivent être fort abondants dans le pays qui nous environne.

Suivant mes porteurs, le pied du plateau des Babomas n'est qu'à un jour de marche de Nkouna. Nous sortons de l'inconnu; je commence à espérer d'atteindre bientôt le but de mon voyage et de remplir avec succès la mission qui m'a été confiée.

CHAPITRE XV

LE CONGO OU OLIEMO.

Le Congo ou Oliemo. — Brazzaville et Léopoldville au mois d'avril 1882. — Malamine, chef de station. — Un déjeuner européen au centre de l'Afrique.

Depuis que je me savais à peu de distance de Nkouna, je ressentais une émotion et une impatience extrêmes. C'est à peine si je parvins à dormir pendant quelques heures; et le matin, malgré la pluie, j'ordonnais aux porteurs de se mettre en route. Après plusieurs heures de marche, nous atteignîmes la crête d'une montagne assez élevée. J'interrogeai l'horizon et j'aperçus au loin un nuage de vapeur; je crus entendre aussi un grondement continu. Mes porteurs s'approchent, poussent des cris de joie et me disent que « devant nous coule Oliemo »! C'est ainsi qu'ils appellent le Congo. Ils ajoutent que le bruit qui parvient jusqu'à nous est le bruit des chutes de Ntamo. Alors mes forces reviennent comme par enchantement. J'oublie les fatigues, les déboires de la route, mes pieds meurtris et la faim qui me presse, car, depuis la veille, les provisions sont épuisées. La marche reprend alerte et rapide. Nous gravissons une nouvelle colline, et j'aperçois enfin la vallée du Congo. Le spectacle qui s'offrit à mes yeux ne s'effacera jamais de ma mémoire. En cet endroit, le fleuve se répand en un lac immense. Cette nappe d'eau luit au soleil et semble à l'horizon se confondre avec le ciel. Enfin, le grondement monotone et sans fin des cataractes de Ntamo achève de donner à ce panorama un caractère de grandeur inexprimable.

Il est nécessaire, pour l'intelligence du récit qui va suivre, que je fournisse sur cette partie du haut Congo quelques renseignements géographiques. Quand on ouvre une carte d'Afrique, on voit que le Congo, que Stanley affecte de désigner par le nom de Liwingstone, que d'autres appellent Zaïre et que les noirs nomment Oliemo, après avoir coupé l'équateur vers le milieu du continent, se dirige vers l'ouest, puis redescend vers le sud, coupe de nouveau la ligne et rejoint obliquement la côte occidentale. Dans sa région moyenne et aussi dans la plus grande partie de son cours inférieur, le grand fleuve s'étend en larges nappes, divisées par des îles nombreuses. C'est à l'un de ces élargissements, véritable lac intérieur, que l'on a donné le nom de Stanley-pool, mais que l'on désigne aussi dans plusieurs cartes, et spécialement dans les cartes françaises, sous les noms de Nkouna ou de Ntamo, qui sont des appellations indigènes. A partir de Nkouna, le cours du Congo est obstrué par d'énormes chaussées de granit. Le fleuve, en se précipitant du haut de ces rochers avec un bruit effroyable que l'on entend à plusieurs milles, forme les cataractes de Ntamo. La partie inférieure du Congo ne devient navigable qu'à une assez grande distance de Ntamo.

On appelle communément haut Congo, ou région du cours supérieur du Congo, la partie du fleuve qui va de Ntamo vers le centre. A un mille environ des chutes de Ntamo et sur la rive gauche, se trouve la station belge de Léopoldville, fondée par Stanley. Sur la même rive, mais plus haut et à plusieurs milles de Léopoldville, on rencontre la position de Brazzaville, choisie par M. de Brazza comme l'emplacement des futurs établissements de la France[1].

Brazzaville se confond avec un village indigène qui s'appelle Ntchoulou. Les deux rives de Nkouna (j'emploierai indifféremment les mots de Nkouna et de Stanleypool) sont habitées par les Batékés, dits Batékés de Nkouna par opposition aux Batékés du haut Ogooué. Je me bornerai, pour le moment, à dire que les Batékés de Nkouna n'ont rien de commun, si ce n'est le nom, avec les Batékés dont j'ai parlé dans un chapitre précédent.

Il était cinq heures du soir lorsque j'arrivai au village batéké de Mfa, sur la rive droite. Toute la population était sur pied. Elle était visiblement intriguée par ma présence. Je comptais de quatre à cinq cents Batékés armés de fusils. Je les entendais se demander les uns aux autres : Quel est ce blanc? D'où vient-il? Où va-t-il? Et tous de m'examiner avec une excessive attention. Lorsque je jugeai que leur curiosité était en partie satisfaite, je fis répandre par Ogoula la nouvelle que j'étais le « *fils du commandant* ». C'est ainsi que les noirs appellent M. de Brazza. Je constatais alors combien était grande l'influence que M. de Brazza avait su acquérir sur ces peuples.

A peine Ogoula avait-il annoncé la bonne nouvelle, que de toute part s'élèvent des cris de joie, et j'entends cette phrase revenir sans cesse au milieu de la diversité des exclamations : « Ah! ah! voilà enfin un blanc qui

[1] C'est la description des établissements européens de Stanleypool en avril 1882.

vient parmi nous! Le blanc qui vient parmi nous! » Ces mots exprimaient à la fois la préoccupation et la satisfaction des Batékés. Pour en saisir le sens, il faut se rappeler que les stations européennes de Brazzaville et de Léopoldville étaient installées sur la rive gauche, tandis que la rive droite, où je me trouvais, était privée des avantages que les indigènes attachent à la présence des blancs. Il faut savoir, en outre, qu'à part M. de Brazza et moi, les Batékés n'avaient connu en fait de blancs que le blanc Stanley, dont ils n'avaient pas eu à se louer. Aussi fus-je fêté et choyé à l'excès. Le chef du village de Mfa, l'un des fils de Ntchoulou, m'offrit sa case. C'était une haute marque de sympathie et de déférence : je n'eus garde de refuser, et j'engageai la conversation avec mon hôte, autour duquel se tenaient plusieurs Batékés. Je confirmais la nouvelle répandue par Ogoula et j'ajoutais que les Fallas (Français) viendraient s'établir bientôt dans leur pays. « Oui, oui », répondirent le chef et ses hommes, « qu'ils viennent. Cette terre appartient au commandant. Il n'y a que lui qui soit pour nous. Bolimountari (c'est le nom qu'ils donnent à Stanley) nous a tué du monde; s'il vient chez nous, il trouvera les villages déserts. » Ils faisaient allusion à une tentative de Stanley pour s'établir chez eux; mais pour des raisons que je n'ai pas à apprécier ici, la tentative avait échoué, et Stanley avait dû se retirer précipitamment. Les Batékés de la rive gauche de Nkouna avaient gardé rancune au célèbre voyageur de la rigueur qu'il déploya dans sa vengeance; mais on verra que le souvenir de ce différend n'était pas resté avec la même intensité ni avec la même signification dans la mémoire de tous les chefs batékés. Quoi qu'il en soit, les paroles des Batékés et leur enthousiasme pour mon père le « *commandant* » me causèrent un vif plaisir. Ils voulurent bien me trouver digne de mon origine, car ils disaient : « Voilà l'enfant du *commandant* qui est bien; il vient chez nous sans armes, il ne veut pas nous faire la guerre. »

Il faut s'être trouvé au milieu d'un pays à peine connu pour comprendre tout ce que l'amitié d'une peuplade a de précieux. L'amitié des Batékés, c'est l'accès de Stanleypool rendu facile, et c'est une partie des produits du haut fleuve mis à la portée du commerce français; pour moi, c'était la garantie du succès de ma mission.

Le village de Mfa, où j'étais, constitue l'agglomération la plus importante, tant de la rive droite que de la rive gauche, de Nkouna. Formé par la réunion de plusieurs villages distants du fleuve de cent mètres seulement, il est le centre d'un commerce considérable; et je crois que c'est un des points du Congo où notre action peut s'exercer avec le plus d'efficacité.

La journée se termina aussi bien qu'elle avait commencé; pour la première fois depuis longtemps, j'eus l'avantage d'apaiser ma faim, sans que l'insuffisance ou la bizarrerie des mets inquiétât ma digestion; je dînai chez mon ami, le fils de Tchoulou, d'une poule, d'un peu de manioc et d'un beau poisson fumé.

Le lendemain 26, je pus jouir à mon aise de l'admirable vue de Stanleypool. Dans le village de Mfa régnait une animation extraordinaire. Tous les peuples du haut fleuve y étaient représentés : on y voyait des Aban-Ho, des Bayanzi, des Bakhourous, des Babouendi; tous venant à Mfa pour le commerce. Ils apportent chez les Batékés, qui leur servent d'intermédiaires avec les peu-

HABITATIONS DES INDIGÈNES AUX ENVIRONS DE BRAZZAVILLE.

Dessin de MOLEYRE, d'après un croquis de L. GUIRAL.

ples du bas Congo, l'ivoire, la bière, le maïs, le copal et la poterie. Les étalages de marchandises se font en plein vent, comme dans les foires d'Europe, et tout autour circulent vendeurs et acheteurs. De temps en temps, un groupe se détachait de la foule et disparaissait dans une case; c'étaient des intéressés qui allaient régler les conditions d'un marché ébauché sur la foire. Mais il ne m'a pas été possible d'assister à ces conciliabules. On entendait des détonations continuelles d'armes à feu. C'étaient des marchands, dont les uns annonçaient ainsi leur arrivée, dont les autres s'appelaient. Sur le fleuve, les pirogues glissaient; les unes abordant près de Mfa, les autres disparaissant dans la direction des villages de la rive gauche. Cette affluence de monde, ce va-et-vient incessant et ces clameurs, succédant au silence et à l'isolement des solitudes que je venais de traverser, m'impressionnèrent vivement, et je restais perdu dans une sorte de rêverie, les yeux fixés sur ce beau fleuve, dont une mince ligne bleue marquait à peine la rive opposée et dont les chutes de Ntamo disaient non loin de moi l'éternelle plainte. Mais les exigences de ma mission m'arrachèrent à ma contemplation. J'étais venu à Nkouna, non pour en admirer les splendeurs, mais pour en ramener Malamine!

J'envoyai donc des hommes de Mfa de l'autre côté du Congo pour informer le brave Sénégalais de mon arrivée. Vers onze heures, Tchoulou, chef du village où est établi le poste de Brazzaville, m'envoya une pirogue. J'y pris place aussitôt; mais arrivé au village, je ne trouvai pas Malamine : le commandant de la station était à la chasse. Cependant, le poste n'était pas tout à fait désert; il était gardé par Guama, un ancien esclave libéré de l'Ogooui, que j'avais eu l'occasion de voir à Franceville. Malamine revint, vers quatre heures du soir, avec un buffle magnifique.

M. de Brazza a rendu populaire parmi nous le nom de Malamine, que l'on appelle maintenant le sergent Malamine. En 1882, Malamine n'était qu'un laptot sénégalais, mais à coup sûr le meilleur des laptots[1]. Amené de Dakkar au Gabon par M. de Brazza, il avait accompagné l'éminent explorateur dans plusieurs voyages. Il connaissait particulièrement la région du Congo, qu'il avait parcourue soit avec M. de Brazza, soit avec le Père Angouard, des missions françaises. Comme la plupart de ses compatriotes, Malamine joignait à une intrépidité rare une robuste santé. Il avait de plus pour M. de Brazza un dévouement absolu. C'était un excellent chasseur, et j'insiste à dessein sur ce point, car cette qualité appréciable partout est inappréciable en Afrique, où elle peut devenir une cause de salut et même une source de profit. Plusieurs phases de la vie de Malamine, et spécialement les circonstances de son séjour à Brazzaville, sont la preuve de l'observation qui précède. Il est probable que sans ses talents cynégétiques Malamine serait sinon mort de faim, mais aurait du moins beaucoup souffert à Nkouna; et il est certain que les quartiers d'hippopotame ou de buffle qu'il distribuait avec libéralité aux différents chefs de Ntamo, lui ont attiré une sympathie qui a considérablement facilité sa tâche. M. de Brazza savait tout cela. Il savait aussi qu'on pouvait compter sur l'homme. Voilà pourquoi il avait confié au courageux Sénégalais le poste de Brazzaville, situation très difficile,

[1] On donne le nom de laptot aux tirailleurs sénégalais.

pour laquelle le voisinage d'Européens rivaux constituait un danger incessant, et où il fallait déployer non pas seulement de l'énergie, mais encore de l'habileté. Malamine, et c'est à mes yeux son plus grand mérite, justifia la confiance de son chef : il sut rester fidèle à sa parole et au pavillon français.

L'intrépide laptot, ai-je besoin de le dire? fut très heureux de me voir. Je lui fis part de l'objet de ma mission. Il en accueillit la nouvelle avec la docilité d'un factionnaire qu'on relève de sa garde Le commandant l'avait mis là, un autre commandant l'en éloignait : c'était toujours un commandant qui ordonnait. Il s'empressa d'obéir à l'ordre du second comme il avait exécuté l'ordre du premier. Il n'était pas tenu de savoir que les raisons qui avaient motivé son envoi conseillaient avec plus de force encore son maintien à Brazzaville.

Il faut bien que je parle aussi de la station que Malamine avait si religieusement gardée. Le nom de Brazzaville a souvent retenti dans les conférences géographiques : j'ignore à quelle réalité il correspond aujourd'hui [1], mais je suis obligé de confesser qu'au mois d'avril 1882, et j'en souffre pour notre amour-propre, il ne signifiait pas grand'chose. La description de Brazzaville de 1882 pourrait tenir dans une phrase : le poste de Brazzaville, c'était la case de Malamine! C'était bien peu, comme on va voir. Figurez-vous une case élevée dans le village de Ntchoulou et ressemblant à toutes les cases des Batékés, avec cette différence toutefois qu'un des murs en était légèrement affaissé, et vous aurez une idée de la phy-

[1] 1884.

sionomie extérieure du bâtiment. L'intérieur n'était pas luxueux. Pour tout mobilier, il y avait, au centre de la case, un plat du pays en terre cuite enfoncé dans la terre. Ce plat servait à la fois de crachoir et de récipient pour la braise. Au fond, se trouvait l'alcôve, avec le lit classique reposant sur des ronds de bois. Sous le lit, on apercevait les rares objets qui formaient la pacotille de la station. Un magnifique winchester à quatorze coups, cadeau de Stanley à Malamine, était accroché au-dessus du lit. C'était la plus belle arme, mais ce n'était pas la seule que renfermât l'arsenal de Brazzaville. Il y avait encore un winchester petit modèle à douze coups, un mousqueton Gras, un fusil à piston et un revolver. La batterie de cuisine et le service de table réunis se réduisaient à une marmite et deux assiettes. Enfin, une boussole, un nécessaire de toilette, en forme de panier, usé et démoli, une bouillotte transformée en poire à poudre par Malamine, complétaient le mobilier. Tous ces objets avaient été laissés par M. de Brazza en 1880. Je dois dire cependant que Brazzaville comptait une autre case, mais celle-là était tellement misérable, que j'aurais peut-être mieux fait de n'en pas parler. Les murs étaient faits de paille; mais l'humidité en ayant rongé la partie inférieure, la case se trouvait pour ainsi dire à jour. Dès qu'il pleuvait, les eaux du village emplissaient une partie de cette misérable hutte qui servait d'habitation à l'esclave libéré Guama et de cuisine à la station.

Malamine avait acheté lui-même sa case à un indigène du village de Ntchoulou moyennant trois cents barrettes de cuivre[1]. Je trouvai à la station cinq moutons amenés

[1] La barrette est un lingot de cuivre qui sert de monnaie.

par M. de Brazza en 1880, et destinés à n'être mangés qu'à la dernière extrémité. Malamine avait soigneusement conservé ces animaux; mais en 1882, ils n'avaient plus de raison d'être, puisque le poste allait être abandonné, et nous les mangeâmes. Une station sur Stanleypool ne se conçoit pas sans canot et même sans vapeur. Brazzaville avait son bâtiment : c'était une pirogue à sept rameurs achetée encore par Malamine cent cinquante barrettes. Le chef de la station l'utilisait pour se rendre d'un point de N'kouna à l'autre et surtout pour aller dans les îles du Congo ou sur la rive droite, chasser les buffles, les éléphants, les hippopotames et les antilopes.

Le personnel de la station n'était pas plus nombreux que le matériel n'était brillant. Il se composait de Malamine, chef de poste; du laptot San Batiam, et de l'esclave libéré Guama. Malamine et San Batiam habitaient la principale case. L'intrépide Sénégalais occupait Brazzaville depuis 1880. Il faut convenir qu'il a fait preuve d'habileté en se maintenant pendant une période si longue et avec si peu de ressources dans une position pleine de difficultés. Le ressort fondamental de la diplomatie de Malamine consistait en largesses envers les chefs indigènes de N'kouna. Malamine tirait le buffle et l'hippopotame comme pas un, et à Stanleypool ce gibier est très apprécié[1]. Il vendait une partie du produit de sa chasse pour se procurer les différentes choses dont la station ne pouvait se passer, et il donnait le reste aux roitelets batékés de Stanleypool. Ses libéralités allaient

[1] Au marché de Ntchoulou ou de Ngalième, un cuissot d'hippopotame vaut en bloc 80 barrettes ; au détail, le double ; un buffle se vend 400 barrettes.

même jusqu'à la station belge de Léopoldville. Il avait cultivé avec le plus grand bonheur chez tout le monde, chez les blancs aussi bien que chez les noirs, la reconnaissance de l'estomac, et je n'eus pas de peine à m'apercevoir qu'il était entouré des sympathies de tous. Je doute fort que les successeurs du Sénégalais obtiennent jamais à Stanleypool une popularité d'aussi bon aloi.

On voit, par ce qui précède, qu'en 1882, le poste de Brazzaville était un poste nominal plutôt que réel. C'était la présence de Malamine et de ses deux hommes au village de Ntchoulou qui importait à notre pays. On pouvait craindre, en effet, qu'après le départ de Malamine, le chef batéké Ntchoulou, cédant à des intrigues rivales, ne se détachât de notre pays; et, dans ce cas, l'un des résultats les plus précieux de l'activité opiniâtre de M. de Brazza aurait été compromis.

J'avais été péniblement impressionné par l'insuffisance de notre installation à Brazzaville. J'en fus affecté plus vivement encore lorsque je pus faire la comparaison de notre station avec la station de Léopoldville. Léopoldville est en aval de Brazzaville, entre notre poste et les cataractes de Ntamo. De Brazzaville, on s'y rend en vingt minutes en pirogue. La station touche le village indigène de Ngalieme. En 1882, elle était dirigée par M. Carlos Braconnier, aujourd'hui capitaine d'état-major de l'armée belge. Dès le lendemain de mon arrivée à Brazzaville, je me rendis à Léopoldville en compagnie de Malamine. Nous abordâmes en face de la station vers six heures du matin. M. Braconnier avait été prévenu de ma visite. Il m'attendait, et, lorsque je sortis de la pirogue, il vint à moi, me tendit la main et me dit : « Soyez le bienvenu à la station de Léopoldville. » Le ton de parfaite courtoisie avec lequel ces paroles furent prononcées ajouta au plaisir déjà très vif que me causait la vue d'un Européen. Je serrai avec effusion la main de M. Braconnier, et nous primes le chemin de la station. Un appétissant déjeuner m'y attendait, et la première préoccupation de M. Braconnier fut de m'en faire les honneurs. Le menu annonçait des sardines, des saucisses de conserve, un poulet et un filet de buffle « à la Malamine [1] ». Il me fallait évoquer des souvenirs de France, vieux de deux ans déjà, pour retrouver quelque chose d'aussi complet. Mais je n'eus besoin que de m'inspirer du moment présent pour trouver un appétit digne de la table.

Avec mon amphitryon, la conversation était devenue rapidement affectueuse. M. Braconnier se montra charmant, et Stanleypool est un endroit où l'on n'a pas besoin de rompre la glace. Malamine nous quitta après le déjeuner pour rentrer à Brazzaville, et je restai l'hôte de M. Braconnier, qui me fit visiter la station. Quel contraste avec les pauvres cases de notre poste! Léopoldville est bâtie sur la rive gauche du Congo, à un kilomètre environ de Ntamo. La station est située sur une sorte de terrasse que l'on a établie à mi-côte d'une colline parallèle au Congo. L'emplacement a été admirablement choisi. On aperçoit de là l'immense étendue de Nkouna, et, ce qui vaut mieux encore, sous ce soleil torride de l'Afrique, on y respire un air frais. Au centre, se trouve la maison qui sert de résidence au personnel européen. Elle est construite en pisé et se compose d'un rez-de-chaussée et d'un étage. Au rez-de-chaussée, il y a

[1] La veille, Malamine avait envoyé à Léopoldville un quartier de buffle.

ciuq pièces; les unes sont affectées au logement du personnel, les autres aux marchandises, la pièce centrale forme la salle à manger. Le premier étage tout entier est réservé à Stanley. C'est une vaste pièce éclairée par six fenêtres, pouvant à l'occasion tenir lieu de meurtrières. L'appartement est meublé avec un certain confortable. J'y ai vu un lit en fer, deux chaises, un fauteuil, une glace et une table; des cartes géographiques sont pendues aux murs; mais je fus surtout frappé par la quantité considérable de marchandises de toute nature rangées sur des étagères (étoffes, perles, objets de bimbeloterie), qui donnent à cette pièce l'aspect d'un magasin d'articles de Paris. Ce bâtiment central est entouré d'un jardin potager.

De là, on descend au fleuve par un chemin, sur les bords duquel s'élèvent les maisons des Zanzibarites, des Kroumans et des autres indigènes. Ces maisons sont, comme le bâtiment principal, bâties en pisé. Cette rue et les constructions qui la bordent constituent le noyau d'une agglomération appelée à s'agrandir. L'élément arabe domine dans le petit village de Léopoldville. Les Zanzibarites, amenés par Stanley de la côte orientale d'Afrique, appartiennent à la religion musulmane. Ce sont d'excellents serviteurs, énergiques et dévoués, bien supérieurs aux Kroumans, qui viennent de la côte occidentale.

J'ai constaté aux environs de Léopoldville un commencement de culture. On a défriché, et des plantations en bon état remplacent l'herbe. Enfin, au sommet de la colline est établi un parc à moutons, qui renfermait lors de ma visite une quinzaine de bêtes.

M. Braconnier était aimé de son personnel. Il avait su

imprimer à la station une direction intelligente et ferme. Ses ordres étaient exécutés avec une ponctualité à laquelle je rends d'autant plus volontiers hommage, que j'en aurais cru incapable un personnel composé d'éléments aussi divers. Dès le matin, les hommes étaient réunis aux sons d'un gong chinois. Ils se plaçaient sur un rang et subissaient une inspection; puis on assignait à chacun d'eux la tâche de la journée. Cette distribution de la besogne une fois faite, les hommes se rendaient au travail, qui s'effectuait sous la surveillance d'un jeune Américain, second de M. Braconnier. A midi, un coup de gong annonçait la cessation du travail, qui reprenait à deux heures pour finir à quatre heures et demie. La distribution des vivres se faisait avec la même régularité. Chaque homme recevait à midi sa ration pour vingt-quatre heures; elle consistait en boules de manioc et en bananes. Les Zanzibarites avaient pour surveillant spécial un Arabe, garçon intelligent, qui avait servi, je ne sais trop en quelle qualité, à bord de vaisseaux français, et qui parlait couramment notre langue.

En 1882, malgré son organisation sévère, la station de Léopoldville ne pouvait se suffire à elle-même; elle était obligée de se faire ravitailler par les établissements belges du Congo inférieur et de la côte. Un convoi de quarante hommes environ arrivait du bas fleuve tous les vingt ou vingt-cinq jours, portant des vivres, des marchandises ou des munitions. Le convoi se reposait à la station pendant quelques jours et repartait pour la côte, mais sans rien emporter. Ce qu'on appelle les « richesses de l'Afrique centrale » ne parvenait pas à former le chargement d'une poignée de porteurs.

Tout à Léopoldville revêtait une connaissance profonde des hommes et des choses de l'Afrique, et je me promis d'appliquer, le cas échéant, dans l'Ogooué les principes dont je venais de constater les brillants résultats.

Je voulais retourner à Brazzaville, mais M. Braconnier me pria d'accepter son hospitalité jusqu'au lendemain. Je ne pus résister au plaisir de goûter pendant quelques heures encore le charme d'un accueil aussi cordial; je passai la nuit à la station. Le lendemain, M. Braconnier me fit faire un déjeuner non moins agréable que celui de la veille. Je pris congé de lui dans l'après-midi. Nous nous séparâmes à regret et pénétrés de sympathie l'un pour l'autre. M. Braconnier, en 1882, était lieutenant d'état-major; c'était un homme jeune, ouvert, énergique. Il n'y avait chez lui ni jalousie ni envie. Il était, en outre, assez indépendant d'esprit pour rendre hommage au mérite, sans acception de nationalité, et pour condamner les torts partout où il croyait les apercevoir.

Je fus de retour au village de Ntchoulou vers quatre heures. J'y retrouvai Malamine. Nous causâmes longuement des habitants de Nkouna. J'accablai de questions l'intelligent Sénégalais, et j'appris ainsi une multitude de détails et de faits qui devaient me servir à conduire les investigations auxquelles je voulais me livrer sur le caractère des Batékés et sur l'importance commerciale de la région de Nkouna. J'employai mes journées à visiter les uns et les autres, j'allai d'une rive à l'autre, j'examinai tout ce que la méfiance des indigènes ne parvenait pas à me cacher, et je parvins ainsi à recueillir une foule de renseignements que je vais réunir dans un chapitre spécial.

CHAPITRE XVI

LE COMMERCE DU HAUT CONGO.

Les Batékés de Stanleypool. — Le commerce du haut Congo. — Monopole des Batékés. — L'avenir de Stanleypool. — Les voies ferrées du Congo.

On parle beaucoup des ressources que la colonisation ou l'exploitation du haut Congo peut fournir au commerce européen : la mode est aux débouchés. Je n'ai pas la prétention de me prononcer sur un aussi grave sujet. Je me bornerai dans ce chapitre à rapporter ce que j'ai vu à Stanleypool. Je dirai un mot de Nkouna et de la nature du commerce qui s'y fait, j'indiquerai entre les mains de qui se trouve ce commerce, et je laisserai au lecteur le soin de tirer de ces éléments d'information les conclusions qu'il jugera utiles.

Les deux rives de Nkouna sont habitées par les Batékés. J'ai déjà fait observer que les Batékés de Nkouna diffèrent complétement des Batékés de Franceville. Les riverains du Congo sont grands, sveltes, robustes. Leur visage est tatoué à la manière des autres peuplades. Leur peau est moins noire que celle des Batékés de Franceville. Ils portent comme vêtement le pagne, dit pagne du Congo, magnifique tissu fait de fil de palmier très souple et très fin. Les femmes que l'on rencontre chez les Batékés ne manquent pas d'agrément. Leur coiffure se distingue par une originalité d'assez bon goût. Elles disposent leurs cheveux par petites touffes, qu'elles roulent et maintiennent en boules à l'aide d'un cosmétique; elles les poudrent ensuite avec de la cendre d'écorce de banane, qui rappelle assez bien le blanc de nos élégantes d'Europe.

Les Batékés se montrent jaloux de leurs femmes, ce qui ne les empêche pas de les vendre. Ils sont cupides et méfiants. Il leur arrive assez souvent d'empoisonner un voisin ou un ami sous prétexte de venger une offense faite à un fétiche, mais en réalité pour s'emparer des richesses du mort. C'est de là que vient leur habitude de goûter, pour en démontrer l'innocuité, aux aliments ou aux boissons qu'ils vous offrent. Ils sont exigents. Ils déclarent toujours insuffisants les cadeaux qu'on leur fait. Quand j'eus donné à Ntchoulou les présents que je lui destinais, il m'en demanda de nouveaux pour ses enfants, puis pour sa femme, puis pour ses parents. Il n'était pas jusqu'aux esclaves, sur lesquels, d'après lui, ma libéralité ne dût s'étendre.

Les Batékés ne cultivent guère : leurs récoltes ne pourraient suffire à leur entretien. Ils sont obligés d'acheter une partie du manioc qu'ils consomment : ils ne récoltent que du tabac. Il est vrai qu'ils se livrent à certains arts manuels. Ils fabriquent des pipes, des colliers et des bracelets de cuivre; ils font aussi de petits paniers en osier. Leurs pipes atteignent des dimensions formidables. Il y en a dont le tuyau ne dépasse pas quatre-vingts centimètres, mais il en est d'autres qui ont deux et trois mètres de longueur. Celles-là ne sont ni faciles ni agréables à fumer. Pour en aspirer la fumée, ce n'est

CHEF BATÉKÉ PORTANT SON INSIGNE DE COMMANDEMENT.

(Extrait de la *Revue d'ethnographie*, publiée par E. LEROUX.)

pas trop de toute la vigueur des poumons. Encore cet effort a-t-il pour effet d'amener dans la bouche une fumée si épaisse, que le fumeur est asphyxié aux trois quarts.

L'industrie véritablement originale des Batékés est l'industrie du ciselage. Ce sont les orfèvres du haut Congo. Mais le cuivre, chez eux, remplace l'or. Les ouvriers batékés soumettent les barrettes de cuivre à l'action du feu. Ils les fouillent ensuite avec des couteaux de fer et même d'acier, et les transforment tantôt en colliers, tantôt en bracelets. Mais l'industrie, pas plus que l'agriculture, n'absorbe les Batékés : l'activité de ce peuple se porte ailleurs. L'occupation essentielle du Batéké, celle qui assure son existence et qui lui donne avec un bien-être relatif un développement intellectuel et une influence qui frappent l'Européen, c'est le commerce. Maitres des deux rives du Congo, les Batékés sont presque tous navigateurs et commerçants, et c'est dans leurs mains que se concentre le commerce du haut fleuve.

On trouve dans les marchés de Nkouna, comme objets d'alimentation : le buffle, l'hippopotame, le porc, les cabris, les poules, le poisson, le manioc, la bière de maïs; comme produits divers : l'ivoire, le tabac, la gomme-copal et surtout les *esclaves*. Je fus surpris de ne pas y voir figurer le caoutchouc. Dans les pirogues que j'ai rencontrées en remontant le Congo, je n'en ai pas vu non plus. Cependant, on récolte le caoutchouc dans une partie du bassin du Congo. Les peuplades dont j'avais traversé le territoire en me rendant à Stanleypool, en possèdent; mais elles le vendent à leurs voisins du sud tels que les Balallis, ce qui fait que ce produit parvient à la côte par la voie de terre. Comme produits industriels, on trouve à Stanleypool : des poteries, des paniers en bois, des pipes, des bracelets et des colliers de cuivre. Toutes ces marchandises sont amenées à Nkouna par le fleuve; seuls, les objets d'alimentation viennent en partie des Bakouyas et arrivent par la voie de terre. C'est ainsi que le copal, l'ivoire et la poterie sont apportés par les peuplades du haut Congo : les Aban-Ho, les Bayanzi, les Bakhourous. Les Batékés de Mokoko viennent vendre à Stanleypool les esclaves, l'ivoire et la bière de maïs. Quelques troupes d'esclaves sont conduites par les Bakouyas. Les Batékés de Stanleypool n'apportent sur le marché que des objets de luxe.

Il y a des marchés à peu près tous les jours sur l'un des points de Nkouna. A Mfa, se tiennent les marchés les plus importants. Les autres ont lieu chez Ntchoulou, chez Ngalieme et chez Mokoko (le Petit), près des chutes de Ntamo. Les marchandises sont étalées par terre et en plein air : le marché dure pendant une demi-journée environ. Il est très important de se procurer au marché les objets dont on a besoin; car, une fois la vente finie, tout disparaît : la marchandise se déplace et va se porter sur le marché voisin.

Les marchandises s'achètent au moyen de la barrette de cuivre, seule monnaie de Stanleypool, ou s'échangent contre des cotonnades ou d'autres objets de provenance européenne, tels que les armes, les articles de bimbeloterie, les perles, etc., etc. Par exception, les vivres ne s'échangent pas, ou s'échangent peu, contre d'autres marchandises. L'Européen qui veut en acheter doit avoir soin de se munir de la monnaie courante : la barrette. La barrette, on le sait, est un lingot de cuivre qui a la forme d'une petite barre. Il est impossible d'établir un rapport entre cette monnaie et la nôtre. On ne peut en fixer la valeur qu'en faisant connaître sa puissance d'achat. Une barrette achète du manioc en quantité suffisante pour la nourriture d'un homme pendant vingt-quatre heures, et vaut presque un litre de vin de palme. Il faut quatre barrettes pour avoir un gros poisson, et pour acheter une dent d'ivoire, il en faut plusieurs centaines. Je n'ai pas pu assister à un marché d'ivoire entre indigènes. J'ai su cependant qu'une dent de soixante livres valait en moyenne deux cents brasses d'étoffe légère, dite Congo, dix fusils à pierre, vingt barrillets de poudre, soixante barrettes et quelques poteries.

On achète la barrette elle-même à l'aide de marchandises diverses : le sel s'échange avec avantage contre la barrette; pour un petit sac long de vingt centimètres et gros comme un doigt, on a une barrette. A côté de cette monnaie, il en est une autre moins répandue, mais en usage cependant dans le Congo. C'est une sorte de coquille appelée cauris. Le cauris est employé par les Abanho et les Bayanzi.

Après avoir donné l'énumération des produits sur lesquels porte le commerce du haut Congo, je vais dire comment ces produits s'échangent entre les peuples du haut et du bas Congo. Ce sera faire connaître le caractère et l'importance du rôle joué dans ces transactions par les Batékés. Lorsque les marchandises du centre arrivent à Nkouna, elles ne peuvent chercher un débouché que sur les marchés de la région. Les obstacles du fleuve empêchent, en effet, de les transporter plus loin. Or, les Batékés, en possession, comme on l'a vu, des deux rives du Congo, sont les intermédiaires obligés entre les vendeurs d'en haut et les acheteurs d'en bas.

Ils le savent et ils abusent de leur situation. Ils sont, en quelque sorte, des commissionnaires en marchandises. Les Bakhourous, les Aban-Ho, les Bakouyas déposent chez eux les choses à vendre. Les Batékés entrent en rapport avec les acquéreurs, qui sont les Bakouyas, ou les noirs portugais appelés Poutou, et concluent la vente, sur le produit de laquelle ils opèrent une retenue assez considérable. D'autres fois, ils achètent directement la marchandise et la revendent ensuite pour leur propre compte. Ils réalisent ainsi des bénéfices relativement considérables, qui leur permettent de mener sans beaucoup de peine une vie à laquelle les satisfactions ne font pas défaut.

Le commerce le plus important du Congo est alimenté par l'ivoire et par les esclaves. L'ivoire est destiné à disparaitre par le fait même de son exploitation, si l'on peut s'exprimer ainsi. Le commerce des esclaves est condamné par nos mœurs et par nos lois, mais je crains bien qu'il ne survive longtemps. Il se pratique dans le Congo sur une grande échelle. Tous les peuples riverains du fleuve conduisent à Stanleypool leur contingent du troupeau humain. Les acheteurs d'esclaves viennent de la côte occidentale : ce sont les Bakouyas et les Poutous. Il me serait difficile de faire connaitre d'une façon précise les conditions de ces sortes de marchés. La valeur de l'être humain dépend du sexe, de l'âge, du développement physique; généralement, on achète les esclaves avec des fusils, de la poudre, des étoffes. Malamine m'a affirmé qu'on lui avait offert une jeune femme moyennant quatre cent soixante barrettes.

La position de Stanleypool, je viens de le montrer, assure aux Batékés des avantages très considérables. Mais la rapacité de ce peuple est telle, qu'elle le pousse à de véritables actes de piraterie contre les indigènes qui fréquentent le marché de Nkouna. Les Bakhourous, les Bayanzi, les Aban-Ho ont tous à se plaindre de la mauvaise foi et de la violence de ces écumeurs du Congo. Les Aban-Ho essayèrent même, il y a quelques années, de briser par la guerre le monopole exorbitant des Batékés; malheureusement, ils succombèrent. Il n'est pas de vexations qu'ils n'aient à subir chaque jour de la part de leurs adversaires. Si, en descendant le fleuve, ils ont l'imprudence d'atterrir dans le voisinage d'un village batéké, les riverains, sous un prétexte futile, attaquent le campement. Le moindre inconvénient qui en résulte pour les infortunés navigateurs, c'est d'être soumis à une forte rançon; mais parfois, hommes et marchandises sont emportés et vendus sur le marché de Stanleypool. Ces excès amènent quelquefois des représailles. Les Aban-Ho sont de meilleurs navigateurs que les Batékés. Lorsqu'une troupe d'Aban-Ho a eu à souffrir des Batékés, la nouvelle s'en répand vite parmi les indigènes de cette peuplade, toujours nombreux sur le fleuve et à Stanleypool. Aussitôt, les pirogues des Aban-Ho organisent des croisières au milieu des îles du Congo. Il est rare qu'elles ne parviennent pas à capturer des Batékés naviguant pour les besoins de leur commerce. Les Aban-Ho retiennent ces otages jusqu'à ce qu'ils aient obtenu satisfaction. Mais pour prévenir les difficultés, les Aban-Ho, comme tous les peuples du haut fleuve, ont l'habitude de faire escale dans des endroits éloignés des villages et de naviguer au milieu du fleuve.

Les Batékés ne sont pas sans inquiétude sur le sort que l'avenir réserve à leur monopole. Ils comprennent très bien que le jour où l'on parviendra à se passer de leur intermédiaire, ils seront perdus. A ce point de vue, l'arrivée des premiers blancs leur causa de vives craintes, qui se traduisirent tout d'abord par une hostilité marquée. C'est ainsi que le Père Angouard, de la mission française de Laudana, qui était monté à Stanleypool en suivant le cours inférieur du Congo, fut obligé de rétrograder. Il était accompagné par Malamine et servi par des Kroumans. Sans l'énergie du Sénégalais, le vaillant missionnaire, abandonné par ses porteurs, aurait infailliblement perdu ses marchandises et peut-être la vie. La même mésaventure arriva à Stanley lorsque, dans sa descente du Congo, il parvint à Stanleypool. Il voulut pénétrer sur la rive droite. Mais son campement fut attaqué à l'improviste par plusieurs milliers de Batékés. La résistance était impossible. Stanley dut se retirer. La retraite s'effectua même avec tant de précipitation, que les hommes n'eurent pas le temps de plier les tentes, et qu'ils les enlevèrent en les portant sur des pieux, comme autant de baldaquins. Toutefois, Stanley ne se retira pas sans protester, et il le fit avec son énergie habituelle. Les Batékés ont conservé le souvenir de la dure leçon qu'il leur infligea. M. de Brazza, seul, a su ne pas exciter les craintes des Batékés; il a même acquis sur eux un ascendant considérable. Il est parvenu à ce résultat en affectant précisément de respecter l'état de choses que je critique. M. de Brazza est arrivé chez les Batékés seul, ou à peu près seul, et sans le moindre appareil militaire, et il n'a pas négligé de faire ressortir, aux yeux de ce peuple intelligent, le contraste qui existait entre les agissements de la plupart des Européens et ses propres actes. Mais, je ne saurais trop le faire remarquer, les sentiments des Batékés à l'égard de M. de Brazza s'adressent plutôt à l'homme qu'au blanc, et bien que les habitants de Nkouna m'aient parlé avec la plus chaude sympathie du commandant et des Fallas[1], ce serait une erreur de croire qu'ils sont prêts à renoncer en notre faveur aux avantages de leur position. Aujourd'hui comme hier, les Batékés voient les Européens d'un œil jaloux; ils pressentent en eux des ennemis. Les blancs ne pourront de longtemps acheter directement aux noirs du centre de l'Afrique les objets qui apparaissent sur les marchés de Stanleypool. Les Batékés y mettront obstacle jusqu'au jour où l'on triomphera de leur résistance par la force. Cela est tellement vrai, que les Zanzibarites de Stanley et les membres de la mission belge n'avaient pu, à la date du mois de mai 1882, acheter directement de l'ivoire aux Aban-Ho.

En présence de cet état de choses (pénurie des marchandises, difficultés des transactions), il est permis de se demander si la région du Congo offre au commerce européen les ressources que certains se plaisent à lui attribuer. Je ne saurais, en ce qui me concerne, encourager cette opinion. Non pas que je prétende qu'il n'y a rien à tenter au Congo, telle n'est pas ma pensée; mais je ne partage pas les espérances exagérées que l'on fonde sur l'exploitation de cette partie de l'Afrique. Je me rappelle, à ce sujet, une conversation que j'eus, à mon retour en France, avec un commerçant qui a des intérêts au Gabon.

A celui-là, qui était très sceptique à l'endroit de l'« Ouest africain et de son avenir », j'essayais de vanter les richesses de l'Ogooué et du Congo.

[1] Français.

« Mais qu'y a-t-il, me répétait-il sans cesse, dans votre Ogooué et dans votre Congo?

— Il y a du caoutchouc.

— Et puis?

— De l'ivoire.

— Oui, répondait-il en riant, tant que dureront les éléphants! Et après cela, qu'avez-vous? »

Je n'osai pas lui parler, je l'avoue, des crapauds des Batékés ou des poteries des Aban-Ho.

« Les voyageurs, continua mon interlocuteur, sont tous les mêmes. Quand ils sont là-bas, ils tempêtent sans cesse contre l'inclémence du climat ou l'aridité du pays. Une fois rentrés en Europe, ils oublient tout et croient même avoir découvert l'Eldorado.

« Si encore, ajouta-t-il en s'animant, on pouvait remonter vos fleuves. Mais l'Ogooué est une capricieuse rivière, navigable pendant quelques mois de l'année, et qui engloutit la moitié des pirogues qu'on lui confie. Quant au Congo, c'est pis encore; on ne peut pas le remonter du tout. »

L'irascible commerçant avait dû perdre beaucoup de pirogues. Aussi je n'insistai pas, et nous parlâmes d'autre chose. Mais le souvenir de cette conversation m'est resté. Les railleries de l'armateur présentent, sous une forme saisissante, les critiques que soulèvent certains projets de colonisation de l'Ogooué ou du Congo.

Pour le moment, le commerce européen ne peut pas aller chercher dans ces régions autre chose que le caoutchouc ou l'ivoire; mais si les produits du sol manquent, ne peut-on pas espérer en obtenir à l'aide d'une culture intelligente? La question est complexe et comporte une réponse qui exigerait des développements hors de proportion avec le cadre de ce chapitre. Je me bornerai à quelques observations. Je ne peux pas ne pas rappeler ici que si, dans mes nombreuses excursions, j'ai traversé des territoires fertiles, j'en ai parcouru d'autres dont le sol est bien déshérité. D'un autre côté, il ne faut pas oublier que le seul instrument de travail possible sous ce soleil impitoyable, c'est le noir. Mais le noir de l' « Ouest africain » est la paresse incarnée. Stanley, qui a l'expérience de l'Afrique, le sait si bien, qu'il a recruté son personnel parmi les indigènes de la côte orientale. Mais j'admets que, sous une direction énergique, le noir parvienne à défricher le sol, comment amènera-t-on jusqu'à la côte les récoltes de l'intérieur? Les fleuves de l'Ogooué et du Congo ne sont pas utilisables comme voies navigables. La station de Franceville est à neuf cents kilomètres de la côte; l'Ogooué est navigable jusqu'à l'île de Djoli, c'est-à-dire jusqu'à deux cents kilomètres de l'embouchure. A partir de ce point, il n'est accessible qu'aux pirogues, et comme son cours est hérissé de rochers et tourmenté par les rapides, il ne faut pas moins de deux mois pour aller de la mer à Franceville. Encore cette navigation ne peut-elle s'effectuer que pendant une partie de l'année. Elle ne s'accomplit jamais sans pertes considérables. Au delà de Franceville, l'Ogooué devient un cours d'eau sans utilité pour la navigation. Il est vrai qu'on songe à relier l'Ogooué à l'Alima, qui se jette dans le Congo en amont et à une grande distance de Stanleypool. Mais cent cinquante kilomètres environ séparent la station de Franceville du point le plus rapproché de l'Alima. La région qui s'étend entre l'Alima et le haut Ogooué est d'une sécheresse excessive, et je ne crois pas que la route qu'on se propose de tracer attire à elle le trafic qui emprunte aujourd'hui le cours de l'Alima. Mais il y a plus. Une partie considérable, je puis même dire la partie la plus importante du commerce du bassin de l'Ogooué, se fait par la rivière Ngounié, qui coule parallèlement à la côte et qui va se jeter dans l'Ogooué un peu au-dessus de Lambaréné. On voit dès lors que le projet qui consiste à relier le Congo à l'Ogooué par l'Alima n'offre pas un intérêt pratique appréciable. On a parlé aussi, comme voie de pénétration, du Quiliou et de ses deux affluents, le Niari et le Njali ou Nlalli. Le Quiliou est navigable jusqu'à quinze milles du village Nguela; mais ses affluents ne paraissent pas devoir rendre les services qu'on attend d'eux. Ce que je puis dire, c'est que, dans leurs cours supérieurs, ils traversent un pays désolé, sans végétation, si ce n'est sur le bord des rivières, où la population est clairsemée, et où le silence des solitudes n'est troublé que par le cri strident d'un oiseau de proie qui poursuit et saisit au vol de grosses sauterelles, seuls êtres vivants de ces régions.

Reste le Congo. Mais j'ai déjà dit, et tout le monde sait, que ce magnifique fleuve n'est malheureusement navigable que dans une partie restreinte de son cours inférieur. La véritable embouchure du Congo, au point de vue commercial, est à Stanleypool. C'est là qu'il faut aboutir. On semble avoir renoncé aujourd'hui, « pour opérer le drainage des richesses de l'Afrique équatoriale », à se servir des voies fluviales. On se préoccupe de relier Stanleypool à la mer par une voie ferrée. Deux combinaisons sont en présence. Dans l'une d'elles, on établirait un chemin de fer le long du Congo inférieur jusqu'à un point où la navigation deviendrait facile. Ce serait le chemin de fer de l'association belge. Dans l'autre, on construirait une voie ferrée dans le bassin du Quiliou. Ce serait la voie française. Mais l'une et l'autre partiraient de Stanleypool. L'exécution de ces projets n'a évidemment rien d'impossible. L'industrie moderne est toute-puissante. Mais qui n'a pas parcouru le bassin du Congo ne peut se faire une idée des difficultés qui attendent une pareille entreprise. Pour ne parler que du Congo, il a fallu toute l'énergie et toute l'activité de Stanley pour frayer, le long du fleuve, à travers les montagnes qui en enserrent les rives, un chemin accessible aux caravanes de porteurs; et les noirs, qu'on ne l'oublie pas, se contentent de routes dont beaucoup d'Européens ne s'accommoderaient pas. Ce résultat a été obtenu au prix d'énormes sacrifices, et le Père Angouard, qui a été à même de le constater, le proclamait une œuvre de Romains. Que de vies humaines et que de millions ne coûtera pas la construction d'un chemin de fer! Et le chemin de fer une fois établi, quelles matières transportera-t-il?

Dans une question aussi délicate, il est bon de recueillir tous les avis. Or, voici ce que m'écrivait, en 1884, un étranger qui a exploré le Congo : « Les efforts que le roi des Belges et le gouvernement français font sont très louables, mais ils n'en resteront pas moins stériles. Pour moi, le Congo se [illegible] toujours une possession inutile et coûteuse, qu'on finira par abandonner comme on abandonne aujourd'hui le Soudan. Le Congo ne vaudra pas mieux que le Soudan. Voilà mon opinion. » Certes, je n'entends pas donner comme conclusion à ce chapitre une appréciation aussi nettement défavorable. Mais j'ai voulu mettre en garde contre un engouement funeste les gens qui ne jugent de ce pays que d'après des récits plus agréables qu'exacts. Je dissuaderai d'autant moins quelqu'un d'aller au Congo, que moi-même je veux y retourner. Mais je ne saurais trop répéter à ceux qui comptent y trouver la fortune, qu'ils y rencontreront avant tout de dures épreuves, et probablement des déboires. Quant aux partisans de chemins de fer, je me permettrai de leur soumettre une simple observation. Avant de construire une voie ferrée, fût-ce même un chemin de fer Decauville, ne serait-il pas bon de commencer par rendre les noirs laborieux et de transformer leurs forêts en plantations? L'ivoire est sans doute quelque chose, mais le moindre grain de café ne ferait-il pas mieux l'affaire des actionnaires[1]?

[1] *Note de l'éditeur :*

Dans un rapport du 8 février 1887, l'administrateur des affaires étrangères de l'État du Congo sollicite du gouvernement belge l'autorisation d'émettre un emprunt pour subvenir aux dépenses qu'entraînent les services de l'État indépendant.

Dans ce document, le rapporteur fait connaître que les revenus de l'État du Congo ne suffisent pas, *à beaucoup près*, à couvrir ses dépenses.

Il fait allusion à une Compagnie qui se serait formée dans le but d'étudier la construction de la voie ferrée qui doit mettre le haut Congo en communication avec la mer.

D'autre part, des nouvelles parvenues récemment de Banane indiqueraient que, par suite de mauvaises récoltes successives, le ravitaillement des postes du haut Congo rencontrerait de sérieuses difficultés. (Avril 1887.)

CHAPITRE XVII

DÉPART DE NKOUNA.

Il ne faut pas fumer devant le fétiche de Ntchoulou. — Je quitte Nkouna pour me rendre chez Mokoko. — Navigation en pirogue sur le Congo. — Les hippopotames et les moustiques. — Rencontre des Bakhourous. — Une pêche chez les Bakhourous.

Mon stock d'étoffes et de pacotilles n'était rien moins que considérable et ne me permettait pas de prolonger mon séjour à Nkouna. Mais avant de partir, je laissais aux chefs batékés des deux rives de Stanleypool un souvenir de mon passage. Le plus favorisé fut Ntchoulou. C'était, on ne l'a pas oublié, dans son village que se trouvait la station de Brazzaville, et il était essentiel que Ntchoulou fût entretenu dans ses bons sentiments à l'égard des Fallas. Ntchoulou avait un autre titre à mes préférences. Il était le vassal le plus respecté de Mokoko à Nkouna. Lui seul avait le droit de s'asseoir sur la peau de panthère, et c'est dans sa case qu'habitaient les fétiches de Stanleypool. A ce propos, il faut que je signale à ceux qui pourraient avoir à rendre visite à Ntchoulou une liberté que condamne sévèrement l'étiquette de l'endroit. Qu'on se garde de fumer devant les fétiches de Ntchoulou! Le 29 avril, j'entrai en compagnie de Malamine dans la case de Ntchoulou, tout en fumant ma pipe.

Malamine s'en aperçut. Il me saisit par le bras, et m'attirant à lui : « C'est mal, me dit-il tout bas, de fumer ici. » Et presque aussitôt Ntchoulou me fit dire que son fétiche serait malade s'il sentait la fumée. Je posai ma pipe d'un air contrit et me mis à examiner l'intéressante divinité. D'un mètre environ de hauteur, elle était en bois grossièrement taillé et portait le pagne batéké; la figure était tatouée; des débris de glace simulaient les yeux ; un trou marquait les oreilles et une ouverture horizontale la bouche; les jambes étaient massives et droites. Enfin, on pouvait s'apercevoir, en dépit des longs plis du pagne, que l'idole de Ntchoulou appartenait au genre masculin. Autour de ce fétiche étaient groupées des divinités secondaires, au nombre de dix environ. Toutes étaient en bois; et quelques-unes étaient sculptées avec un soin et un goût à rendre jaloux le grand fétiche. Ntchoulou, assis au milieu de sa case sur une peau de panthère, paraissait pénétré de l'importance de son rôle. J'avais à remplir auprès du chef batéké une mission qui ne laissait pas que de me préoccuper. Je venais lui annoncer mon départ et le rapatriement de Malamine. Je craignais que cette nouvelle n'impressionnât désagréablement mon hôte. Pour en atténuer l'effet, je fis dire à Ntchoulou que les Fallas ne tarderaient pas à revenir dans son village; et, comme j'avais remarqué que Ntchoulou, en digne Batéké, était rapace et cupide, je ne manquais de prêter aux blancs les dispositions les plus généreuses à l'égard des noirs : Ntchoulou en particulier serait accablé de présents. Il n'en fallut pas davantage pour lui faire accueillir sans peine la nouvelle de notre départ. Je crois même que Ntchoulou désirait *in petto* nous voir partir tout de suite. N'était-ce pas, en effet, la condition première de l'arrivée de nos riches successeurs? Les yeux de Ntchoulou brillaient de convoitise, et lui qui dans d'autres circonstances n'aurait pas mis à ma disposition un seul porteur, voulait m'en donner cent pour aller au-devant des blancs. Je le remerciai en souriant, et je le priai de réserver pour les Fallas le bénéfice de ses bienveillantes intentions. Toutes mes recommandations furent accueillies avec une faveur marquée, et pour témoigner de la sincérité de ses sentiments, Ntchoulou alla, en compagnie de Malamine, déterminer l'emplacement de la future station des Fallas.

Ma mission diplomatique était terminée. Je m'occupai d'organiser le retour à Franceville. Pour revenir à Franceville, j'avais à choisir entre deux itinéraires, celui que j'avais suivi en venant à Nkouna, ou l'itinéraire de M. de Brazza. La route de M. de Brazza longeait la rive droite du Congo, de Stanleypool jusqu'à Mokoko, coupait ensuite la rivière Lefini et pénétrait chez les Batékés par Ngango. Elle était plus longue que l'autre; je résolus néanmoins de la prendre. Je tenais essentiellement à rendre visite à Mokoko. Je voulais sonder ses intentions, voir par moi-même s'il continuait à rester l'ami des Fallas, ou si, au contraire, il ne se serait pas laissé ébranler et gagner peut-être par d'habiles libéralités. Ma troupe s'était grossie de Malamine et des deux hommes du poste de Brazzaville. Je la divisai en deux escouades : l'une, composée des Sénégalais; l'autre, formée des esclaves libérés Guama et Ogoula. Malamine prit le commandement de la première, avec laquelle il devait se rendre chez Mokoko en longeant le Congo. Je prescrivis à Malamine de m'attendre à la cour du roi nègre. Je gardai avec moi Ogoula et Guama.

Depuis quelque temps, je souffrais d'un abcès à la cheville, ce qui me mettait dans l'impossibilité de supporter les fatigues de la marche. Je formai donc le projet de me rendre chez Mokoko par le fleuve. Malheureusement, les moyens de navigation faisaient défaut. J'étais assez inquiet, lorsque Malamine finit par mettre la main sur un Aban-Ho de ses amis qui, après avoir vendu ses marchandises, se disposait à remonter le fleuve, pour rentrer chez lui. Macoulis était le nom de ce brave homme. J'eus un palabre avec Macoulis, et nous tombâmes facilement d'accord sur les conditions du transport. Il fut convenu qu'il me porterait en pirogue jusqu'à la hauteur du village de Mokoko. Macoulis devait être accompagné par plusieurs de ses compatriotes.

Le départ fut fixé au 1er mai. Déjà les bagages, qui se composaient d'effets personnels et d'un modeste ballot de vingt-cinq brasses d'étoffe, étaient préparés. Nous allions nous embarquer, lorsque la femme de Macoulis apparut. La détermination de Macoulis, dont elle avait été informée, lui avait inspiré une crainte mortelle. Elle se mit à crier et à gesticuler, prédisant à Macoulis les plus grands malheurs s'il recevait le blanc dans sa pirogue. Je me fâchai tout rouge par l'intermédiaire d'Ogoula, mon interprète, et j'invitai Macoulis à ne pas se préoccuper des sinistres prédictions de sa femme. Heureusement, mes exhortations étaient inutiles. Macoulis n'était pas aussi superstitieux que sa moitié. Mes effets furent placés dans la pirogue, la femme de Macoulis dut suivre mes effets, et à deux heures de l'après-midi, la légère embarcation, sur laquelle j'avais arboré le pavillon français, s'éloigna du rivage de Ntchoulou. Malamine et ses hommes nous dirent adieu. Ils allaient eux-mêmes traverser le fleuve pour remonter par la rive droite.

J'avoue que je ne quittai pas sans une profonde émotion le village de Ntchoulou. La station de Brazzaville n'existait plus! Mieux que personne j'avais pu me rendre compte de l'insuffisance de notre poste; mais je savais aussi combien était grande la mobilité des indigènes; désormais livrés à eux-mêmes, ne pouvaient-ils pas nous créer des difficultés dans l'avenir?

La pirogue de Macoulis fendait l'eau avec vitesse, et nous eûmes bientôt perdu de vue le village de Ntchoulou[1]. Je donnais libre cours à mes réflexions. J'étais au milieu du Congo, seul, sans autre escorte que mes deux interprètes Guama et Ogoula, souffrant et pour ainsi dire à la merci d'un indigène dont Malamine m'avait dit

[1] Les pirogues du Congo diffèrent sous plusieurs rapports des pirogues de l'Ogooué. Les pirogues de l'Ogooué ont le fond plat, celles du Congo ont une carène arrondie. Les premières sont moins longues que les secondes. Les embarcations en usage sur le grand fleuve appartiennent d'ailleurs à deux types.

Il y a d'abord le type des pirogues de Stanleypool, c'est-à-dire un canot massif aussi large à l'avant qu'à l'arrière, et muni à sa partie postérieure d'une plate-forme sur laquelle se place le pagayeur qui gouverne l'embarcation. Le second type adopté par les Aban-Ho et les Bakhourous est une pirogue longue et effilée comme les canots d'Europe, et avec laquelle on obtient une vitesse assez grande. La manière de pagayer n'est pas la même dans les deux fleuves. Dans l'Ogooué, où les rapides abondent, où le fleuve coule dans des chenaux étroits, les hommes pagayent en se tenant debout, et en enfonçant verticalement la pagaie, simple bâton d'un mètre cinquante centimètres de longueur, à l'extrémité duquel est attachée une palette large de douze centimètres. Au Congo, les pagayeurs se tiennent droits comme dans l'Ogooué; mais leurs pagaies sont de véritables rames longues de plus de deux mètres qu'ils manient à la façon des rameurs européens. Les embarcations du Congo n'ont pas la stabilité sur l'eau des pirogues à fond plat de l'Ogooué; en revanche, elles évoluent avec plus de facilité et marchent avec plus de vitesse.

le plus grand bien, dont j'avais constaté naguère les bonnes dispositions, mais dont je n'avais pas eu encore l'occasion d'éprouver la fidélité. L'entreprise pouvait me coûter cher, mais comment résister à la tentation de remonter le grand fleuve?

L'embarcation manquait un peu de stabilité; elle roulait et faisait de l'eau; mais Macoulis et son fils, placés, un à l'avant, l'autre à l'arrière, la dirigeaient avec habileté; deux Batékés du village de Ntchoulou et Guama et Ogoula maniaient les pagaies. A la chute du jour, abordant à la pointe d'une île qui s'étend jusqu'en face du village de Ntchoulou, nous établîmes le campement sur un banc de sable.

Quelle nuit détestable! A côté de moi, Guama et Ogoula geignaient d'une voix si dolente et prenaient des attitudes si bizarres, que je m'empressais de rire de leur malheur. Le mal dont ils se plaignaient et dont je souffrais moi-même nous venait des moustiques! La belle affaire! Cet inconvénient est, pour ainsi dire, de toutes les nuits en Afrique. Mais j'avoue que sur les bords du Congo il est particulièrement fâcheux. Au risque de m'asphyxier, je plaçai des tisons fumants sous la moustiquaire, et je réussis à goûter un peu de sommeil. Mais j'avais compté sans Macoulis. Mes yeux étaient fermés depuis quelques heures à peine, lorsque l'impitoyable Aban-Ho vint me secouer. Le jour commençait à poindre. Nous reprîmes notre voyage.

La pirogue s'avançait à travers un dédale d'îles charmantes, mais inhabitables à cause des caïmans qui en infestent les bords, et des moustiques, si nombreux et si acharnés, que nos corps en étaient couverts dès que la pirogue effleurait les herbes du rivage. Les hippopotames abondent aussi en cet endroit. Nous en rencontrâmes même une troupe si nombreuse, que Macoulis ordonna de stopper pour leur donner le temps de se retirer. Je leur envoyai plusieurs balles de mon mousqueton, mais sans résultat. Vers la fin de la journée, nous étions arrivés à un point où la large nappe d'eau de Nkouna commence à se retrécir et où le Congo coule entre les plateaux des Batékés (rive droite) et des Bafoumegas (rive gauche). Nous accostâmes une île avec l'intention d'y passer la nuit; mais quel ne fut pas notre étonnement de voir la place occupée par un campement de noirs! Macoulis me dit que c'étaient des Aban-Ho et des Bakhourous! Le hasard me plaçait plus tôt que je n'aurais osé l'espérer en présence de quelques-uns de ces fameux Bakhourous, de ces hardis navigateurs de l'Alima, avec qui, jusqu'à ce jour, M. de Brazza, et récemment encore M. Mizon, avaient vainement essayé de nouer des relations. A la vue du pavillon français et d'un blanc, les naturels, hommes, femmes et enfants, poussèrent un cri d'étonnement et, poussés par la curiosité, accoururent sur le rivage; et chacun de poser à Macoulis l'éternelle question des indigènes : « Quel est ce blanc et où va-t-il? » Où va-t-il, cela les intriguait; et une femme compléta la pensée qui était au fond de l'esprit de chacun, en s'écriant : « Ne porte pas le blanc chez nous, car tout le monde va avoir peur, et les villages seront abandonnés. » A peine Ogoula m'eut-il traduit ces mots, que je me hâtai de dissiper l'impression mauvaise qu'ils ne pouvaient manquer de produire, en m'exprimant ainsi : « Pourquoi, dis-je à la femme, prononces-tu de mauvaises paroles? Je viens ici avec deux hommes seulement, tu vois bien que je ne veux pas faire la guerre. » Les Bakhourous et les Aban-Ho se répétèrent ma réponse. « C'est vrai, dirent-ils, voilà un blanc qui vient seul dans Oliemo; s'il voulait faire la guerre, il aurait beaucoup d'hommes et beaucoup de fusils. » La partie était gagnée; les visages se rassérénèrent. Je m'avançai au milieu des indigènes, suivi par Ogoula. J'échangeai avec les hommes et les femmes des paroles aimables, et je m'informai à mon tour, auprès des Bakhourous, du but de leur voyage. Les uns me répondirent qu'ils se rendaient à Nkouna pour vendre des marchandises; les autres, qu'ils en revenaient et qu'ils retournaient chez eux. En effet, parmi les pirogues, les unes étaient chargées d'ivoire, de bière et de poteries; les autres étaient vides. J'aurais bien voulu établir notre campement à côté de celui des Bakhourous, mais je ne pus décider Macoulis à y consentir, et nous allâmes nous installer un peu plus haut[1].

Pour attendre la nuit, je m'amusai à tirer les hippopotames, dont les énormes têtes se mouvaient à la surface du fleuve; mais je ne fus pas heureux. Bien plus, les coups de fusil, loin d'effrayer les hippopotames, semblaient les irriter; car, chose que je n'ai constatée que

[1] Les indigènes du haut fleuve qui descendent à Stanleypool pour vendre des marchandises s'entourent de précautions dans leur campement de nuit, car ils ont à redouter deux ennemis : les riverains du fleuve et les hippopotames.

Ils tirent les pirogues sur le rivage jusqu'à ce que l'avant émerge complétement de l'eau, et les attachent ensuite à une perche enfoncée dans le sol.

Pour se mettre à l'abri de la pluie, ils recouvrent le campement au moyen de nattes supportées par des pagaies. Ils allument des feux autour desquels ils se groupent et s'endorment, enveloppés dans des nattes : c'est un confort que ne connaissent pas les indigènes de l'Ogooué. Pendant que les hommes dorment, les femmes veillent, prêtes à donner l'alerte en cas de danger.

cette fois-là, ils essayèrent d'escalader la rive. Je n'échappai aux hippopotames que pour être victime des moustiques. Mes hommes allumèrent de grands feux, mais ce fut en vain.

Le lendemain matin, personne n'eut besoin d'être réveillé. Peu avaient pu dormir, et tous se déchiraient avec leurs ongles pour tâcher d'apaiser les démangeaisons causées par les innombrables piqûres des insectes. Je me dirigeai vers la pirogue et j'allais y entrer, lorsque Macoulis m'arrêta. Il paraissait inquiet. Je le voyais interroger le ciel avec anxiété, et je parvenais d'autant moins à comprendre, que la journée s'annonçait comme devant être très belle. L'atmosphère était d'une limpidité parfaite, et le ciel d'un bleu admirable. On pouvait apercevoir cependant à l'horizon un petit nuage blanc qui se détachait sur l'azur du ciel comme un léger flocon de neige, mais l'idée ne me serait jamais venue que ce point blanc pût présager la tempête. C'était pourtant ce qui inquiétait Macoulis. Les tornados du Congo sont précédées souvent par ces minces nuées que l'Européen ne voit pas ou qu'il néglige, mais que l'œil du navigateur sait découvrir au fond du ciel. Or, sous l'action des tornados, le Congo se soulève en vagues étroites et heurtées, sous le choc desquelles chavirent les pirogues; nous avions, de plus, à franchir une distance de sept à huit kilomètres, en un point où le fleuve est bordé par des rochers taillés à pic, sur lesquels l'embarcation courait le risque de se briser. Mon pilote ne savait trop à quel parti se résoudre, mais l'exemple des Bakhourous fit disparaître ses craintes. Sans se préoccuper de la petite nuée, ils démarraient leurs pirogues pour tenter le passage. Macoulis les suivit, et nous nous en trouvâmes bien, car la tempête ne se déchaîna pas. Nous naviguions côte à côte avec les Bakhourous et les Aban-Ho, et de ce voisinage commençait à naître une sympathie réciproque. Vers midi, les Bakhourous abordèrent pour permettre aux pagayeurs de se reposer ; sur mon invitation, Macoulis en fit autant. Les pirogues furent amarrées au fond d'une échancrure de la rive. L'endroit avait été bien choisi. Le sol s'abaissait en pente douce jusqu'au fleuve et présentait une belle végétation. Une herbe fine et serrée, de grands arbres au feuillage profond, dont l'ombre s'étendait sur la pelouse en nappes noires, donnaient une sensation de fraîcheur que, pour ma part, je goûtai avec délices. Les pagayeurs bakhourous s'étendirent au pied des arbres, tandis que les femmes se tenaient près des pirogues. Mon attention se porta sur celles-ci ; je voulais à tout prix faire leur conquête, c'est-à-dire les faire revenir de la terreur dont l'une d'elles n'avait pu taire l'expression. Mais il fallait procéder avec prudence, sous peine de compromettre les résultats déjà acquis. J'étais assis à vingt mètres tout au plus du groupe des femmes. Je feignais de les examiner avec indifférence, laissant errer mon regard tantôt sur le fleuve, tantôt sur elles, tantôt sur les lignes capricieuses que décrivait, en s'envolant dans l'air, la fumée de ma pipe. Il ne me fut pas difficile de voir que j'étais l'objet de toute leur attention. Il restait chez elles une crainte dont le cœur des hommes s'était affranchi. Quand je crus remarquer que mon immobilité et mon calme avaient produit leur effet, je me levai et m'approchai de la femme qui, l'avant-veille, avait engagé Macoulis à ne pas me porter dans sa pirogue. Elle ne se montra pas trop effrayée ; évidemment, elle s'habituait à ma couleur. Je tirai des perles de ma poche et les lui offris. Elle les considéra un instant, puis détourna la tête et retira les mains qu'elle avait instinctivement avancées. Mais ce premier mouvement était le bon, et j'étais convaincu qu'elle y reviendrait. J'insistai donc. Et, cette fois, les perles l'emportèrent sur la peur du blanc. J'avais gagné la confiance de la femme. Mais il me fallait gagner le cœur de la mère. Elle avait à ses côtés un jeune enfant. Je tendis un collier au petit; mais celui-ci, en véritable sauvage, se mit à pousser des cris de paon et alla se réfugier dans les jambes de sa mère. La maman le rassura et... prit le collier. Désormais, je n'avais plus les femmes contre moi. J'allai ensuite aux hommes, et je donnai du fil de cuivre à plusieurs d'entre eux. Je n'ai pas besoin de dire que, de ce côté, je n'éprouvai aucun refus. Je poursuivis mon œuvre de séduction en plaisantant avec l'un, en frappant en signe d'amitié sur l'épaule de l'autre et en caressant les enfants.

A partir de ce jour, le pacte d'amitié fut définitivement formé. J'avais réussi à faire revenir de leurs préventions contre les blancs ces indigènes énergiques et méfiants, et je ne doutais pas que cette réconciliation n'eût un grand retentissement dans leur pays. Quand les hommes se furent reposés, les pirogues repartirent.

La pirogue que montaient les Bakhourous, à qui j'avais donné du fil de cuivre, suivait la mienne. Elle la dépassait quelquefois grâce à sa vitesse, mais elle ralentissait bientôt son allure pour se remettre à notre hauteur.

On s'arrêta vers quatre heures pour établir le campement. A ce moment-là, une pirogue, montée par des Batékés du village de Nganchou, passa près de nous à destination de Stanleypool. Elle était chargée de bonbonnes de bière. Les Batékés, ayant reconnu Ogoula, s'arrêtèrent. J'appris par eux que Bolimountari (Stanley) fondait une nouvelle station chez Ngoubela, près de l'Ibari. Cette nouvelle ne me fit pas plaisir. Tandis que l'œuvre, à peine commencée, de la France pouvait être compromise par l'abandon de Brazzaville, Stanley complétait la sienne en s'emparant de tous les points importants du fleuve. J'achetai aux Batékés une bonbonne de vingt-cinq litres, puis je chargeai Ogoula d'inviter de ma part les Aban-Ho et les Bakhourous à passer la soirée sous un arbre. Tous répondirent à mon invitation. La joie se peignait sur tous les visages. La bière y fut trouvée excellente. Rien ne manqua à ma réception. Un jeune Bakhourou se mit à chanter, en s'accompagnant d'une sorte de guitare, les airs mélancoliques de son pays; cependant, la bonbonne passait de mains en mains. Nous formions un groupe très pittoresque, les uns assis, les autres étendus sur l'herbe, tous fumant une pipe plus ou moins longue, mais un tabac également mauvais. Nous nous laissions aller au plaisir de notre récente, mais déjà cordiale amitié. Quand Ogoula n'était pas près de moi pour traduire mes paroles, je recourais, pour causer avec mes invités, à une mimique des plus animées. Je ne jurerais pas que nous parvenions toujours à nous comprendre, mais nous paraissions, mes interlocuteurs et moi, toujours satisfaits. N'était-ce pas suffisant? Vers la fin de la soirée, un jeune homme se leva et dit : « On nous dit que les blancs sont méchants et font la guerre; voilà l'enfant du commandant qui vient dans ce pays et qui nous donne des choses. » Et il ajouta en me désignant : « Boneti, boneti : bon, bon »; et tous de répéter :

« Boneti, boneti. » La soirée se poursuivit ainsi jusqu'à ce que le sommeil y mît un terme. Mais avant qu'on se séparât, je demandai un service aux jeunes Bakhourous. Comme nous approchions de la station de Stanley, je désirais réparer un peu mon costume et me présenter devant le célèbre explorateur avec mes insignes de quartier-maître. Les galons réglementaires me faisaient défaut; mais j'avais une ceinture en laine rouge, j'y découpai quatre galons que je fis coudre par mes petits amis. Ils se mirent immédiatement à la besogne et me rendirent ma vareuse avec des galons que le maître tailleur du bord n'eût pas mieux posés[1].

Le lendemain (1 mai), nous étions depuis quelque temps en route, lorsque, vers neuf heures du matin, survint un accident qui faillit nous coûter cher. A trente mètres du rivage, la pirogue fut tout à coup violemment soulevée. Les pagayeurs perdirent l'équilibre. Macoulis, ordinairement maître de lui, eut peur. La pirogue retomba, embarqua de l'eau et finit, après avoir oscillé deux fois, par reprendre son aplomb. Nous n'étions pas revenus de notre surprise, lorsque nous entendîmes un grognement sourd. Je me retournai et j'aperçus, à deux ou trois mètres, un hippopotame. Le monstre nous regardait en jetant de l'eau par la bouche; mais il disparut avant que j'eusse eu le temps de décharger sur lui mon fusil. J'examinai tout de suite mes ballots pour m'assurer qu'aucun n'était tombé dans le fleuve. Ils n'avaient pas été déplacés. Mais, hélas! mes souliers et ma pipe avaient

[1] Les naturels du Congo, ainsi que ceux de l'Ogooué, savent très bien coudre. Ils se servent d'une aiguille de six à sept centimètres, faite d'une mince tige de fer, dont l'œil est soigneusement aplati. L'aiguille passe à travers le tissu sans l'érailler. Ils tirent le fil de l'écorce d'un arbre, le fil est teint en noir.

disparu. Je fis vite mon deuil de la pipe, mais la perte de mes chaussures m'inquiéta beaucoup. C'était la seule paire qui me restât, et je me voyais condamné à marcher nu-pieds pour rentrer à Franceville. Aujourd'hui encore, je ne puis me rappeler sans émotion les souffrances horribles dont cet accident, insignifiant en apparence, fut la cause première.

Vers trois heures de l'après-midi, nous arrivâmes en face d'un affluent de la rive gauche. Macoulis voulut aborder; mais il me pria de ne pas descendre à terre, si je ne voulais pas effrayer les naturels. J'observai d'abord la consigne; mais quand je vis les pagayeurs revenir avec les mains pleines de bananes et de manioc, je ne pus résister au désir de me rendre compte par moi-même de la richesse de cette plage. Je fus très étonné de trouver, non loin du fleuve, un véritable marché de vivres. Je vis même une poule rôtie à la baguette. Seulement, on avait oublié de la vider. J'essayai, mais inutilement, d'acheter des vivres. Les indigènes, effrayés, restaient immobiles et ne me répondaient pas.

Heureusement, les Bakhourous n'étaient pas ingrats. Ils m'offrirent des bananes, que j'acceptai de grand cœur et que je mangeai de bon appétit. Je questionnai Macoulis au sujet de ce marché et des gens qui le tenaient. Il me répondit que ces marchands dépendaient de la tribu des Bafounegas (rive gauche). Leur village se trouve au milieu des terres; mais ils viennent, à jour fixe, vendre aux navigateurs du Congo les produits de leur culture. Ces marchés ne sont connus que des indigènes, et Macoulis m'assura qu'il en existait de semblables tout le long du haut Congo. Une fois les provisions terminées, Macoulis prit ses dispositions pour franchir la barre formée par le confluent de la rivière dont j'ai parlé et du Congo. Tout lui conseillait d'ailleurs de se hâter. Une brise assez forte venait de se lever, et le Congo, qui n'a pas en cet endroit plus de deux cents mètres de large, était très agité. Les lames déferlaient contre la pirogue et nous envoyaient des paquets. Macoulis s'assure que chacun est à son poste; puis il coupe une branche d'arbre, l'agite sur l'eau, frappe sur l'avant de la pirogue et donne le signal du départ. L'embarcation file sous la vigoureuse impulsion des rameurs et coupe la lame. La chose n'allait pas sans danger; mais Macoulis, avec sa branche qu'il brandit sans cesse, avec ses fétiches qu'il invoque, fait tant et si bien, que nous arrivons sans encombre de l'autre côté. Ce cours d'eau, dont les cartes ne font pas mention, peut avoir cent mètres de largeur à son embouchure. Il doit prendre sa source à peu de distance du Congo, dans les plateaux du Bafounega. Ses eaux noires, comme celles du Livindo, affluent de l'Ogooué, sont agréables à boire.

Ce jour-là, on établit le campement de bonne heure. Nous nous trouvions dans une région où les embarcations sont exposées, pendant la nuit, à être attaquées par les riverains. Et c'est pour être mieux en état de repousser, le cas échéant, une agression, que les Bakhourous voulaient prendre leurs précautions et ménager leurs forces. Lorsque les pirogues eurent été amarrées, les Bakhourous organisèrent une pêche. Nous remontâmes le long de la rive jusqu'à un endroit où le fleuve avait peu de fond et où les plantes aquatiques s'élevaient hautes et drues. Nous étions divisés en deux groupes, dont l'un se tenait sur la berge, tandis que l'autre remontait le courant dans une pirogue. Arrivés au point où la pêche devait s'effectuer, nous nous arrêtâmes. J'étais sur le bord; la pirogue prit le large, puis revint en décrivant des courbes vers le rivage; en même temps, les hommes frappaient l'eau de leurs pagaies. Cette manœuvre était destinée à rejeter le poisson dans les herbes. Au bout d'un instant, de jeunes Bakhourous sautèrent à l'eau et promenèrent à travers les plantes des paniers tressés avec des lianes, dans lesquels le poisson effrayé venait s'engouffrer. En même temps, les hommes harponnaient avec leurs zagaies les poissons, qui venaient à fleur d'eau. La zagaie manquait rarement le but; le pêcheur la ramenait à lui à l'aide d'une corde qui avait été préalablement attachée au fer de la lance. Les Bakhourous firent une pêche fructueuse, et nous rentrâmes au campement.

Je rassurai mon monde, et nous passâmes ensemble une soirée que rien ne vint troubler. Par extraordinaire, il n'y avait pas de moustiques. Le fleuve, dont j'apercevais les eaux à travers l'éclaircie des arbres, coulait paisiblement. La nuit était splendide. Le silence n'était troublé, de temps à autre, que par les chants des pagayeurs et le bruissement des pirogues qui descendaient à Stanleypool. Je comptai, ce soir-là, une dizaine de pirogues allant toutes à Nkouna. Je n'ai pas besoin de dire que la nuit, en dépit des craintes de Macoulis et des Bakhourous, fut aussi calme que la soirée avait été agréable. Nous nous approchions de plus en plus du village où se trouvait Stanley. La vallée du Congo s'élargissait. Devant nous, le fleuve se déroulait jusqu'à perte de vue, offrant à l'œil tantôt une large étendue, tantôt une ligne argentée qu'encadrait la verdure des rives. J'aperçus, sur la rive gauche, plusieurs campements de

Bakhourous. J'aurais bien voulu aller à eux pour continuer ma propagande en faveur des blancs; mais Macoulis se montra inébranlable, et je dus me résigner à naviguer sans relâche. Je me dédommageai en redoublant d'attention et de prévenances envers mes compagnons de route.

Un soir, comme nous nous reposions des fatigues de la journée, les femmes entonnèrent le chant des piroguiers, sorte de mélodie douce et triste, qui n'est pas sans charme. Les hommes étaient contents. J'avais mon winchester à côté de moi. Les Bakhourous me prièrent de le leur montrer. J'accédai aussitôt à leur désir, et je fis jouer le mécanisme de l'arme. Ils éprouvèrent un étonnement mêlé de crainte. Mais je me hâtais d'effacer cette mauvaise impression en distribuant de la poudre aux hommes et des clochettes aux femmes. Puis, j'entamai le sujet que je n'avais osé aborder jusque-là, des tentatives des Fallas pour s'établir dans leur pays. J'essayai de leur faire comprendre qu'ils avaient tout intérêt à bien accueillir les Fallas, et je les engageai à ne pas abandonner leurs villages si les blancs revenaient. Ils m'écoutèrent religieusement, mais se montrèrent réservés. Le chef surtout prêta une grande attention à mes paroles. Lorsque Ogoula eut achevé de leur traduire mon discours, ils se retirèrent dans leur campement et causèrent à voix basse. Je n'eus pas l'occasion de revenir sur cette question délicate, qui réveillait chez mes amis des souvenirs désagréables. Les événements auxquels je faisais allusion avaient, en effet, coûté la vie à bon nombre de leurs compatriotes. Il était, par conséquent, difficile d'insister. D'ailleurs, l'heure de la séparation approchait. Nous n'étions plus qu'à une journée du village de Ngoubela, qui est bâti près du confluent de l'Ibari (Couango des Portugais) et du Congo. Or, Ngoubela et son voisin Nganchou inspirent aux navigateurs une terreur malheureusement trop justifiée. Ces deux chefs n'hésitent pas, quand ils se croient sûrs du succès, à attaquer et à piller les pirogues. Pour échapper à ce danger, les Bakhourous résolurent de franchir, à la faveur de la nuit, ce dangereux passage.

C'était le 6 mai. Quand ils vinrent m'annoncer leur projet, j'éprouvai une véritable peine. Je m'étais pris de sympathie pour des gens qu'on m'avait dépeints comme dangereux et que j'avais trouvés honnêtes et bons. Ils m'avaient témoigné du dévouement. Plus d'une fois, dans les passages difficiles du fleuve, après avoir franchi l'obstacle, ils avaient atterri et étaient venus prêter à Macoulis le secours de leurs bras. Leurs pirogues côtoyaient presque toujours la mienne, et je suis convaincu qu'ils auraient affronté tous les dangers pour protéger ou pour sauver le blanc. Auprès d'eux, je n'avais pas pu faire valoir ma qualité de fils du commandant. Loin d'être une recommandation, elle eût, au contraire, engendré la défiance. J'étais tout simplement un blanc, le premier dont ils n'avaient pas eu à se plaindre, le blanc qui ne leur avait pas fait de mal, le blanc « boneti ».

Au moment où leurs pagaies allaient les éloigner de moi peut-être pour toujours, je leur demandai s'ils voulaient m'emmener dans leur pays. Ils crurent que je plaisantais, et me répondirent en souriant qu'ils étaient de bien loin. (Ella, ella : loin, loin.) Des considérations diverses m'empêchaient de profiter de l'occasion exceptionnelle qui s'offrait à moi d'explorer cette rivière Alima, que M. de Brazza lui-même avait vainement tenté de reconnaître. Mais si j'avais eu assez de marchandises et si je n'avais pas été obligé de rendre visite à Mokoko, chez qui m'attendait Malamine, je n'aurais pas hésité à sauter de la pirogue de Macoulis dans l'une des pirogues des Bakhourous. Mais tout me manquait. Sur un signal du chef, les pagayeurs plongèrent leurs avirons dans le fleuve, et les embarcations s'éloignèrent. Je les suivis longtemps des yeux. Elles emportaient avec elles un espoir bien fait pour séduire le cœur de quiconque a la passion de l'inconnu.

Je veux consacrer quelques mots à ces indigènes.

Les Bakhourous, que M. de Brazza appelle Afourous, sont d'une stature élevée, d'un tempérament sec et nerveux. Les traits de leur figure indiquent l'énergie. Leur peau est d'un beau noir. Les Bakhourous n'ont pas l'habitude du tatouage. Le chef des hommes qui avaient navigué avec moi portait cependant quelques marques à la tempe. Chez quelques femmes aussi, j'ai remarqué un semblant de tatouage à la hauteur des reins. Les Bakhourous ont le pagne du Congo. Leur coiffure rappelle celle des Batékés du haut Ogooué. Leurs femmes sont robustes. Souvent, elles relevaient les pagayeurs quand ceux-ci étaient fatigués. Celles d'entre elles qui avaient des enfants en bas âge les portaient sur le dos enroulés dans un pagne. La parure des hommes et des femmes, comme la parure des Batékés, consiste en bracelets de cuivre. Les Bakhourous ont avec eux beaucoup d'esclaves qu'ils achètent dans un marché qui se tient sur les bords du Congo, non loin de l'embouchure de l'Alima. Ils en gardent quelques-uns, et revendent les autres aux marchands de Stanleypool. C'est sur le même marché qu'ils trouvent l'ivoire.

Ce sont les meilleurs navigateurs du Congo. Leurs pirogues sont longues, effilées, de forme gracieuse et creusées dans un bois très dur. Quand elles chavirent, leur poids les empêche de surnager. Les Bakhourous manœuvrent leurs embarcations avec une rapidité et une précision qui m'ont étonné. Comme tous les navigateurs du Congo, ils ont l'habitude de chanter en pagayant : parfois même, un musicien mêle la note de son instrument aux chants des pagayeurs. Généralement, les femmes entonnent la chanson, et les hommes répondent. Les chants ont pour but de donner la cadence aux rameurs. J'ai vu même un Bakhourou, qui portait à la cheville un anneau de cuivre dans lequel étaient enchâssés de petits cailloux, frapper du pied sur la plate-forme de la pirogue, pour mieux marquer la mesure.

CHAPITRE XVIII

ENTREVUE AVEC STANLEY.

Entrevue avec Stanley. — Un nègre important. — Je fais de la diplomatie. — Portrait de Stanley. — Le vapeur *En avant*. — Sur la rive droite. — Je retrouve Malamine. — Ogoula mange du charbon de bois. — En vue de Mokoko.

Lorsque, le soir, la pirogue de Macoulis aborda le point de la rive où nous devions passer la nuit, je ressentis, avec une nouvelle vivacité, les regrets que m'avait causés le départ des Bakhourous. Au campement, je reçus la visite de plusieurs Bafounegas. Ces indigènes sont d'un caractère doux. L'un d'eux m'offrit une poule. Les femmes me considéraient avec curiosité; mais dès que je faisais le moindre mouvement, elles se dispersaient comme une volée de moineaux. Quant à Macoulis, il donnait des signes d'inquiétude visibles. Je lui demandai de me faire part de ses préoccupations, et je ne fus pas peu surpris d'apprendre qu'il redoutait un conflit entre Bolimountari (Stanley) et moi. Il était sous l'impression de propos sur les Fallas (Français), qu'on prêtait à Stanley et qu'il venait de recueillir de la bouche des indigènes. C'était la seconde fois depuis Nkouna que je saisissais dans les conversations des naturels la preuve de la rivalité d'influence qui se disputait le Congo. Je n'allais pas tarder d'ailleurs à voir Stanley lui-même se répandre contre

M. de Brazza en récriminations que le célèbre explorateur reproduisit plus tard en France, dans des circonstances que tout le monde connait.

Pour le moment, je me contentai de rassurer Macoulis; mais je n'y réussis qu'à moitié. C'est probablement à cet incident que je dus de faire la connaissance du fétiche de Macoulis. Macoulis avait un fétiche que je n'avais jamais aperçu, et je vis bien qu'il convenait de reporter à la protection de cette divinité le succès de notre montée du Congo, que j'avais attribué, jusqu'à ce jour, au sang-froid et à l'habileté de l'excellent Aban-Ho. Ce fut donc une véritable révélation pour moi lorsque Macoulis sortit d'un panier en osier un objet de forme cylindrique aplati aux deux extrémités, et qu'il serait difficile de comparer à quoi que ce soit. Le fétiche était en terre. Macoulis le prit avec les plus grands ménagements, l'enduisit d'huile de palme et le replaça ensuite dans le panier. Très certainement, tant d'attentions avaient pour but d'obtenir du fétiche qu'il conjurât le danger que créait le voisinage de Bolimountari. Le lendemain, Macoulis tremblait encore, malgré les invocations de la veille.

Comme Stanley occupait le village de Ngoubela sur la rive gauche, Macoulis aurait voulu remonter le fleuve en suivant le bord opposé. Mais cette fois j'obligeai le patron du bord à se conformer à ma volonté. Avec une forte branche, je fis un mât, à l'extrémité duquel je hissai le pavillon français, et j'ordonnai à Macoulis de se diriger vers le village de Ngoubela. Il était plus mort que vif, mais il dut obéir. Au bout d'une heure, j'aperçus un blanc près d'un village situé sur la rive du fleuve. Je descendis à terre et j'allai saluer l'étranger. C'était un jeune officier belge. Je le priai de me faire connaître si Stanley se trouvait chez Ngoubela. Il me répondit affirmativement et me donna son homme pour m'accompagner jusqu'au village. Dès que les Zanzibarites et les Khroumans m'aperçurent, ils se portèrent en courant à ma rencontre et me saluèrent. Au seuil du village, se tenaient deux Européens. Après leur avoir serré la main, je traversai le village, à l'extrémité duquel s'élevait une grande case, dont la porte était masquée par un rideau. C'était l'habitation de Stanley. Autour de la case, il y avait foule; hommes, femmes et enfants étaient assis pêle-mêle sur des nattes. J'entrai et je saluai Stanley en français. Stanley se leva, me serra la main et m'offrit un siège. Dans la case, on remarquait des noirs de différents types, parmi lesquels le chef Ngoubela et quelques blancs. La conversation s'engagea. Stanley parlait le français avec assez de pureté pour que je pusse le comprendre. Je lui annonçai que je venais de Nkouna. Quand il apprit que j'avais remonté le fleuve sur une pirogue d'Aban-Ho, il parut étonné. « Mossieu Guiral, dit-il, vous venu dans l'Afrique centrale avec dous hommes? » Et, se tournant vers un officier belge, il lui dit en anglais des paroles que je ne compris pas. Ngoubela se montrait fort bruyant; à tout instant, il se mêlait à la conversation; il poussa même le sans gêne jusqu'à venir s'asseoir entre Stanley et moi. Un Zanzibarite, interprète de Stanley, circulait dans l'assemblée, versant libéralement de la bière de maïs. Ngoubela en buvait beaucoup. Le chef Aban-Ho, court et gros, avait conscience de son importance, et Stanley le ménageait. Ngoubela, s'enhardissant de plus en plus, appela deux de ses enfants. Stanley donna à chacun d'eux un *journal*.

Placés l'un devant, l'autre derrière leur père, ils l'éventaient avec le journal, et, de temps en temps, Ngoubela, pour les récompenser sans doute, rejetait dans leur bouche une partie de la bière qu'il absorbait. Stanley assistait, sans sourciller, à ce spectacle répugnant. Il m'offrit de la bière dans un verre. Je me levai et je bus à sa santé et à la santé de MM. les Européens.

« Vous voyez ici, me dit Stanley, tous les gens du pays. Ce sont mes amis. Il y a parmi eux des Babouendis et des indigènes de l'intérieur. Mon premier voyage dans cette région s'est effectué sans incident. Je n'ai éprouvé de difficultés que plus bas, à Nkouna. »

Et Stanley me parla avec animation de ses démêlés avec les Batékés de Stanleypool. Le nom de M. de Brazza fut prononcé plusieurs fois. Stanley s'exprima sur le compte de l'éminent voyageur avec une âpreté de langage qui dénotait une vive irritation. Ma position était difficile, et ce qui ajoutait à mon embarras, c'est que Stanley semblait me prendre comme juge de ses griefs contre M. de Brazza. Pour ne pas prolonger un entretien dont le sujet m'était désagréable, je feignis d'ignorer la plupart des événements auxquels mon interlocuteur faisait allusion. Je me présentai à Stanley comme un membre très effacé de la mission française. Quant à ses difficultés avec les Batékés de Nkouna, je lui fis remarquer qu'au lieu d'être l'œuvre de M. de Brazza, elles pouvaient provenir uniquement de la susceptibilité des Batékés, menacés dans leur monopole par l'arrivée des blancs sur le haut fleuve. Il eut un geste de dénégation et me répondit en souriant : « Vous êtes un *politique.* » A ce moment, Ngoubela se mit à dire que « si le commandant revenait chez lui, il lui tirerait des coups de fusil ». La bière, comme le vin, a sa sincérité. Stanley gronda doucement Ngoubela, et il me parut qu'il lui disait que le commandant était un homme bon.

Je ne pus m'empêcher de sourire. Le langage de Ngoubela était d'autant plus étrange, que ce chef avait commencé par être l'ami de M. de Brazza. Il n'était pas probable qu'il eût changé tout seul de sentiments à l'égard du commandant. Quelqu'un l'avait donc retourné?

Je n'eus pas de peine à m'apercevoir que Stanley, qui avait été certainement informé de mon arrivée, avait pris des dispositions en vue de ma visite. L'affluence des gens autour de sa case et dans la case elle-même, ces types divers d'indigènes, la présence de Ngoubela, tout indiquait une réception officielle, réglée jusque dans les moindres détails et destinée à mettre en relief l'influence de Stanley. Je fis semblant de croire que le hasard seul m'avait permis de rencontrer à la station une affluence d'indigènes aussi considérable.

Midi approchait. Un officier belge me pria d'accepter à déjeuner avec ses camarades; je m'empressai de me rendre à son invitation, et je pris congé de Stanley.

Ces messieurs se montrèrent très aimables. Après le déjeuner, je fis appeler Macoulis. J'avais l'intention de continuer mon voyage. Mais le chef de mon embarcation était allé, lui aussi, saluer Stanley, et la bière de maïs avait fait son office. Tout ce que je parvins à saisir au milieu de ses explications embrouillées, c'est qu'il voulait coucher dans le village de son compatriote Ngoubela. Il n'y avait pas à insister.

Vers deux heures, Stanley me pria de me rendre dans sa case avec MM. les officiers. Je lui fis part du contre-temps qui venait de se produire; il s'empressa de m'offrir l'hospitalité à la station. Stanley causa longuement. Il m'adressa avec habileté plusieurs questions, auxquelles je ne répondis pas; je persistai dans mon système d'ignorance voulue. Mais Stanley, avec une ténacité qu'aucun échec ne lassait, revint maintes fois sur le même sujet : tantôt me présentant sous forme d'affirmation l'interrogation de tout à l'heure; tantôt essayant, par une brusque allusion, de provoquer un geste ou une parole dont il se fût hâté de dégager la conséquence. Je restai impénétrable. J'étais gai et j'exagérai encore ma gaieté, afin de lui persuader que l'insouciance formait véritablement le fond de mon caractère. Stanley voulut bien me complimenter à propos de mon voyage. « Je n'ai aucun mérite en cela, lui dis-je; où vous avez passé, la route est si bien tracée et si sûre, qu'un enfant pourrait y passer. » L'entretien se termina sur cet échange de compliments. Il était trois heures et demie. Stanley avait des palabres à régler, et il s'excusa d'être obligé de nous quitter.

La case de Stanley ressemble à un arsenal. Un lit, composé d'une paillasse, d'un matelas et d'une couverture, occupe le fond de la case. Sous l'oreiller, brille l'acier d'une crosse de fusil. Au-dessus du lit et accrochés au mur, se trouvent un martini, un snider, deux winchester et un fusil de chasse. La case est remplie, en outre, de ballots, de pacotilles et de caisses à porteur.

Stanley est un homme de taille moyenne, aux épaules étroites, au cou assez fort, aux cheveux presque blancs, contrastant avec la moustache d'un noir irréprochable taillée en brosse. Des yeux grands et saillants lancent des regards pénétrants, qu'il promène constamment sur son interlocuteur et qu'il arrête sur lui avec une fixité particulière quand il le questionne. Le teint, ordinairement pâle, se colore d'une vive rougeur au moindre mouvement de vivacité. Stanley porte un costume très simple: il a une chemise en toile à raies bleues et blanches, un veston gris et un pantalon qui s'arrête à mi-jambes; des bas couvrent le mollet; les pieds sont chaussés de brodequins noirs soigneusement cirés. Il est coiffé d'une casquette évasée par le haut et ornée d'un large galon de velours noir.

Stanley se tient continuellement sur ses gardes. Il habite seul une case isolée, il mange seul. Il maintient entre ses auxiliaires et lui une distance infranchissable. C'est un véritable chef militaire qui a ses lieutenants, ses soldats, ses heures de rapport, après lesquelles on n'arrive à lui que pour des motifs graves. Il est sévère; devant lui, les noirs tremblent. Je ne sais pas s'il est sympathique à son personnel. Je parle surtout des Européens; mais ce qu'il y a de certain, c'est qu'il exerce sur tous les membres de la mission, depuis l'officier belge jusqu'au dernier Khrouman, une grande influence. Il a la confiance la plus absolue de tous.

Dans ses premiers voyages au Congo, Stanley avait eu maille à partir avec les riverains. Il avait répondu aux agressions des noirs avec une vigueur redoutable. Il s'agissait alors pour lui de traverser, coûte que coûte, une région inexplorée. Il brisait les obstacles, parce qu'il n'avait pas le temps de les tourner. Cette tactique lui avait permis de descendre l'immense fleuve du Congo jusqu'à Stanleypool, mais elle lui avait suscité des inimitiés ardentes. En 1882, la situation s'était modifiée. A la période d'exploration, de pénétration, avait succédé la période d'organisation, et Stanley (j'en juge par ce que j'ai vu de mes propres yeux) sait aussi bien organiser qu'il a su vaillamment explorer. Cet homme, que certains représentent comme un être tout d'une pièce, sans habileté et sans souplesse, emploie aujourd'hui une politique insinuante et caressante. Il est tout miel avec ceux qu'il a malmenés autrefois. Après leur avoir envoyé des balles, il leur envoie des cadeaux, et il est en train de gagner à sa cause la plupart des chefs du Congo. Il n'est pas jusqu'à Mokoko lui-même qui n'ait subi l'influence des libéralités de Bolimountari. Je n'entends pas prendre parti, dans la querelle qui a surgi, entre Stanley et M. de Brazza. Je n'ai que de la sympathie pour M. de Brazza. Mais je ne suis le complaisant de personne, et je ne me préoccupe que de la vérité. C'est au nom de la vérité que j'obéis quand je rends ici aux éminentes qualités de Stanley un modeste hommage.

A cinq heures, je dînai avec le personnel européen de la station; le jeune officier belge était au nombre des convives. Il me fournit sur les entreprises de l'association tous les renseignements que je lui demandai. Avec lui, la conversation était plus facile qu'avec Stanley, parce qu'il parlait très couramment le français, et plus libre, parce que son âge et sa position mettaient entre nous moins de distance.

A six heures, Stanley nous invita à passer la soirée dans sa case; c'était la troisième entrevue que j'avais avec lui. Ce soir-là, il fut d'une gaieté intarissable. Il nous mit tout de suite à notre aise, et j'en profitai pour fumer une longue pipe du pays. Il se laissa aller à des souvenirs que ne vint pas traverser cette fois le nom d'un adversaire ou d'un rival, car ils se rattachaient à une œuvre qui lui appartenait en propre. Je veux dire sa traversée de l'Afrique à la recherche de Livingstone. Il nous raconta les péripéties de son voyage dans le Tanganika et dans le Congo. Il voulut bien ensuite me donner des conseils pour la route qui me restait à parcourir. « Si vous montez chez les Bayanzi[1], me dit-il, entourez-vous de précautions. Ce sont des gens cruels et de mauvaise foi, qui passent leur temps à naviguer et à pêcher, qui occupent les îles du fleuve, d'où ils peuvent vous envoyer des coups de fusil. Je vous préviens aussi que vous trouverez sur les rives du Livingstone (Stanley désigne toujours ainsi le Congo) beaucoup de boue. »

Il m'offrit une chèvre (il n'avait pas eu de peine à s'apercevoir de la pénurie de mes ressources), mais je le remerciai. « Prenez-la, me dit-il, je vous l'offre de bon cœur, et vous en aurez besoin. Puisque vous remontez le fleuve, vous rencontrerez Nganchou ; vous serez obligé d'accepter de lui un maigre cadeau qu'il vous faudra lui rendre au centuple. Et comme il est très exigeant, cela vous ruinera. » Je persistai dans mon refus.

On se rappelle que mes souliers avaient suivi ma pipe dans le Congo. J'avais dû me présenter pieds nus devant Stanley. Lui, qui avait de magnifiques brodequins, ne comprenait pas qu'on pût s'en passer, et il voulut presque me contraindre à accepter une paire de bottes. Mais je refusai les bottes comme j'avais refusé le « cabri ». « Mais, reprit-il vivement, pourrez-vous marcher sans chaussures lorsque la pirogue de Macoulis vous déposera à terre? — Je l'espère, répondis-je. — Alors, vous êtes comme M. de Brazza, qui marche pieds nus. Il faut avoir du courage. » La soirée se prolongea jusqu'à dix heures.

[1] Les Bayanzi sont au-dessus de Mokoko.

Je passai la nuit sur un lit de camp que le jeune officier belge avait fait dresser sous sa tente; je goûtai un sommeil qui me rappela la bonne couchée de Léopoldville. Quand j'ouvris les yeux le lendemain, il était sept heures. Je me levai tout de suite et je fis appeler Macoulis. Il était revenu de son émotion de la veille, et sa pirogue était prête. Stanley sortit de sa case et vint à moi. Il avait fait allumer les feux du vapeur *En avant;* sa petite embarcation manœuvra devant nous. C'était une forte chaloupe en fer avec mâture pour la voile. Elle se comportait bien à l'eau; elle traversa le Congo, dont elle remonta ensuite le courant. J'offris mes félicitations à Stanley, et, après l'avoir remercié une dernière fois de sa bienveillante hospitalité, j'entrai dans ma modeste pirogue.

Le village de Ngoubela se trouvait presque à la hauteur du point où il me fallait aborder pour me rendre chez Mokoko. Il ne me restait qu'à franchir le confluent de l'Ibari et du Congo, et à traverser le fleuve pour passer sur la rive droite. Macoulis longea d'abord la rive gauche; puis il se dirigea sur le village de Njali, qui est construit sur la rive droite.

Njali, chef Aban-Ho, grand ami de M. de Brazza, m'accueillit fort bien. Je fus étonné de rencontrer dans son village des Batékés, et, parmi eux, la sœur du chef batéké Nganchou, l'un des vassaux influents du roi Mokoko. Njali m'apprit que la cour de Mokoko était en proie à des tiraillements, et que Nganchou avait l'intention de s'installer chez les Aban-Ho. Et la sœur de Nganchou me dit que son frère était allé porter des présents au roi de la part de Bolimountari (Stanley). Il n'y avait au village ni porteurs ni manioc. Njali m'engagea à attendre le retour de Nganchou. C'était le 8 mai. J'attendis donc. Mais ni ce jour-là ni le lendemain je ne vis arriver Nganchou. Le temps commençait à me paraître long, lorsque le 10, vers onze heures du matin, j'eus l'agréable surprise de la visite de Malamine, accompagné de Matoufa et de Samba-Tiam. Malamine venait d'arriver chez Mokoko; mais ne m'y ayant pas trouvé, il craignit que je n'eusse été victime de quelque accident sur le Congo, et il venait à ma recherche avec ses camarades et trois hommes que Mokoko lui avait donnés.

Le 10 et le 11 s'écoulèrent sans que la sœur de Nganchou, qui regardait toujours, vît rien venir. Enfin, le 12, ennuyé de tant de retards, je pris mes dispositions pour le départ; je parvins à engager deux porteurs. Mon palabre faillit être compromis par bien peu. Il venait d'être terminé, lorsque j'aperçus un caïman allongé sur l'un des nombreux troncs d'arbres que les tornados couchent dans le Congo. Je m'approchai pour le tirer, mais la sœur de Nganchou se précipita vers moi en me priant de ne pas tuer le caïman, parce que, me dit-elle, c'était le « grand fétiche » de son frère. Je renonçai avec mauvaise humeur à mon coup de fusil, et la sœur de Nganchou fut satisfaite.

Entre temps, mon interprète Ogoula me donna un réjouissant spectacle. Suivant son habitude, il « se fit féticher » pour la route. Le féticheur et Ogoula, étendus à terre, se livrèrent à des mouvements plus désordonnés les uns que les autres, broyèrent du noir authentique (des fragments de braise refroidie) et s'enduisirent le corps d'huile de palme pendant que le tam-tam faisait entendre ses sons discordants. La cérémonie dura une heure; quand Ogoula se releva, il était horrible. Nous ne pûmes pas nous mettre en route ce jour-là, mais le départ fut définitivement fixé au lendemain. C'était le 13 mai. Macoulis vint me voir. Pour le récompenser des services qu'il m'avait rendus, je lui fis un petit cadeau. Il parut enchanté, et je quittai le village de Njabi vers une heure de l'après-midi.

Je ne tardai pas à éprouver les souffrances que devait infailliblement amener le manque de chaussures. Le sol était couvert de graminées hautes et tranchantes enchevêtrées par le vent. Les porteurs n'osaient pas avancer de peur de se blesser, et il fallut que Malamine prît à plusieurs reprises la tête de la colonne. Pour comble de malheur, le soir, se déchaîna un violent tornado qui nous mouilla jusqu'aux os. Sur ces plateaux élevés soufflait un vent glacial; nous grelottions tous. Je fis arrêter ma troupe, et nous allumâmes de grands feux afin de nous sécher et de nous réchauffer. La nuit fut mauvaise. Malamine éprouva des accès de fièvre. Cela m'inquiétait, parce que je n'avais rien pour le soulager et parce qu'une journée de marche nous séparait encore du village de Mokoko.

Le lendemain, Malamine se leva très fatigué; mais son énergie ne connaissait pas de faiblesse. Il ne voulut pas être la cause, même involontaire, d'un retard dans mon voyage, et il se mit spontanément en route. Mais il marchait avec peine; à plusieurs reprises, il dut s'arrêter pour reprendre haleine. Je craignais que ses forces ne trahissent son courage. Cependant, nous arrivâmes vers une heure de l'après-midi aux villages de Mpocoutaba et Ngaliou, frères du roi Mokoko, et, après lui, les chefs les plus influents des Batékés. Mpocoutaba et Ngaliou insistèrent pour que je fisse séjour chez eux ; mais je n'avais pas assez de marchandises pour accepter une hospitalité qui aurait été très onéreuse, et après leur avoir donné rendez-vous chez Mokoko, je repris mon voyage. A quatre heures, j'arrivai en vue de la résidence du roi.

CHAPITRE XIX

A LA COUR DU ROI MOKOKO.

A la cour du roi Mokoko. — Première visite. — Comment le roi et la reine me souhaitent la bienvenue. — Présents offerts au roi. — Réception officielle. — Le palais de Mokoko. — Les dames de la cour. — Le menu ordinaire de Sa Majesté. — Les parents du roi. — Discussions à la cour. — Le cimetière des Mokokos. — Retour à Franceville.

J'ordonnai à mes hommes de s'arrêter, et je dépêchai un porteur auprès de Mokoko pour lui annoncer notre arrivée. Il revint tout de suite et me dit que le roi m'attendait. Je laissai les Sénégalais et les porteurs dans une case à l'entrée du village, et je me rendis chez le roi avec Malamine. Mokoko et la reine se tenaient assis au milieu de la case. Je leur serre la main, et, en échange de cette politesse, ils me soufflent, l'un après l'autre, à la figure; honneur dont je me serais volontiers passé.

Malamine, qui me servait d'interprète, expliqua à Mokoko que je venais de Nkouna et que j'avais remonté Oliemo uniquement pour rendre visite au puissant roi des Batékés. Il n'oublia pas de dire à Mokoko que Mpocoutaba et Ngaliou avaient tenté de me retenir dans leur village. Sa Majesté parut sensible à la préférence dont elle avait été l'objet. Elle me remercia d'être venu directement auprès d'elle et sourit de la déconvenue de Mpocoutaba et Ngaliou. L'entrevue ne dura pas longtemps.

J'étais fatigué, et je pris congé de Mokoko en lui disant que je lui remettrais le lendemain les présents que j'avais apportés pour lui. Sa figure exprima la plus grande joie.

Je rejoignis mes hommes. Je recommandai à mes Sénégalais, Malal-Amet, Matoufa et San-Batiam, d'observer la plus grande prudence dans leurs rapports avec les Batékés et de ne pas manquer d'égards envers les sujets du roi. Malamine n'avait pas besoin de ces observations. Il connaissait la cour, qu'il avait déjà visitée en qualité d'homme d'escorte de M. de Brazza. Les accès de fièvre du brave Sénégalais avaient perdu de leur intensité, et j'en étais très heureux, car les renseignements et l'assistance de Malamine allaient me servir précieusement dans mes conférences avec le roi.

Le lendemain 15 mai, je préparai les présents que je destinais à Mokoko. Hélas! il ne me restait pas grand'-chose. Je dus même, pour réunir quelques objets présentables, me dépouiller d'effets personnels et mettre à contribution les ballots de mon escorte. Quand tout fut prêt, je me rendis avec Malamine dans la case du roi. Un homme apporta les présents, dont voici l'énumération :

Cent brasses d'étoffes plus ou moins bariolées (calicot, indiennes, rouenneries), un fusil à capsule (c'était le mousqueton de Guama), une poire à poudre (ancienne bouillotte de M. de Brazza), ex-poire à poudre de Malamine; une cloche et trois clochettes, un grand collier formé de perles de tout genre, un sifflet de quartier-maître de la marine, quatre assiettes en fer-blanc (toute ma vaisselle), deux cuillères en fer, dont une à moi, l'autre à Malamine, et le vieux panier ou nécessaire de toilette qui avait appartenu à M. de Brazza et qui faisait partie du mobilier de la station de Brazzaville. Il y avait encore du fil de cuivre, des cauris, des couteaux, des miroirs. J'eus soin, pour mieux faire ressortir ma générosité, de remettre en détail ces objets au roi, et je fis observer à Mokoko que ces cadeaux n'étaient pas destinés à payer le prix de la terre qu'il avait cédée au « commandant ».

Cette explication acheva de le satisfaire. Mais lorsque je lui montrai les objets que je réservais à Mpocoutaba et Ngaliou, sa joie fit place au dépit. Il voulait tout prendre, sous le prétexte que les autres avaient eu assez dans d'autres circonstances. Je m'opposai, avec tous les ménagements que l'on doit à un monarque, à un abus de pouvoir aussi criant, et Sa Majesté se mit en colère. J'avais envie de rire, mais j'eus la force de me contenir, et, secondé par Malamine, je parvins, à force de prudence et surtout de patience, à faire comprendre au roi que son intérêt conseillait de ne pas mécontenter Mpocoutaba et Ngaliou, en les privant même de la portion congrue. Cet argument fut prisé, et la mauvaise humeur de Mokoko se dissipa.

Je venais à peine de me retirer, lorsque j'entendis les sons aigres d'un instrument que l'on pouvait prendre pour un clairon. « Que veut dire ceci? demandai-je à Malamine. — C'est probablement, me répondit-il, Mpocoutaba et Ngaliou qui font leur entrée dans le village. » En effet, Mokoko nous faisait informer, quelques instants après, de l'arrivée de ses vassaux. Le messager ajouta que la réception officielle allait avoir lieu. Je fis porter par Guama une couverture blanche dans la case de réception. Malamine, Matoufa et Malal furent désignés pour m'accompagner. Je veillai à ce qu'ils procédassent à leur toilette; j'essayai, à mon tour, de mettre un peu d'ordre à mes guenilles. Ma vareuse de marin était la seule partie de mon costume à peu près intacte; le reste tombait en lambeaux. Je n'avais qu'un vieux tricot tout déchiré, et je portais, en guise de pantalon, un pagne bien éprouvé par les herbes tranchantes du chemin. Le vêtement, il faut en convenir, manquait de prestige; mais je me consolai en pensant que Mokoko et les gens de la cour étaient encore plus nus que moi.

Mokoko, la reine, Mpocoutaba et Ngaliou et les principaux chefs batékés avaient pris place dans la case de réception et nous attendaient. C'est un usage, à la cour, que le roi ne reçoive jamais dans sa propre case. La case qui sert d'habitation à Mokoko est aussi la demeure du grand fétiche des Batékés. Or, le prestige et la sûreté du roi exigent qu'aucun autre que lui n'approche du fétiche, car, du côté du fétiche est la toute-puissance. La case où la cour se trouvait réunie forme une pièce spacieuse et élevée, sans cloison et sans meubles, dont les murs réclament quelques réparations. Au fond de la case, je remarquai une peau de buffle, garnie aux deux extrémités d'un bâton; Malamine m'apprit que cette peau était la chaise à porteurs de Mokoko. Lorsque le souverain se rend au-devant d'un étranger, il s'assied sur la peau, dont les bâtons reposent sur l'épaule des porteurs. Mokoko était assis, les jambes croisées à l'orientale, sur une peau de panthère, au devant de laquelle s'étendait une peau de lion. La reine occupait la gauche du roi. A sa droite, il y avait un gros coussin de paille recouvert d'une étoffe rouge, sur lequel Mokoko s'appuyait de temps en temps. Le roi tenait à la main un grand bâton orné de cuivre jaune et rouge : son sceptre. Le cou du roi et celui de la reine étaient emprisonnés dans un large collier de cuivre jaune ciselé et très brillant. Mokoko, vêtu d'un grand et beau pagne qui lui couvrait le corps tout entier, à l'exception des bras et des épaules, était coiffé d'une petite calotte assez bien taillée et brodée par une aiguille batéké. Un sifflet de quartier-maitre de la marine pendait au bout d'une chaînette en cuivre passée autour du cou; dans le but sans doute de faire acte de souverain, il le portait souvent à ses lèvres et s'efforçait d'en tirer les sons les plus stridents.

Mokoko a une figure intelligente. Il est de taille élevée; mais estropié d'un pied, il est affligé d'une claudication qui parait l'humilier, car il essaye, par tous les moyens, de la dissimuler; aussi marche-t-il rarement; si, par hasard, il se lève, il a soin de s'appuyer sur les orteils et parvient de la sorte à marcher assez régulièrement. J'ai cru m'apercevoir aussi qu'il remuait la tête avec difficulté; mais ce que j'ai pris pour une infirmité pourrait provenir simplement du poids et de la largeur du collier de cuivre qui lui étreint le cou. Le costume de la reine diffère peu de celui du roi.

En face du couple royal se dressait un fétiche batéké en bois; derrière se pressaient les femmes du roi et les notabilités du village. A trois mètres environ du roi et lui faisant face, étaient assis, sur des peaux de panthère, Mpocoutaba et Ngaliou; derrière eux on voyait des hommes et des femmes des villages environnants. Les femmes avaient apporté à leur toilette le plus grand soin. Elles étaient tatouées comme les hommes. A leurs bras et à leurs jambes brillaient des bracelets de cuivre; enfin, elles avaient répandu sur leur corps l'huile de palme la plus fraiche.

Mpocoutaba et Ngaliou portaient, à peu de chose près, le même costume que le roi. Mpocoutaba, grand, les cheveux grisonnants, le menton couvert de barbe, a plus de prestance que Mokoko. A son collier, fait d'une barrette tordue, sont attachées des dents de lion. Ngaliou, moins âgé que Mpocoutaba, est aussi moins grand. Il est maigre, vif, son visage est glabre; il parle avec volubilité et paraît très rusé. Je me trouvai à la droite de Mokoko, tout près du coussin rouge. Avec Malamine, nous étions assis sur notre couverture blanche. Malal et Matoufa se tenaient derrière nous.

Je me concertai avec Malamine pour tenir un langage qui ne blessât les susceptibilités de personne. La présence de Mpocoutaba et de Ngaliou, et leur hostilité sourde contre le roi, rendaient la tâche difficile. Je ne savais trop comment m'y prendre pour faire accepter par ces derniers le maigre cadeau que j'allais leur présenter. Voici, en substance, le discours que j'adressai à l'assemblée par l'organe de Malamine : « Le blanc, enfant du « commandant », ne vient pas chez vous pour vous porter les présents que le « commandant » vous a promis, mais pour vous voir. Il a donné presque toutes ses marchandises à Ntchoulou et aux chefs de Nkouna. Ce qui lui reste est pour Mpocoutaba et Ngaliou. » Et j'offris aux deux chefs, avec les cloches dont Mokoko avait tenté de s'emparer le matin, quelques brasses d'étoffes. Ils examinent les présents, font la grimace et demandent à réfléchir. Puis ils se lèvent et, sans se soucier autrement des règles de l'étiquette, quittent la case et vont causer à l'écart. Malamine fait observer au roi que Mpocoutaba et Ngaliou ont l'intention de refuser le cadeau. Le roi et la reine sourient et répondent qu'ils arrangeront cela. Les chefs rentrent et paraissent très mécontents. Les choses, pensai-je en moi-même, vont mal. En effet, Mpocoutaba prend la parole et déclare que Ngaliou et lui ne veulent pas accepter le présent, parce qu'il est « petit ». Je leur fais répondre que l'enfant du commandant est « petit » et qu'il ne peut offrir que de « petits » cadeaux. Mokoko vient à mon secours, et, s'adressant à Mpocoutaba : « Comment, tu refuses le présent? Et s'il était grand, le refuserais-tu? Quand le « commandant » viendra, s'il t'en donne un « grand », tu le prendras; prends alors celui du « fils ». Ce raisonnement était digne d'un roi... Mokoko; et Mpocoutaba, après quelques hésitations, finit par céder. Ngaliou et lui, après avoir accepté « le cadeau », voulurent me donner une dent d'éléphant pour le « commandant ». Ce fut à mon tour de refuser. La conversation continua. A plusieurs reprises, Mokoko exprima sa sympathie pour le commandant : « Qu'il vienne, lui et les Fallas (Français), bâtir des villages dans mon pays, mais que le commandant bâtisse son village auprès du mien. Tu diras cela, ajouta-t-il, au chef des Fallas et au Commandant. » Je promis à Mokoko de rapporter son discours au chef des Fallas, et la séance fut levée.

Le jour même, Mokoko voulut à tout prix montrer à Mpocoutaba le fusil à capsule que je lui avais donné la veille. Pendant toute la soirée, on entendit des coups de feu. C'était le bon roi Mokoko qui, n'ayant jamais eu ni vu de fusil à piston, ne pouvait se lasser d'admirer l'ancien mousqueton de Guama et de brûler des capsules. Ce magnifique cadeau indisposa de nouveau Mpocoutaba. Il prit Malamine à part et lui dit : « Mokoko a tout *mangé* », exprimant par là que le roi avait eu tous les présents.

Pendant que Mokoko exulte et que ses vassaux maugréent, je vais fournir quelques renseignements sur le caractère et l'importance de cette royauté africaine dont on a tant parlé.

On l'a déjà remarqué sans doute, la vérité m'a obligé à débaptiser à moitié le roi; mais je n'ai enlevé à son nom qu'une lettre, et encore est-ce pour lui en rendre une autre. Dans le Congo, Makoko s'appelle Mokoko, et à Paris je continue à le désigner comme au Congo. Ce nom lui-même est moins un nom propre qu'un mot de la langue indigène qui est synonyme de *chef*.

Si l'on voulait respecter le vocabulaire batéké, on devrait dire, quand on parle du roi, « le Mokoko », c'est-à-dire le Chef par excellence. Il y a des Mokokos un peu partout, de Stanleypool à la rivière Lawson. J'ai parlé ici même d'un Mokoko de Nkouna, qui n'a rien de commun avec le Mokoko du haut fleuve.

Ce dernier est le grand chef des Batékés. Cela veut-il dire qu'il commande à tous les Batékés? Pas le moins du monde. Mokoko n'a pas de pouvoir temporel; c'est le grand féticheur, le chef spirituel et, qu'on me pardonne l'expression, le Pape des Batékés! Mokoko jouit du prestige que les indigènes attachent à la possession des fétiches; il est inviolable dans sa résidence. Mais son action effective sur les Batékés est loin de correspondre à son influence morale : elle ne dépasse pas les cases de son village. Mokoko ne saurait imposer une direction unique à la tribu entière des Batékés. La preuve, c'est que, tandis qu'il est au mieux avec M. de Brazza, son neveu, Nganchon, est au mieux avec Stanley; de même, à Nkouna, si Brazzaville est placé dans le village de Ntchoulou, chef batéké, Léopoldville touche au village de Ngalieme, autre chef batéké. Enfin, Stanley, qui a tué les sujets du roi à Stanleypool et qui devrait, à ce titre, encourir les anathèmes de Mokoko, vit en bonne intelligence avec ce dernier, lequel n'a pas hésité à accepter des présents de « Bolimountari ».

Ce roi puissant manque souvent du nécessaire : une véritable disette sévissait à la cour au moment de ma visite; il manque aussi d'autorité, et, comme on le verra tout à l'heure, il fut impuissant, le jour de mon départ, à vaincre le mauvais vouloir d'un porteur. A mon retour en France, je causais un jour de ce roi de carton avec un député très versé dans les questions de politique coloniale. Je lui dis ce que j'en pensais et ce que je viens d'écrire, et il me répondit en souriant : « Je vois bien que ce roi Mokoko n'est qu'un misérable nègre, ce dont je me doutais un peu. »

Entrons maintenant dans les appartements royaux. Le village de Mokoko, comme la plupart des agglomérations des Batékés, est composé de cases en paille. La case du roi se distingue des cases ordinaires par quelques détails de construction et d'aménagement.

Mokoko a deux cases, entourées l'une et l'autre d'un mur en paille. Il y a la case de réception, dont j'ai parlé, et la case personnelle du roi. On pénètre dans la case royale par une porte assez large, mais basse, à la partie supérieure de laquelle est attachée une cloche en fer. Une seconde cloche, mais celle-là rongée aux trois quarts par la rouille, se balance à l'extrémité d'un pieu enfoncé dans le sol, en face de l'entrée. La case a trois mètres de haut sur quatre mètres de large; sa profondeur est de six ou sept mètres. Elle n'est éclairée que par l'ouverture de la porte. Au fond et dans une alcôve se trouve le lit, devant lequel tombent de longues étoffes d'Europe, qui le cachent presque entièrement. Je remarquai, près du lit, une pagaie ornée de cuivre; c'était un trophée de la dernière guerre soutenue par les Batékés contre les Aban-Ho. Les richesses de Mokoko sont amassées dans un coin de la case. Il y a là un peu de tout : des étoffes, des poteries d'Europe, des colliers formés de cinquante à soixante clochettes, plusieurs fusils à pierre et le fusil à piston, présent de l'avant-veille. Le roi enferme ses objets précieux : colliers de perles, de cuivre, etc., dans de petites boites en bois ornées de cauris. Mais au milieu de ces objets, ma curiosité recherchait surtout le fameux fétiche des Batékés. Je m'attendais à voir une idole plus volumineuse et plus horrible que les autres. Au lieu de cela, Mokoko ne me montra que des peaux de bêtes, que des calebasses, que des statuettes en bois, de tous points semblables à tout ce que j'avais vu chez la plupart des chefs. Dans le grand fétiche des Batékés, on ne remarquait de particulier que le plat de cuivre sur lequel il reposait. J'éprouvai une véritable déception.

Durant mon séjour à la cour, je rendis à Mokoko de fréquentes visites. Ordinairement, le roi se tenait assis, à un mètre du lit, sur la peau d'un fauve; à côté de lui se trouvait toujours un des coussins rouges. Il était rare qu'il ne fumât pas une grande pipe. Je voyais souvent dans la case deux ou trois vieillards assis par terre, en face du roi. C'étaient les conseillers de Mokoko, anciens esclaves, qui l'assistaient dans tous les palabres. Un jour que je causais avec Mokoko, une femme entra tout éplorée et se prosterna devant le roi en demandant justice. La réclamation ne manquait pas de piquant. La femme venait se plaindre de la froideur de son mari; mais celui-ci ne se contentait pas d'être de glace : sous prétexte que sa moitié avait fait fétiche contre lui, il la rouait de coups. Cette manière d'entendre le devoir conjugal ne convenait pas du tout à la malheureuse femme. Une autre fois, je vis arriver un mari; mais celui-là était un bon mari; il aimait sa femme, et comme elle était gravement malade, il venait supplier le roi de « faire grand fétiche » pour la guérir. Mokoko promit un remède.

Mokoko et les dames de la cour. — Les dames de la cour ont deux charges principales : elles font la cuisine et partagent le lit du roi. Mokoko a un grand nombre de femmes qu'il distingue à tour de rôle, mais qui n'en restent pas moins dans une condition voisine de l'esclavage. Il a une sorte de femme légitime, qui seule est admise, comme on l'a vu, à l'honneur de figurer à ses côtés dans les solennités des Batékés. La reine, puisqu'il faut lui donner ce titre, est la fille d'un chef adjinjiou puissant. Les Batékés la vénèrent presque à l'égal du roi, et les femmes du harem la respectent. Le trait suivant donnera une idée de la vénération des Batékés pour leur souveraine. Lorsque la reine remet un objet à l'un de ses sujets, celui-ci le reçoit sur le dos de la main; toute chose à laquelle la reine a touché devient précieuse, et ce serait la souiller que de la saisir avec la paume de la main. Parmi les femmes de Mokoko, il en est d'agréables. Elles sont, en général, bien faites; mais elles ont la déplorable habitude de s'enduire le corps d'huile de palme. Extrêmement curieuses, elles se rendaient à tout instant dans ma case, ce qui prouve que Mokoko est bon prince; s'asseyant en rond, elles m'examinaient avec attention et échangeaient leurs réflexions à voix basse. Leurs visites ne me déplaisaient pas. Parfois, je m'amusais à leur donner, en faisant de brusques mouvements, une émotion dont elles se remettaient d'ailleurs très vite. Ce sont elles qui préparent les mets du roi, mais c'est la reine qui les présente à Sa Majesté sur un plat de cuivre. Le menu de Mokoko comprend ordinairement du manioc en boule, des feuilles de manioc cuites soit à l'eau, soit à l'huile de palme, de l'oseille sauvage; par extraordinaire, on voit figurer, sur le plat de cuivre du roi, du poisson fumé ou de la viande. Pendant le repas, Mokoko boit de l'eau; la bière de maïs ou le vin de palme se prend comme boisson d'agrément, entre les repas ou à l'occasion d'une visite.

Les Batékés du village de Mokoko. — Les sujets de Mokoko, sous prétexte qu'ils sont frères, fils, cousins ou parents du roi, ne se livrent à aucun travail. Quelques-uns de ces paresseux sont doublés de gourmands émérites. J'en ai vu, dans les villages voisins de la capitale, se faire donner de la viande parce que le manioc ne leur convenait pas. Quand ils voyagent pour leur commerce, ils essayent, à la faveur de leur qualité, de se faire nourrir pour rien; mais ils n'y réussissent pas toujours.

Au moment où j'étais à la cour, des dissentiments graves existaient parmi les hauts personnages batékés. Nganchon et son frère Ekoukouri, neveux de Mokoko, étaient en guerre au sujet du règlement de la succession de leur père. Pendant la nuit, Nganchon avait attaqué le village de son frère. Ekoukouri avait riposté en enlevant les femmes de Nganchon. Ce que voyant, Nganchon avait abandonné le territoire batéké pour se réfugier sur le territoire aban-ho. Mpocoutaba, oncle des belligérants, avait pris parti pour Nganchon, dans la crainte qu'Ekoukouri ne devînt trop puissant. Les choses en étaient là lorsque j'arrivai. Mpocoutaba vint me trouver et me pria de lui donner deux Sénégalais pour faire la guerre à Ekoukouri. Je me gardai, comme on pense bien, de déférer à ce désir, et j'entretins Mokoko de l'affaire. En roi avisé, il me conseilla de ne pas intervenir; il ajouta que, personnellement, il ne prendrait parti ni pour l'un ni pour l'autre. Je crois qu'il n'était pas fâché de voir ses vassaux se déchirer entre eux; en tout cas, il ne faisait rien pour les réconcilier; diviser pour régner est une notion de l'instinct dont la diplomatie n'a fait que s'emparer. Mokoko avait, au surplus, une raison particulière pour ne pas mécontenter Ekoukouri : c'est que ce dernier était le fournisseur de Sa Majesté. Quant à Nganchon, il était de taille à se défendre. Je n'ai nul souci de lui. Je le considère même comme un des chefs avec lesquels les blancs devront compter. Nganchon est le plus beau spécimen que j'aie vu de la race nègre. Il est grand et vigoureux. Sa physionomie respire l'intelligence et l'intrépidité, et, particularité remarquable, son menton est couvert d'une forte barbe. Nganchon, malheureusement, ne sait pas réprimer ses instincts de pirate. Établi sur les rives du Congo, il attaque, pille et quelquefois tue les Bakhourous ou les Bayanzi qui se rendent à Nkouna.

Il vint me rendre visite dans le but surtout d'obtenir un cadeau. Je lui en offris un, qui se composait de ma dernière chemise et d'une petite couverture en coton.

Il y avait trois jours que j'étais l'hôte de Mokoko. J'avais l'intention de partir le 16 mai. Je dus y renoncer, parce que le manioc manquait. Cela m'étonna, et j'en demandai l'explication à la reine. Elle me répondit qu'il n'y avait plus rien dans la case du roi, et que ses femmes avaient été envoyées au village d'Ekoukouri, situé à une journée de marche, pour chercher des vivres. Mokoko prétendait que le « commandant » avait tout *mangé* lors de son passage au village. Comme je ne pouvais pas me mettre en route sans manioc, je me résignai à attendre.

Je rentrai dans ma case, tout en réfléchissant à la singulière position de ce roi qui n'avait rien à se mettre sous la dent. Puis je m'amusai à faire de l'eau de seltz dans un verre. Sur ces entrefaites, Mokoko entra. Cette eau qui bouillonnait le frappa, et il me fit dire par Malamine : « Le blanc, enfant du commandant, devrait m'enseigner un « fétiche » pour garder mon corps, car je crains que Mpocoutaba et Ngaliou, jaloux de mon autorité, m'empoisonnent. » Je dis à Malamine de lui répondre que mes fétiches étaient trop petits pour protéger un roi aussi grand; mais que le commandant, à son retour, lui en donnerait de puissants. Je ne sais pas si M. de Brazza a payé toutes les lettres de change que j'ai tirées sur lui de Stanleypool à Mokoko; mais j'ai souvent fait appel à son crédit, et toujours avec succès. Dans la journée, Mpocoutaba m'envoya trois poules et du manioc, et pendant ce temps-là la cour jeûnait.

Le lendemain (17 mai), je me rendis de bonne heure à la case de Mokoko pour voir si le manioc n'était pas enfin arrivé. Mais, cette fois, Ekoukouri s'était exécuté : à la disette avait succédé l'abondance. Restait la question des porteurs. Elle ne se régla pas sans difficulté. Après de longs pourparlers, je parvins à engager quatre hommes au nombre desquels se trouvait Aniani, un des fils du roi. Mokoko et la reine étaient avec nous et s'apprêtaient à nous accompagner jusqu'à l'extrémité du village, lorsque surgit un incident qui me donna la mesure de l'autorité de Mokoko. Sur les quatre hommes, trois devaient porter mes ballots, lesquels étaient fort exigus et contenaient surtout les cartouches et les effets des Sénégalais; le quatrième, Mokoko-Coulis, devait conduire les porteurs et nous indiquer la route. Aniani et son camarade se chargèrent de leur ballot; mais le troisième refusa de prendre le sien, prétextant qu'il était trop lourd. C'était un simple esclave. Mokoko l'invita doucement à prendre le ballot, mais l'homme ne bougea pas. Le roi s'emporte et menace l'esclave de coups; mais l'esclave ne se laisse pas intimider. Les gens du village insistent à leur tour auprès du récalcitrant, mais sans résultat. Mokoko était confus. Il s'approcha de Malamine et lui dit : « C'est grande honte pour moi. » J'avais envie d'intervenir, et d'une façon énergique; mais, par égard pour le roi et par prudence, je ne le fis pas. Il ne fallut pas moins que les instances de la reine pour décider cet entêté à accepter son ballot : la scène avait duré une demi-heure. Je m'empressai de faire partir la troupe, de peur de nouvelles difficultés, et je restai avec Malamine pour faire mes adieux à Mokoko. Leurs Majestés voulurent nous escorter jusqu'aux dernières cases du village. Parvenus à cinquante mètres environ de la capitale, le roi et la reine s'arrêtèrent. Mokoko me chargea, une dernière fois, de dire au chef des Fallas et au commandant qu'il leur accordait l'autorisation de circuler dans ses États et d'y bâtir des villages. Et il ajouta : « Dis au commandant qu'il vienne avec mes *cadeaux*. » Ce bon roi Mokoko était le plus pratique des Batékés, lesquels le sont beaucoup. Mokoko exprima enfin le désir d'avoir une belle canne « faisant du bruit ». Je la lui promis. Je note ici ce désir royal, dans l'espoir que les amis de Mokoko voudront bien en tenir compte. Il me semble qu'une canne de tambour-major, autour de laquelle s'enroulerait un cordon de clochettes en cuivre, rendrait Mokoko fou de joie. La série des demandes étant épuisée, le roi prit une branche, me la présenta et la brisa par le milieu; une partie resta dans sa main, l'autre dans la mienne, et nous nous séparâmes. Je suivis la route sur laquelle les porteurs nous précédaient, et Mokoko attendit, pour retourner à son village, qu'il nous eût perdus de vue.

Il y avait environ deux heures que nous avions brisé la branche d'arbre, lorsqu'un sentier, large et bien entretenu me conduisit dans un village. Des cases, séparées les unes des autres par des plates-bandes d'arachides et de manioc, s'élevaient çà et là à l'ombre de grands arbres, et l'on apercevait de divers côtés des amas de terre de cinquante centimètres de hauteur.

Je fus frappé de la propreté qui régnait en cet endroit. Je traversai le village sans rencontrer personne et j'allai m'asseoir, pour attendre les porteurs, dans une case délabrée. Au bout d'un instant, je vis arriver un vieillard suivi de trois hommes et de deux femmes, dont une portait un enfant dans un pagne. Le vieillard s'agenouilla et étendit les bras vers moi. De ma main j'effleurai la sienne, et il se releva. Ses compagnons l'imitèrent, ainsi que les femmes. La mère posa à terre son enfant. Le pauvre petit, tout en me présentant les mains, se pressait en tremblant contre sa mère; je le rassurai de mon mieux en lui donnant deux ou trois perles et en le caressant.

A ce moment arrivaient mes hommes. Je fis demander, par Ogoula, au vieillard de m'expliquer pourquoi les habitants du village avaient fermé les portes de leurs cases et pourquoi ils redoutaient le blanc. Le vieillard répondit : « Les hommes du village n'ont pas peur du blanc, car tu les vois tous ici, et il désignait en même temps ses compagnons. Quant à ceux qui restent dans les cases, ils ne parlent plus ; ce village est le cimetière des chefs batékés. » Le ton solennel dont ces paroles furent dites excita ma curiosité, et je priai le vieillard de me montrer le tombeau des rois. Il inclina la tête et me dit de venir.

Mon guide alla chercher dans sa case un bâton orné de fer et de cuivre, et me conduisit devant une case plus spacieuse que les autres. « C'est là, me dit-il, que se trouvent les tombeaux du père et du grand-père de Mpocoutaba et Mokoko, qui furent mokokos (chefs). » Un bâton placé en travers retenait la porte. Le vieillard le retira, et la porte, en s'ouvrant, heurta une cloche en fer dont le son tomba comme une sourde plainte. Le vieillard s'agenouilla devant l'entrée, et je pénétrai seul dans le caveau. Il y avait deux tombeaux placés sur la même ligne et absolument semblables. Ils étaient construits avec une terre blanche et dure, comparable au ciment ; ils avaient la forme d'un dôme. A la base du premier tombeau, on apercevait une large crevasse ; sur le milieu et du côté faisant face à la porte, on distinguait des dessins et des empreintes d'une couleur rougeâtre. Au sommet était placée une statuette en faïence de provenance européenne et représentant un soldat en goguettes. Ce soudard, dont le nez était rouge, portait le tricorne et tenait un verre à la main. Je pris la statuette. Le vieillard me dit : « Ceci est un grand fétiche. — Oui, lui répondis-je, un grand fétiche qui vient des blancs. » Et je remis à sa place ce héros de cantine. Devant chaque tombe, il y avait une sorte de pèle, instrument qui rentre dans la catégorie des fétiches. Le long des murs pendaient des pagnes usés qui devaient avoir appartenu aux défunts. Je conclus, de ce que je venais de voir, que la dynastie des Mokoko ne comptait que deux princes. Je visitai d'autres cases; mais les tombeaux qu'elles renfermaient n'avaient pas la dimension des tombeaux de la famille royale. Le vieillard m'expliqua que la forme et la dimension des tombes variaient avec le rang des défunts. On n'élève pas de monument pour les Batékés de condition ordinaire; des *tumuli* en terre marquent seuls l'emplacement des sépultures. Je croyais que Mokoko pourvoyait à la surveillance et à l'entretien du cimetière; mais le vieillard m'apprit que c'était Mpocoutaba, dont il était l'esclave, qui prenait soin du village des morts. Je remerciai le vieillard de son obligeance. Je lui remis deux ou trois objets et je me retirai.

Je ne raconterai pas en détail mon retour de Mokoko à Franceville, et cela pour plusieurs motifs. Ce voyage n'a été marqué par aucun événement important et s'est effectué d'ailleurs par une route que M. de Brazza avait déjà parcourue, et il se confond, à partir du village de Ngango, avec l'itinéraire que j'avais suivi à l'aller. Je me bornerai à donner des indications générales.

Parti de Mokoko le 17 mai, je n'arrivai à Franceville que le 10 juin. Par suite du manque de chaussures, j'éprouvais des souffrances atroces. Deux jours après mon départ, mes pieds étaient meurtris et déjà couverts de plaies. Les herbes tranchantes, qui poussent en abondance sur ces plateaux, passaient entre les orteils et y faisaient des déchirures qui suppuraient bien vite. Le supplice augmentait à mesure que j'avançais. Un jour, après être resté assis pendant une heure pour régler un palabre, je me relevais pour me rendre dans ma case; mais les jambes étaient tellement endolories qu'elles refusèrent de me porter, et je m'affaissai lourdement sur le sol. Une autre fois, nous avions à traverser un plateau très étendu et couvert de graminées dont les tiges dépassaient nos têtes. Par endroits, le vent les avait couchées et tordues, et elles formaient un obstacle pour ainsi dire infranchissable. Il fallait cependant passer. Les porteurs refusaient de marcher les premiers, parce que, les ballots les privant de la liberté de leurs bras, leur corps était inévitablement tailladé par les herbes. J'ordonnai aux Sénégalais, mieux vêtus et libres de leurs mains, de prendre la tête de la colonne et de frayer le passage. Ils partirent; mais après avoir devancé les porteurs, ils sautèrent de côté et attendirent, dissimulés dans l'herbe, que la troupe eût passé. Au lieu d'ouvrir la marche, ils la fermaient. Je venais après les porteurs. Avec mon fusil, j'écartais les herbes et les lianes, et je penchais la tête pour ne pas perdre de vue la trace à peine marquée du sentier; mes pieds en suppuration, mes jambes enflées, me faisaient éprouver de telles douleurs que j'avançais comme un homme ivre. Les porteurs, pour m'encourager, me disaient que le prochain village n'était pas loin : « Ella-cali »; mais on n'arrivait jamais. La nuit tombait; je ne pouvais plus distinguer les branches mortes et les chicots. Mes pieds saignaient. La colère, la souffrance, le désespoir me dominèrent un instant. Je pris mon winchester et j'en frappai un arbre à coups redoublés. Les porteurs s'arrêtèrent; mais l'un d'eux, s'étant avancé, revint aussitôt en s'écriant « que le village était là ». Je fis un dernier effort, et, parvenu au village, je me laissai tomber dans la case du chef.

L'espoir de goûter quelque repos à la station, la volonté de remplir ma mission jusqu'au bout me soutenaient. J'étais secondé par Malamine et Matoufa, qui ne marchandaient ni le dévouement ni la peine, et je n'avais pas, heureusement, à diriger une troupe nombreuse. Je m'attachai le plus possible à suivre la route par où M. de Brazza était passé; cependant, diverses circonstances m'obligèrent à m'en écarter plusieurs fois, et c'est ainsi que je traversai des villages où nul blanc, avant moi, n'avait paru.

Ainsi le 20, au village d'Impili, habité par des Abomas et des Adjinjious, hommes et femmes me prirent pour un être surnaturel et vinrent me rendre hommage : les femmes amenaient leurs enfants pour leur faire « toucher » le blanc. Deux jours après, au village Nguia, mon arrivée provoqua le même étonnement et les mêmes démonstrations.

Le 24, vers midi, j'arrivai dans un village adjinjiou très important; mais, comme j'étais pressé, je ne fis que le traverser. J'avais à peine dépassé les dernières cases, lorsque la population tout entière se mit à courir après moi. Un homme, tenant une corne fétiche à la main, se roule à mes pieds pour me barrer la route. Je m'arrête. Il s'agenouille et m'adresse, sur le ton de la prière, des paroles que je ne parviens pas à comprendre; les autres tendent les bras vers moi, sans doute dans l'espoir que le blanc se laissera « toucher ». Enfin, un jeune homme, à la peau cuivrée et à la taille élevée, m'adresse des paroles qu'Ogoula et Malamine, qui viennent de me rejoindre, traduisent ainsi : « Mon père, chef du village, est vieux. Ses jambes ne sont plus assez fortes. Il a appris que « le bon Dieu » passait ici, et il aurait voulu lui donner des poules, du maïs et du manioc. Mais, ajouta le jeune homme, tu ne veux pas manger de ce que notre terre produit; tous les hommes du village vont mourir et les plantations périront aussi, car tu es fâché. » Je le fis rassurer par Malamine et lui fis dire que je n'avais pas le temps de m'arrêter dans le village de son père. Alors, l'homme à la corne remit au jeune chef une branche d'arbre que celui-ci me tendit et que nous brisâmes en signe d'adieu.

Le soir, j'atteignis le village de Nhempourou. Nhempourou est un chef adjinjiou très influent. Il me reçut assis sur une peau de panthère et m'accueillit très bien; je m'arrangeai pour lui faire un petit cadeau. Il me restait une couverture en coton blanc, je la lui donnai; Malamine lui offrit une couverture en laine rouge qu'il tenait du chef de la station belge de Léopoldville, M. Braconnier. Je m'arrêtai pendant deux jours chez Nhempourou pour prendre un peu de repos. Je le quittai le 27 au matin, et le soir même, vers cinq heures, j'arrivais au village de Nhango.

On se rappelle que je n'avais pas eu à me louer, lorsque je me rendais à Nkouna, de la conduite de Nhango à mon égard, et l'on n'a pas oublié que ses porteurs m'avaient volé des marchandises. Aussi la nouvelle de mon arrivée inspira-t-elle au chef la plus grande terreur. N'osant m'offrir sa case, il avait prié son frère de me donner la sienne. Enfin, il prit son courage à deux mains et vint me voir; mais, toujours diplomate, il feignit d'ignorer ce qui s'était passé.

Je lui rafraichis, en quelques mots, la mémoire. Alors il se lève en homme que l'indignation irrite et il profère les plus terribles menaces contre les hommes qui « ont volé le blanc ». Il leur déclarerait tout de suite la guerre si leur village n'était pas éloigné; mais leur village est trop loin. Ella! Ella! « Trève à cette comédie », lui dis-je, et j'ajoutai qu'il me fallait, pour le lendemain, le bonnet de marin qui avait été volé à Malal. Le lendemain, j'avais le bonnet et, par surcroit, des vivres.

Je pris congé de Nhango le 29 mai. Nhango voulut m'accompagner. Il portait son parasol et me précédait; de temps en temps, il décochait de petites flèches de bambou.

— Pourquoi fais-tu cela? lui dis-je.

— Pour ouvrir la route, me répondit-il.

Je prévoyais une nouvelle manœuvre et j'attendais l'occasion qui devait la faire naitre. Après une demi-heure de marche, Nhango s'arrête et, en même temps que lui, les deux porteurs qu'il m'avait procurés. « Nous ne connaissons pas la route », dit-il. Pour toute réponse, j'arme mon winchester. Nhango comprend. Il se prosterne à mes pieds, pousse des cris lamentables et m'assure que ses hommes et lui connaissent le chemin. Je le laisse partir, tout en gardant les porteurs, et je poursuis mon voyage.

Le 4 juin, j'étais chez Kinkouna, mon ami. Les hommes du village m'entourent et me souhaitent la bienvenue. Mes compagnons de voyage dans le Congo, les Bakhourous, avaient répandu dans le pays la nouvelle de notre commune navigation, et ils avaient annoncé que j'allais remonter la Kouma-Alima! Ces bruits s'étaient propagés jusqu'au village de Kinkouna, situé, comme on le sait, dans le bassin de la haute Alima. Il y avait à Kinkouna un petit poste français. Auguste le Gabonais me donna des nouvelles de Franceville. Il m'apprit que M. Mizon était redescendu à la côte. Je m'arrêtai chez Kinkouna jusqu'au 6, et le 10 juin, à deux heures de l'après-midi, je rentrais à la station de Franceville après une absence de près de trois mois.

CHAPITRE XX.

RETOUR EN FRANCE.

État de la station de Franceville au mois de juin 1882. —Travaux exécutés de juin à octobre 1882. — Je tombe malade. — Le docteur Ballay conseille de me rapatrier.—Départ pour le Gabon. — Départ pour Liverpool à bord de l'*Angola*. — Arrivée à Paris.

Depuis le mois de décembre 1881, date à laquelle j'avais quitté la station de Franceville pour me rendre à Kinkouna, de regrettables événements s'étaient succédé dans l'Ogooué. Les rapports avec les indigènes qui avoisinent Franceville avaient perdu leur sûreté d'autrefois. Obéissant à des considérations ou subissant des nécessités dans l'examen desquelles je ne veux pas entrer, des membres de la mission avaient fait la guerre aux noirs, dont plusieurs villages étaient devenus la proie des flammes.

Aussi les naturels avaient-ils désappris le chemin de la station. Quelques chefs avaient même abandonné leur territoire et étaient allés rebâtir leurs villages à une distance considérable de Franceville. Le personnel, composé de Galoas, de Gabonais et de Sénégalais, souffrait de cet état de choses : les vivres manquaient. Quelques jours après notre retour du Congo, Malamine et les Sénégalais demandèrent, sans pouvoir l'obtenir, leur ration de manioc. Les hommes avaient pris l'habitude de se procurer eux-mêmes une nourriture que ne leur assurait plus une direction ferme et prévoyante. C'était la lutte pour l'existence avec toute son âpreté et tous les excès qu'elle engendre. Les villages environnants étaient mis au pillage. De tels abus provoquaient des représailles, et le mal allait s'aggravant tous les jours. Je n'ai pas besoin de dire que la discipline n'existait plus dans le personnel. De temps à autre, la sévérité des chefs se réveillait; elle s'exerçait alors avec la dernière rigueur. Pour n'avoir pas su prévenir les fautes ou les réprimer à temps, on en venait à punir avec cruauté.

Le 15 juin 1882, je pris le commandement de la station. Mon premier soin fut de rétablir la discipline. Je ne pouvais admettre que l'initiative ou la fantaisie de chacun se substituât à l'autorité du chef. Du 15 juin au mois d'octobre, époque à laquelle M. Mizon revint à Franceville, tout ce qui a été fait à Franceville l'a été par mon ordre; j'en revendique l'entière responsabilité.

Je m'efforçai d'organiser la station française de l'Ogooué sur le modèle de la station belge de Léopoldville. Je réglai avec soin l'ordre et la distribution des travaux; je fixai les moments du repos et les heures des repas. Et comme je tenais à ce que, dès le début, chacun connût mes dispositions, je fis réunir tout le monde dans la cour et j'ordonnai à un serviteur gabonais, du nom de Chicot, homme énergique et dévoué, de dire aux hommes en mon nom, « que j'entendais exiger de chacun, contre une rémunération équitable, un travail régulier; que je désirais n'avoir pas à punir, mais que je n'hésiterais pas à le faire si la paresse ou l'inconduite de quelques-uns m'y obligeait; que je défendais absolument à tous, hommes, femmes ou enfants, de se livrer au maraudage sous prétexte de chercher des vivres; que désormais le chef de la station pourvoirait à l'entretien de tous ». Ces simples observations suffirent à remettre toutes choses dans l'ordre. Je m'inquiétai ensuite d'accomplir la seconde partie de ma tâche, je veux dire l'apaisement des querelles qui avaient surgi entre la station et ses voisins. Je me rendis chez tous les chefs des villages et je parvins, non sans peine, à les rassurer et à les réconcilier avec nous.

Lorsque le calme fut rétabli, je me consacrai « aux travaux de la paix ». Franceville avait besoin d'être restaurée. Les bâtiments étaient dans un état de délabrement impossible à décrire. Tout ce qui avait été élevé ou commencé par M. de Brazza et par Noguez était ou détruit ou endommagé. Au mois de juin 1882, la station se composait d'une case en planches assez vaste qui servait de magasin, et dans laquelle logeait M. Mizon quand il venait à Franceville. Les Sénégalais et les Gabonais occupaient six petites cases. Quant au personnel subalterne (Galoas et autres), il campait sur le plateau qui s'étend près de la station. Dans la cour, où, par endroits, s'amoncelaient des détritus répandant une odeur nauséabonde; l'herbe poussait. Enfin, aucune palissade ne défendait l'accès du poste.

Toutes les immondices qui constituaient, pour la santé du personnel, un danger permanent enlevées, je fis construire des cases en planches pour les hommes et pour les marchandises, planter des arbres, tracer un jardin potager, installer un parc à moutons, et entourai la station d'une palissade qui ne comprenait pas moins de trois mille deux cent soixante-deux pieux d'un mètre quatre-vingts centimètres de hauteur. L'arsenal de Franceville comptait deux cent cinquante fusils et cinq cents sabres vieux modèles. Tout cela était dans des caisses. Je fis fourbir ces armes et je les disposai en panoplies dans l'intérieur du magasin à marchandises. L'effet obtenu fut considérable, surtout sur les indigènes, qui venaient exprès à la station pour considérer cette décoration, qui les remplissait d'admiration et de crainte. Enfin, j'organisai une comptabilité sévère, de façon que les entrées et les sorties de marchandises fussent désormais rigoureusement constatées. Ces divers travaux furent effectués du 15 juin au 15 octobre.

Entre temps, j'avais eu le bonheur, avec l'aide des Sénégalais et du fidèle Chicot, de tuer une panthère qui désolait la station depuis plusieurs années. C'est le seul fauve que j'aie rencontré en Afrique. La difficulté que nous avons éprouvée pour nous en défaire ne me permet guère, je l'avoue, de comprendre la facilité avec laquelle certains voyageurs viennent à bout de ces redoutables adversaires.

Je fus obligé de m'absenter, à plusieurs reprises, de Franceville pour me rendre auprès de chefs influents, qu'il me paraissait indispensable de gagner à notre cause. Je remontai ainsi au poste de Kinkouna. Des difficultés s'étant élevées entre les hommes du poste et les Batékés, ces derniers avaient fait le vide autour de Kinkouna, et les Gabonais commençaient à crier famine. J'eus la chance de rétablir l'harmonie, que des malentendus sans importance avaient troublée, et les Batékés ne refusèrent plus le manioc à leurs hôtes.

Malheureusement, au milieu de ces occupations et de

ces préoccupations incessantes, ma santé faiblissait. J'étais revenu exténué du Congo. J'avais de fréquents accès de fièvre.

Un jour, un de ces accès se déclara dans des circonstances particulièrement fâcheuses.

Une femme venait d'apporter à la station, avec l'intention de le garder et de le soigner, un jeune serpent boa blessé à la tête. Je ne vis dans le boa qu'un animal dont il serait bon de conserver la peau, et je le tuai. Les indigènes furent effrayés et me prédirent les plus grands malheurs.

Le lendemain, j'eus un violent accès de fièvre. Je n'ai pas besoin de dire que cette indisposition fut regardée par les noirs comme la punition méritée de mon acte irréfléchi de la veille.

Le soir, mes douleurs s'aggravèrent au point de devenir intolérables. J'étais étendu sur mon lit, le corps ruisselant de sueur. Des vomissements pénibles déchiraient ma poitrine; de temps en temps, je rendais une bile verdâtre. J'appelai et je demandai qu'on essuyât ma figure, car j'étais sans force. Mais personne n'osait m'approcher; on me considérait comme un objet d'épouvante : j'étais sous l'influence des fétiches.

Je suppliai les noirs, qui se tenaient devant la porte, d'attacher un linge à l'extrémité d'un bâton et d'éponger ainsi ma figure. Personne ne m'écouta. Enfin, une vieille femme galoa, nommée Laïngo, eut le courage de venir près de moi; il me fallait une potion pour calmer la fièvre. Je demandai du bicarbonate de soude. Mais il n'y avait pas d'Européen à la station, et personne n'était en état de lire les étiquettes des bouteilles contenant les médicaments. On m'apporta toutes les bouteilles et je dus moi-même choisir. Si j'avais eu le délire, je ne me serais jamais relevé. Le lendemain, le mal s'apaisa ; mais je restai affaibli pendant de longs jours. Les accès revenaient souvent, et les remèdes ne produisaient plus guère d'effet. Et puis, tout manquait à Franceville. La provision de café était épuisée, il ne restait que quelques bribes de thé... moisi.

Au mois d'octobre 1882, M. Mizon revint à la station. Je lui exprimai mon désir de rentrer en France; mais il pensait que mon état n'exigeait pas un rapatriement immédiat. Heureusement pour moi, le docteur Ballay arrivait peu après à la hauteur de Franceville. Le docteur avait établi son campement à une certaine distance de la station. J'allai au-devant de lui. Il reconnut que mon état était grave, et il me prescrivit un traitement qui, tout d'abord, arrêta la marche de la maladie. Mais en janvier 1883, j'eus une rechute. Un jour que je me dirigeais vers le campement du docteur, je fus pris de palpitations de cœur tellement violentes, que je m'affaissai sur le sol. Des femmes passèrent près de moi. Ma physionomie les effraya. Elles coururent à la station, et les Sénégalais Matoufa et Mamad'hou vinrent me chercher. J'écrivis alors au docteur Ballay. Il vint me voir. Malgré le soin qu'il mit à dissimuler son impression, il ne me fut pas difficile de comprendre que ma maladie l'inquiétait. Il conseilla mon rapatriement. C'est à lui que je dois d'avoir revu mon pays. Qu'il reçoive ici l'expression de ma reconnaissance. Le lendemain, je me plaçai dans une pirogue et je partis pour le Gabon. Mon embarcation faillit sombrer dans les rapides de Mpoko.

J'arrivai à Lambaréné dans la seconde quinzaine de

février. J'eus la satisfaction très grande d'y rencontrer des compatriotes, et parmi eux M. de Lastours, membre de la mission Brazza, et M. Jacques de Brazza, frère de l'explorateur. M. Mizon resta à Lambaréné.

Je partis de Lambaréné le 1er mars, à destination du Gabon. A Libreville, un négociant français, M. Pequeur, m'offrit l'hospitalité et me prodigua les soins les plus affectueux. J'attendis là qu'un navire à destination d'Europe touchât à Libreville. Je n'attendis pas longtemps. Le 7 mars, je m'embarquai sur l'*Angola,* vapeur anglais qui se rendait à Liverpool. A bord, je retrouvai un missionnaire américain que j'avais eu l'occasion de rencontrer dans l'Ogooué. Pendant les premiers jours de la traversée, les accès de fièvre se succédèrent violents et dangereux; mais, grâce aux bons soins de l'excellent missionnaire, à l'air de la mer et à la nourriture du bord, les forces ne tardèrent pas à revenir. Je débarquai à Liverpool le 28 mars.

Mon accoutrement excita l'étonnement de tous ceux qui m'aperçurent. Ma vareuse de marin était en loques; je n'avais ni chemise ni chaussures et j'étais coiffé d'un chapeau mou à larges bords, autour duquel était noué un ruban de couleur incertaine dont les bouts pendaient dans le dos; ma figure encore amaigrie, mes cheveux démesurément longs, achevaient de me donner un aspect étrange, et j'obtins auprès des gamins du port un succès de curiosité qui ne laissa pas que de m'amuser. Mais je n'abusai pas de mon triomphe, et je me hâtai d'adapter mon costume aux règles du décorum européen : j'achetai des chaussures, une chemise, un pardessus, un pantalon et un chapeau, et je me présentai, gêné et maugréant un peu contre ces lourds vêtements dont j'avais perdu l'habitude, chez le consul de France.

Quelques jours après, je mettais le pied sur la terre de France, que j'avais quittée depuis près de trois ans.

Juillet 1881.

TABLE DES MATIÈRES

CHAPITRE IV

LA STATION DE FRANCEVILLE.

CHAPITRE V

LA DESCENTE DE L'OGOOUÉ.

CHAPITRE VI

SECOND VOYAGE A FRANCEVILLE.

CHAPITRE VII

VOYAGE A NGAMPAKA.

CHAPITRE VIII

VOYAGE A KINKOUNA.

CHAPITRE IX

SÉJOUR A KINKOUNA.

CHAPITRE X

LES BATÉKÉS.

CHAPITRE XI

EN ROUTE POUR BRAZZAVILLE.

CHAPITRE XII

CHEZ LES BAKOUYAS.

CHAPITRE XIII

CHEZ LES BAKOUYAS (suite).

CHAPITRE XIV

DANS L'INCONNU.

CHAPITRE XV

LE CONGO OU OLIÉMO.

CHAPITRE XVI

LE COMMERCE DU HAUT CONGO.

CHAPITRE XVII

DÉPART DE N'KOUNA.

CHAPITRE XVIII

ENTREVUE AVEC STANLEY.

CHAPITRE XIX

A LA COUR DU ROI MOKOKO.

CHAPITRE XX

RETOUR EN FRANCE.

ERRATA

Page 237, ligne dernière, *au lieu de* revêtait, *lire* révélait.

Page 246, ligne 6, *au lieu de* Laudana, *lire* Land..na.

Page 278, ligne 3 en remontant, *au lieu de* Des yeux, *lire* Ses yeux.

Page 280, ligne 15, *au lieu de* c'est au nom de la vérité, *lire* au souci de la vérité.

Page 281, ligne 11, *au lieu de* beaucoup de bouc, *lire* beaucoup de boas.

PARIS. TYP. DE E. PLON, NOURRIT ET Cie, RUE GARANCIÈRE, 8.

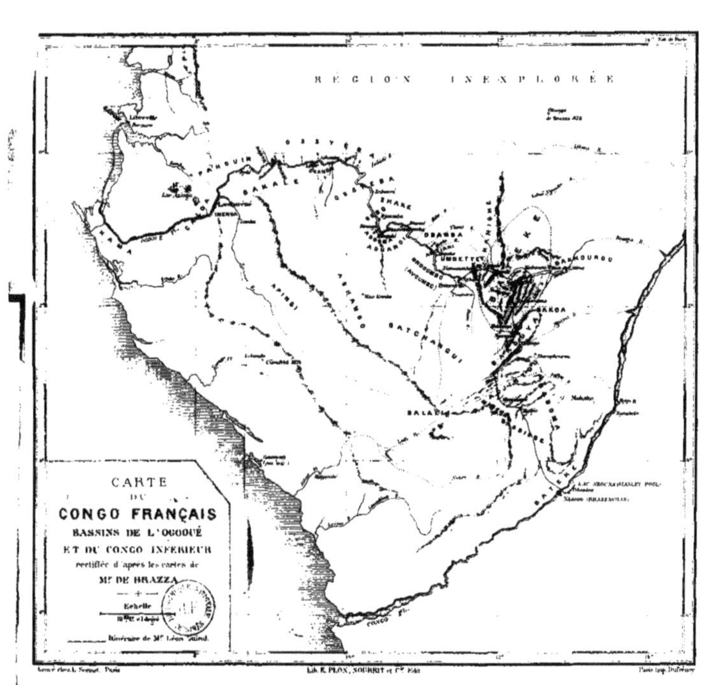
RÉGION INEXPLORÉE
CARTE
DU
CONGO FRANÇAIS
BASSINS DE L'OGOOUÉ
ET DU CONGO INFERIEUR
rectifiée d'après les cartes de
Mr DE BRAZZA
Echelle
Itinéraire de Mr Léon Guiral.
OSSYÉBA
PAHOUIN
OKANDA
BATÉKÉ
ACHANGO
BALALI
ACHIRA
SAKATA
BAKOA
LIBREVILLE
LAC NKOUNA (STANLEY POOL)
N'TAMO (BRAZZAVILLE)
Lith E. PLON, NOURRIT et Cie Edit

www.ingramcontent.com/pod-product-compliance
Ingram Content Group UK Ltd.
Pitfield, Milton Keynes, MK11 3LW, UK
UKHW020128220726
13923UKWH00001B/63

9 782019 156053